D1719425

Christian Holzer   Unternehmenskonzepte
zur Work-Life-Balance

Liebe Frau Weiß,

Glück & Gesundheit

in guten

Balance

Wünscht

München 24-04-2013

Christian Holzer hat Erfahrung aus mehr als 350 Karriere-coachings und über 100 Karriere- und Work-Life-Balance-Seminaren. Er arbeitet im gesamten deutschsprachigen Raum als freier Karriereentwickler und Work-Life-Balance-Unternehmensberater, außerdem in Kooperationen mit dem Career Center der Universität Salzburg und der Universität Bozen. Er ist Karrierecoaching-Partner bei European JobGuide und Radiomoderator der Sendung „Fair Play".

Unternehmenskonzepte zur Work-Life-Balance

Ideen und Know-how für Führungskräfte,
HR-Abteilungen und Berater

von Christian Holzer

PUBLICIS

Bibliografische Information Der Deutschen Nationalbibliothek
Die Deutsche Nationalbibliothek verzeichnet diese Publikation in
der Deutschen Nationalbibliografie; detaillierte bibliografische Daten
sind im Internet über http://dnb.d-nb.de abrufbar.

Autor und Verlag haben dieses Buch mit großer Sorgfalt erarbeitet.
Dennoch können Fehler, auch bei der Übernahme aus anderen Quellen,
nicht ausgeschlossen werden. Eine Haftung des Verlags oder des Autors,
gleich aus welchem Rechtsgrund, ist ausgeschlossen.

www.publicis-books.de

Lektorat: Dr. Gerhard Seitfudem
gerhard.seitfudem@publicis.de

Print ISBN: 978-3-89578-424-8
ePDF ISBN: 978-3-89578-698-3
ePUB ISBN: 978-3-89578-717-1
mobi ISBN: 978-3-89578-808-6

Verlag: Publicis Publishing, Erlangen
© 2013 by Publicis Erlangen, Zweigniederlassung der PWW GmbH

Printed in Germany

Geleitwort

Wir alle brauchen Work-Life-Balance. Dass wir nur dauerhaft erfolgreich und gleichzeitig gesund sein können, wenn sich unser Berufsleben, Familie und Freizeit in Freude und im Gleichgewicht befinden, ist bekannt. Und dass wir für dieses Gleichgewicht auch das rechte Wechselspiel zwischen Spannung und Entspannung brauchen, ebenfalls. Aber das Thema wurde bisher eher einseitig betrachtet – die verfügbare Literatur richtet sich fast immer an den einzelnen Menschen, der einen Bedarf erkannt hat, etwas im Leben ändern zu müssen.

Der Mensch ist nur eine steuernde Komponente im Bereich der Work-Life-Balance. Die andere liegt auf der Seite des Arbeitgebers – in der Industrie, im Dienstleistungsgewerbe, im öffentlichen Dienst, im kleinen Handwerksbetrieb usw. Diese Seite wurde lange vernachlässigt. Zum ersten, weil hier vor allem Soft Facts eine Rolle spielen, die sich nicht in harten Kennzahlen abbilden lassen. Zum zweiten ist es für die Arbeitgeber nicht einfach, Rahmenbedingungen zu schaffen, die den Mitarbeitern die notwendige Balance ermöglichen: Kosten, Termindruck, schlechte Prozesse im eigenen Unternehmen oder bei Kunden, die einfach mehr verlangen. Und drittens erfordert Work-Life-Balance auf Arbeitgeberseite Investitionen – Investitionen in Führungsfähigkeit, Organisationsentwicklung und Offenheit für Innovationen.

Energie und Geld, das Arbeitgeber in Work-Life-Balance stecken, sind nach meiner Erfahrung sehr gut angelegt. Mir ist kein Unternehmen bekannt, in dem sich Work-Life-Balance-Aktivitäten nicht auf Dauer zum Nutzen ALLER bezahlt machen, auch für das öffentliche GEMEINWOHL.

Christian Holzer versteht viel von Work-Life-Balance. Er bringt die wunderbare Kombination der Erfahrungen als Mitarbeiter, Führungskraft, Berater und als Moderator einer Rundfunksendung ein. Und so spricht er mit diesem Buch alles an, was auf Arbeitgeberseite zur Work-Life-Balance beiträgt. Im ersten Teil geht es ihm um die Komponenten der Führung, im zweiten Teil schlägt er eine Fülle ganz praktischer Maßnahmen vor. So setzt er sich wohltuend ab von der „Wenn-du-dein-Leben-richtig-steuerst-geht's-dir-gut-Literatur" und von den praktischen Beispielen einzelner Arbeitgeber, die – wie es wohl auch für mein Unternehmen gilt – aufgrund besonderer Situationen im Markt Work-Life-Balance für ihre MitarbeiterInnen bisher leichter anbieten konnten als andere.

Lesen Sie dieses Buch mit Bedacht! Überlegen Sie bei jedem praktischen Tipp, ob er eine Option für Sie und Ihr Unternehmen darstellen könnte. Und falls Sie Führungskraft sind: Hinterfragen Sie sich selbst, ob Sie mehr Empathie, mehr Intuition aufbringen können als bisher. Wenn es Ihnen (zum Beispiel als Coach) mehr um Soft Facts geht, legen Sie Ihren Schwerpunkt auf Teil I des Buches, wenn Sie (als Führungskraft) praktische Rahmenbedingungen schaffen wollen, konzentrieren Sie sich auf Teil II.

Ich wünsche diesem Buch, seinen Lesern und Leserinnen und deren Unternehmen viel Erfolg! Denn nur wenn Sie Ihre MitarbeiterInnen motivieren und immer wieder begeistern können ohne zu verbrennen, werden Sie auf Dauer erfolgreich, und in der Führung wird die FREUDE wachsen.

Johannes Gutmann,
Gründer und Chef der SONNENTOR Kräuterhandels GmbH

Inhaltsverzeichnis

Auf den Seiten 13 bis 17 finden Sie eine Tabelle mit 231 alphabetisch sortierten Stichwörtern zur Work-Life-Balance, mit Kapitelnummern und Seitenzahlen der dazu passenden Tipps. Um den praktischen Umgang damit zu erleichtern, sind die 449 Tipps im Buch durchgängig nummeriert.

Teil I ▪ Der Nutzen von Work-Life-Balance

Teil II ■ Unternehmenskonzepte

Einleitung

Der Schlüssel für den Betriebserfolg der Unternehmen ist mehr denn je der Mensch, der eine sinnvolle Arbeit als Teil seines Lebensplanes sieht. Vorbei sind die Zeiten, als Arbeitnehmer allein aus der Tatsache heraus zufrieden waren, einen Arbeitsplatz zu haben. Wenn es Unternehmen schaffen, eine gemeinsame Blickrichtung von Unternehmensführung und Fachkräften bei wertschätzendem Umgang miteinander herzustellen, werden diese auch bei den Betriebsergebnissen die Nase vorne haben. Nach ökologischer Nachhaltigkeit ist soziale Nachhaltigkeit die große Unternehmensaufgabe im Europa des 21. Jahrhunderts.

Work-Life-Balance als Unternehmenskonzept schafft ein Grundverständnis im Betrieb, mit gleichem Ressourceneinsatz mehr möglich zu machen als bisher, ohne in (Selbst-)Überforderung unterzugehen. Die Grade der Umsetzungen von Projekten und Neuentwicklungen steigen, die Anwesenheiten werden produktiver genutzt, mehr Resultate entstehen, Führungskräfte – und nicht nur diese – hangeln sich nicht von einer Burnout- und Sinnkrise zur nächsten und sind langjährig auf hohem Niveau einsatzfähig. Sinn und Firmenloyalitäten entstehen.

Die Erkenntnisse für dieses Buch stammen aus dreißig Jahren beruflicher Erfahrung in verschiedenen Berufssparten, überwiegend in Führungsverantwortung. Außerdem aus drei Ausbildungsdisziplinen: dem Studium der Politikwissenschaft und der Germanistik, einer Sozialmanagementausbildung und einer Ausbildung zum systemischen Coach. Und nicht zuletzt aus meinem Weltbild, das auf Offenheit, Freundlichkeit, Kreativität, Erfolgsorientierung, Kompetenz und Verantwortung basiert. Seit mehreren Jahren arbeite ich als Work-Life-Balance-Coach und Unternehmens- und PR-Berater. Viele Beispiele aus meiner Klienten-/Beraterarbeit finden sich in diesem Buch. Bei der lokalen Radiostation „Radiofabrik" in Salzburg hatte ich seit 2007 in meiner monatlichen Livesendung „Fair Play" Gäste eingeladen, die im weiteren Sinne zu Work-Life-Balance-Themen Stellung genommen haben. Mediziner, Universitätsprofessoren und Firmenchefs kommen über diesen Kanal im Buch zu Wort.

Work-Life-Balance ist sowohl eine Bezeichnung persönlicher Balancezustände einzelner Menschen, als auch ein gesamtes Unternehmenskonzept. Im vorliegenden Buch geht es mir darum, den konkreten Nutzen von Work-Life-Balance im Unternehmen herauszustellen und Handwerkszeug zu präsentieren, das im Unternehmen positiv auf die Work-Life-Balance wirkt. Ich wünsche mir, dass die Unternehmen über unausgetretene Wege ein Klima der Erneuerung und Frische erreichen, das aufwändige Informationsgebäude und Prozessverarbeitungen verlässt. Der Ruf als gutes Unternehmen (bei Kunden, Lieferanten, vormaligen, aktuellen und zukünftigen Mitarbeitern und der allgemeinen, regionalen und überregionalen Öffentlichkeit) lässt sich durch die Anwendung von Work-Life-Balance-Konzepten verbessern. Work-Life-Balance-Unternehmenskonzepte verringern überbordende Kontrolle im Unternehmen, scharfe Konkurrenz untereinander, intransparente Ziele und Vorgangsweisen, Selbstbereicherungen, Angstzustände und Überforderungen.

Der Arbeitsmarkt verändert sich. 2016 werden im deutschsprachigen Raum mehr Menschen in Rente gehen als in den Arbeitsmarkt eintreten. Das wird zu einem Fachkräftemangel führen, bzw. ist dieser Mangel in vielen Bereichen bereits spürbar (Hotellerie, Technik, Pflege usw.). Arbeitnehmer werden bei den Firmen arbeiten, die ihnen neben einer fairen Bezahlung eine erfüllende Arbeit bieten können.

Im Buch wird gezeigt, dass es gilt, an Kulturen im Unternehmen zu arbeiten: Gesprächskultur, Zeitkultur, Führungskultur, Wertschätzungskultur, Kreativitäts- und Innovationskultur, Kommunikations- und Kooperationskultur sowie Gesundheitskultur physisch und psychisch. Verantwortungs- und Vertrauenskultur entwickeln Leistungsfähigkeit und Motivation von innen heraus (Work-Life-Balance) als besondere Kraft im Unternehmen. Die Achtsamkeit auf eine bessere Ausgewogenheit von Arbeit, sozialen Beziehungen, Zeit für sich, Gesundheit und Sinn führt dazu, dass Systeme des Könnens und des Wollens entstehen.

In diesem Buch wird dargestellt, dass Work-Life-Balance viel weiter geht, als einen Ausgleich zwischen Beruf und Familien- und Privatleben zu finden. Work-Life-Balance umfasst den Blick auf gesamte Lebenskonzepte und generiert darüber Systeme der Unternehmensgestaltung. Es umfasst den Mix aus starker Persönlichkeitseinbringung, einem unterstützungsfähigen Führungsverhalten mit fachlichen, sozialen und organisatorischen Fähigkeiten und auf diese beiden Komponenten abgestimmte betriebliche Rahmenbedingungen. Organisations- und Mitarbeiterentwicklung treffen sich auf einer Ebene. Work-Life-Balance ist das Konzept der gemeinsamen Ziele und des Unterstützens. Sie stellt ein Grundrezept für die Herausforderungen und Zukunftswege für moderne Menschen in modernen Betrieben dar. Die Wirkungen zeigen sich in erleichtertem Recruiting, weniger Personalfluktuation und geringeren und kürzeren Krankenständen, an verstärkter Leistungs- und vor allem Umsetzungsfähigkeit aller im Betrieb, allgemein an besseren Resilienzwerten, an mehr Ertrag, besserem Ruf, höheren Loyalitäten, mehr Zeitsouveränität und mehr Kundennachfrage.

Teil I des Buches beginnt mit einem Einstieg ins Thema und verschiedenen Modellen der Work-Life-Balance. Es folgen Kapitel über Einflussgrößen, die gleichzeitig den Nutzen von Work-Life-Balance im Unternehmen darstellen: Führung, Glück, Gesundheit, Intuition, Zeitkultur, die Kraft des Selbstwertes, Empathie, Kommunikation und Kooperation. Dies wird ergänzt durch Inputs von Projekt- und Innovationsmanagement sowie Ansätzen für Employer Branding.

Jedes Kapitel beginnt mit Ausblicken auf das Thema und den Nutzen für die Erfolgssteigerung durch Einsatz von Work-Life-Balance im Unternehmen. Am Ende der Kapitel gibt es Top-Tipps zur Einführung und Handhabung von Work-Life-Balance im Unternehmen.

Teil I schließt mit einem Exkurs in die Welt des systemischen Konstruktivismus, in dem ich das Zusammenpassen der Systeme Mensch und Unternehmen näher betrachte.

Teil II des Buches widmet sich in konzentrierter Form den Anwendungen, den Umsetzungs- und Entwicklungspotenzialen von Work-Life-Balance. Das von mir entwickelte „Work-Life-Balance-Antriebs-, Handlungs- und Wirkungsmodell" und das „Systemische Work-Life-Balance-Unternehmenskonzept-Modell" zeigen den Bezugsrahmen für vielfältige (Um-) Gestaltungsmöglichkeiten im Unternehmen auf.

Anhand der Themen Eigenverantwortlichkeit, systemisches dialogisches Führungsverhalten sowie geeigneter Rahmenbedingungen für Work-Life-Balance im Unternehmen werden konkrete Nutzenszenarien kreiert, die 1:1 in Unternehmen integrierbar sind.

Wer an Soft Skills weniger interessiert ist als an konkreten Maßnahmen, der kann auch direkt in Teil II einsteigen.

Für das Schreiben dieses Buches und die Fertigstellung haben mir mein Optimismus geholfen, mein Mut, neue Projekte anzugehen, und der Wille, Projekte zu Ende zu führen. Die magische Anziehungskraft des Themas und das Interesse für menschliche Beziehungen, Kommunikation, Empathie und Intuition. Erkenntnisse aus meinem ersten Buch „Hellbrunn, Orte und Quellen der Inspiration" habe ich in diese Arbeit einfließen lassen. Ich habe darauf geachtet, in jedem Kapitel mehrere Perspektiven einzunehmen, um den Lesern eine Auswahlmöglichkeit und eigene Zusammenstellungen für individuelle Anwendungen im Betrieb zu ermöglichen. Man kann sozusagen selbst in die „Gewürztöpfe" greifen. Damit wird das Buch zu einem Erkenntnis-, Anwendungs- und Handlungsleitfaden für Chefetagen, HR und Marketingabteilungen und für verantwortungsbewusst nachhaltig agierende Berater.

Tabelle 1 ermöglicht Ihnen einfachen Zugriff auf Themen, für die Sie im aktuellen Fall Hinweise benötigen. Der Verweis erfolgt auf Seitenzahlen und Kapitel.

Tabelle 1 Wo finde ich im Buch praktische Tipps zu den welchen Stichwörtern?

Thema	Kapitel	Seite	Thema	Kapitel	Seite
Abteilungswechsel	7.2.20	211	Bibliotheken	7.3.12	228
Achtsamkeit	3.5	130	Bildschirmarbeit	7.3.7	224
Alkohol	7.3.7	224	Burn-out	7.3.7	224
Arbeit zuhause	7.2.4	196	Bürolandschaft	7.2.12	202
Arbeitsqualität	7.2.1	192	Büros	7.3.2	220
Arbeitszeitgestaltung	7.2.5	196		7.3.3	221
	7.3.1	219	Chronomedizin	3.5	130
Arbeitszeitmodelle	7.3.1	219	Co-Working Spaces	7.3.2	220
Arbeitszeitüber-schreitung	7.2.4	196	Coaching	7.1.5	189
				7.2.16	207
Attraktivität jenseits des Gehalts	7.3.9	226		7.2.25	215
			Controlling	7.2.16	207
Augenuntersuchun-gen	7.3.7	224	Corporate Social Responsibility	7.3.5	223
Ausflüge	7.2.18	209	Darts	7.2.14	204
Auszeiten	7.3.4	222	Dazugehören	7.2.18	209
Balanceaufmerk-samkeiten	7.2.16	207	Denkinseln	7.2.12	202
Balancefragen	6.1	175	Denkmuster	3.3.2	101
Balanceprozesse	2	30	Dialogische Kultur	7.2.9	200
Balanceregeln	7.2.16	207	Effectuation	7.2.21	212
Bauchentschei-dungen	7.2.12	202		7.2.22	213
Betriebs-Check	7.3.15	230	Eigenverantwortlich leben	3.2	79
Betriebskindergarten	7.3.5	223	Einzelkämpfer	7.2.18	209
Bewegung	7.3.7	224	Einzellösungen	7.2.7	198
	7.3.8	225	Empathie	7.2.19	210
Bewerbungs-gespräche	7.2.2	193	Employability	7.1.1	185
Bewusst leben	3.2	79	Employer Branding	7.2.13	203
Bezahlung	7.3.9	226		7.3.5	223
Beziehungsorgani-sator	7.2.26	216		7.3.8	225
				7.3.9	226
				7.3.16	232

Einleitung

Teil I   Der Nutzen von Work-Life-Balance

1 Work-Life-Balance: Eigene Balancen und Unternehmenskonzepte

„Das spannendste Thema, mit dem Sie sich in Ihrem Leben beschäftigen können, sind Sie selbst", schreibt der Autor, Herausgeber und erfolgreiche Beratungsunternehmer Frank M. Scheelen im Vorwort zu Lothar Seiwerts und Brian Tracys Buch „Life Leadership". Der Fokus meines Buches liegt zum einen ebenfalls auf der Komponente „ich selbst", auf der anderen Seite liegt der Schwerpunkt auf der systemischen Sichtweise eines ganzen Unternehmens. „Unternehmenskonzepte zur Work-Life-Balance" zeigen – über die Kraft der eigenen Zufriedenheit hinaus – die unglaublichen Potenziale im Unternehmen. „Geben ist seliger als Nehmen", heißt es schon in der Apostelgeschichte, und es scheint sich an dieser Erkenntnis nach zweitausend Jahren nichts geändert zu haben. Auch wenn vielerorts „Erfolg durch Konkurrenzverhalten" propagiert wird, sind es die Work-Life-Balance-Konzepte des Miteinanders und des Unterstützens, die die Grundvoraussetzungen für langfristig erfolgreiches Wirtschaften darstellen.

Die Thematik der Work-Life-Balance hat für den einzelnen Menschen höchst unterschiedliche Definitionsmöglichkeiten. Work-Life-Balance ist nach Lebensalter und Lebenssituation einer Person verschiedenen Bewertungen unterworfen. Letztendlich ist die Suche nach der optimalen Work-Life-Balance immer auch gekoppelt mit der dauerhaft kaum beantwortbaren Frage nach dem Sinn des Lebens und der Auffassung von Glück. Glück und Sinn im Leben sind für uns zwar zentrale, aber gleichzeitig sehr abstrakte Begriffe. Jedenfalls streben wir danach, das zeigt nicht zuletzt die Fülle an Lebensberatungsbüchern, betitelt etwa mit „Superenergie", „Alles schaffen", „Lebensglück erreichen" usw.

Die gesellschaftlichen Rahmenbedingungen haben sich in den letzten dreißig Jahren stark verändert. Individualismus hat in viele Lebensbereiche Einzug gehalten. Was früher als Egoismus betrachtet wurde, ist heute als persönliche Freiheit anerkannt. Das Wort Solidarität taucht zum Beispiel kaum noch auf. Heute dominieren Themen des individuellen Konsums und der Informationstechnologie.

Die Aufwertung der einzelnen Person bringt den Menschen viele Freiheiten, individualisiert aber gleichzeitig auch Problemlagen. Wie stecke ich Störungen weg? Wie kehren Menschen nach Krisen zur Normalität zurück? Wie schafft man es, robust genug zu sein, um Irritationen erst gar nicht aufkommen zu lassen? **Seit kurzer Zeit wird für die Beschreibung dieser personenbezogenen Fragestellungen der Begriff Resilienz verwendet. Ursprünglich für die Störungsfreiheit technischer Abläufe herangezogen, bewertet der Resilienzbegriff mehr und mehr die Aufrechterhaltung von Gesundheit und Leistungsfähigkeit und der dazu gehörigen Erhaltungsstrategien.**

Es ist sehr schwer, in der heutigen Zeit robust zu sein. Alles muss schnell gehen, wir stehen ständig zur Verfügung und sollten dauerhaft einen herzeigbaren Glücksgrad aufweisen.

Wenn wir die Maßstäbe von Aaron Antonovskys Salutogenesekonzept, wie Gesundheit entsteht,[1] einem hohen Resilienzwert zuordnen, ergibt sich bei allen diesen hohen Anforderungen ein Einblick in ein mögliches Grundrezept für den Weg zum Glück: etwas machen, was wir können. Bei sich selbst bleiben. Sinn in seinen eigenen Handlungen sehen. Diese Grundlage respektive das Vertrauen in diese, Antonovsky spricht von Kohärenz, führt abseits von gern gebrauchten betriebswirtschaftlichen Erfolgszahlen wie Kaufkraft, Sozialkapital, Bruttoregionalprodukt, Investitionsquoten und Wertschöpfung zum Begriff des positiven Lebensgefühls und einer auf Emotionen basierten Stimmigkeit.

Zeit haben, statt Zeit stehlen, soziale Kontakte pflegen, sich mit sich selbst beschäftigen, Sport betreiben, Optimismus pflegen, Eigenverantwortung übernehmen, handeln für sich und andere und dabei sich selbst treu bleiben, Fehler machen dürfen sowie sich Ziele setzen und der eigenen Intuition vertrauen sind ein gänzlich anderer Zugang zu Erfolgsmessungen als reine Maßzahlen und haben sowohl für Einzelpersonen als auch für erfolgreiche Wirtschaftsprozesse hohe Relevanz.

Unternehmenskonzepte zur Work-Life-Balance basieren auf dem Verständnis von Balancemöglichkeiten des Einzelnen und stellen es in den unternehmerischen Kontext. Mitarbeiterziele und Unternehmensziele treffen sich auf einer gleichberechtigten Ebene.

Eigenverantwortung und betriebliche Rahmenbedingungen werden aus der Perspektive von Work-Life-Balance gesehen, bewertet und eingesetzt. Führung kommt in diesem Prozess eine zentrale Bedeutung zu. Ob in Eigenführung oder Führung anderer braucht es Wissen über Mechanismen der Work-Life-Balance, um Unternehmensziele und Mitarbeiterziele langfristig unter einen Hut zu bringen. In einer schnelllebigen Zeit mit hohen Anforderungen und ständiger Verfügbarkeit ist es wichtig, sich gerade im Berufsleben nicht von dieser Hektik anstecken zu lassen. Ausbrennen und unter Druck zusammenbrechen ist in den letzten Jahren bedauernswerte betriebliche Realität geworden.

Bei Work-Life-Balance geht es um Lebensqualität, das Wohlwollen mir und anderen gegenüber und gleichzeitig darum, gute Leistungen dauerhaft im Job erbringen zu können. Es geht um das Erkennen von Faktoren des persönlichen, zufriedenen Arbeitens. Um das Entwickeln von Handlungsmöglichkeiten für langfristiges selbstbewusstes, verantwortungsvolles und ausgeglichenes Leben und Arbeiten. Es geht um die aktivere Steuerung von Anliegen und Vorhaben. **Leistungsfähigkeit und Motivation von innen heraus, eine Work-Life-Balance eben, verleiht dem Tun eine unvergleichlich bessere Kraft als Druck und Kontrolle von außen.**

Aus seinem Inneren heraus agieren zu können. Die Wahl haben, selbst steuernd einzugreifen und nicht lediglich Passagier zu sein. Zu wissen, was man will, und darauf bezogen die Vorgänge einzuschätzen, führt uns zu stärkerem Einbringen unserer Person. Das wirkt sich für unser Lebensgefühl stabilisierend aus und gibt Kraft. Diese Kraft sollte in Unternehmen genutzt werden, um die immer rascher wiederkehrenden Innovationsanforderungen gemeinsam mit selbstbewussten Menschen durchzuführen. In gemeinsamen Zielsetzungen mit ausbalancierten Menschen auf allen Hierarchieebenen der Unternehmen tatkräftig und erneuernd vorangehen zu können, darin liegt der Wert der Unternehmenskonzepte mit Work-Life-Balance-Fokus.

2 Work-Life-Balance. Definitionen

Es gibt jede Menge Definitionen zur Work-Life-Balance. Soviel vorweg: Work-Life-Balance als reinen Ausgleich zwischen Arbeit und Privatleben zu definieren, greift für die Brauchbarkeit als Unternehmenskonzept viel zu kurz. Es gab Zeiten, da wurde eine strikte Trennung von Arbeit und Freizeit vorgenommen: „Dienst ist Dienst und Schnaps ist Schnaps." Diese Tage sind vorbei. Die im vorigen Kapitel beschriebene Individualisierung, Technisierung und gesteigerte Informationsverfügbarkeit hat dieser Dichotomie in der Arbeitswelt in weiten Teilen den Garaus gemacht.

„Es erscheint sinnvoll, die Balance nicht nur auf den Ausgleich von Arbeits- und Privatleben zu beziehen, sondern auf das Austarieren von belastenden und erholenden Aktivitäten in beiden Handlungsbereichen. Wir finden sowohl im Bereich der Arbeit als auch dem des Privatlebens Belastungs- und Beanspruchungsaspekte ebenso wie Erholungs- und Regenerationsphänomene. Zugleich verschwimmen derzeit die Grenzen zwischen Arbeits- und Privatleben immer stärker."[2]

Ich gehe in diesem Kapitel auf sieben Definitionen der Work-Life-Balance von ganz unterschiedlicher Art ein. Diese Ausführungen bilden den ersten Zugang zur Erklärung des weiten Feldes von Work-Life-Balance. Die Modelle werden nicht untereinander vergleichen. Sie sollen vielmehr eine Welt ausbreiten, unterschiedliche Herangehensweisen und Blickrichtungen formulieren. Eine umfassende Darlegung eines von mir erstellten Work-Life-Balance-Antriebs-, Handlung- und Wirkungs-Modells und eines systemischen Unternehmenskonzeptmodells zur Work-Life-Balance sind in Teil 2 des Buches zu finden.

Mechthild Oechsle

Mechthild Oechsle, Sozialwissenschafterin an der Universität Bielefeld, hält Work-Life-Balance für einen „…eher schillernden Begriff; er bezeichnet eine komplexe Gemengelage von Problemen, Diskursen und Praktiken im Spannungsfeld von Erwerbsarbeit und Privatleben sowie darauf bezogene Versuche der wissenschaftlichen Analyse und Konzeptionalisierung. Ursprünglich ein Begriff aus dem US-amerikanischen Human Resources Management, hat er sich zu einem Oberbegriff entwickelt, der verschiedene Facetten des Verhältnisses von Arbeit und privater Lebensführung bündelt."[3]

Oechsle wählt vier Zugänge, um eine Begriffsbestimmung vorzunehmen: normative Ebene, Handlungsebene, Organisationsebene, wissenschaftliche Ebene.

„Auf normativer Ebene formuliert WLB die Vorstellung eines ganzen, gelungenen Lebens mit einer Balance der verschiedenen Lebensbereiche. Auf der Handlungsebene beschreibt der Begriff, was Menschen tun und wie sie handeln, um eine Balance von Arbeit und Leben im Rahmen ihrer alltäglichen Lebensführung und ihrer Biographie herzustellen."

Ich habe bereits auf die Fülle an Ratgeberliteratur zum Thema Lebensführung und Glücksfindung am Buchmarkt hingewiesen. Es herrscht großer Bedarf, Orientierungshilfen auf dieser normativen Ebene der Work-Life-Balance zu finden. In meiner Coachingpraxis habe ich vermehrt festgestellt, dass Perspektivenwechsel ein und dasselbe Leben in einem ganz anderem, meist besseren Licht erscheinen lassen. Reflexion und offenes Kommunikationsverhalten unterstützen eine positivere Lebenseinstellung. In mehreren Fällen habe ich in meiner Tätigkeit erlebt, wie schwere Krankheiten einen radikalen Perspektivenwechsel auslösen konnten. Eine Krebserkrankung des Mannes führte ein Ehepaar zu völlig geändertem, offenerem Kommunikationsverhalten, das sie auch nach der Überwindung der Krankheit aufrecht hielten. Das Wissen um Wünsche und Ziele des Ehepartners ermöglichte unter anderem eine breitere Palette an zukünftigen Karrierewegen für beide Partner.

„Auf der Ebene der Organisationen bezeichnet WLB betriebliche Praktiken und Maßnahmen zur Unterstützung einer besseren Balance von Arbeit und Leben der Beschäftigten; die Verwendung des Konzepts dient aber auch der Selbstdarstellung der Unternehmen und soll eine bestimmte Unternehmenskultur signalisieren." Letzteres Thema ist unter dem Begriff „Employer Branding" derzeit in vieler Munde. Aber auch in der allgemeinen Markenführung spielt eine Work-Life-Balance-gemäße Unternehmenskultur eine zunehmende Rolle. Kunden greifen gerne zu gesunden und vermehrt auch zu jenen Produkten, die unter fairen Arbeitsbedingungen von zufriedenen Menschen hergestellt wurden.

„Auf wissenschaftlicher Ebene werden unter dem Begriff verschiedene theoretische und empirische Zugänge zur Analyse dieser verschiedenen Dimensionen von WLB gefasst (…) Als lebensweltlich orientierter Begriff bündelt WLB aktuelle Problemlagen samt den entsprechenden Deutungen sowie individuelle wie organisatorische Lösungsansätze und Programme und fasst sie in einer griffigen Formel zusammen."[4]

Prognos

Das Bundesministerium für Familie, Senioren, Frauen und Jugend der Bundesrepublik Deutschland veröffentlichte 2005 die Studie „Work-Life-Balance. Motor für wirtschaftliches Wachstum und gesellschaftliche Stabilität", durchgeführt von der international agierenden Prognos AG.

„Work-Life-Balance bedeutet eine neue, intelligente Verzahnung von Arbeits- und Privatleben vor dem Hintergrund einer veränderten und sich dynamisch verändernden Arbeits- und Lebenswelt. Betriebliche Work-Life-Balance-Maßnahmen zielen darauf ab, erfolgreiche Berufsbiographien unter Rücksichtnahme auf private, soziale, kulturelle und gesundheitliche Erfordernisse zu ermöglichen. Ein ganz zentraler Aspekt ist die Balance von Familie und Beruf. Integrierte Work-Life-Balance-Konzepte beinhalten bedarfsspezifisch ausgestaltete Arbeitszeitmodelle, eine angepasste Arbeitsorganisation, Modelle zur Flexibilisierung des Arbeitsortes wie Telearbeit, Führungsrichtlinien sowie weitere unterstützende und gesundheitspräventive Leistungen für die Beschäftigten. **Work-Life-Balance ist in erster Linie als Wirtschaftsthema zu verstehen. Die dreifache Win-Situation durch Work-Life-Balance resultiert aus Vorteilen für die Unternehmen, für die einzelnen Beschäftigten sowie einem gesamtgesellschaftlichen und volkswirtschaftlichen Nutzen...**"[5]

Die Prognos AG sagt für 2030 in Deutschland einen Fachkräftemangel von fünf Millionen Menschen voraus.[6] In Österreich ergibt sich auf Grund der demographischen Entwicklung ab dem Jahr 2016 ein ähnliches Szenario. Ab diesem Datum werden mehr Personen in den Ruhestand gehen als in den Arbeitsmarkt eintreten. Für 2020 werden aus heutiger Sicht in Österreich 40% mehr Berufsaussteiger als Berufseinsteiger prognostiziert.[7] Diese Entwicklung wird dem Thema der Work-Life-Balance erhöhte Aufmerksamkeiten bescheren, um zumindest im Recruiting und bei der Firmenbindung bessere Werte zu erzielen.

Häufig trifft man auf Work-Life-Balance-Definitionen, die stark aus dem Blickwinkel Balance von Familie und Beruf geprägt sind und dem Gesamtausmaß des Themas nur bedingt gerecht werden. Vermutlich entstand die Vorrangigkeit des Themas aus der gesellschaftlichen Debatte in der zweiten Hälfte des 20. Jahrhunderts, inwieweit Berufstätigkeiten beider Eltern Teil der familiären und ökonomischen Wirklichkeit mitteleuropäischer Haushalte sein können. Wer am Herd steht, ist auch heute noch eine interessante gesellschaftspolitische Frage. Die Hauptlast der Haushaltsführung und der Kindererziehung liegt nach wie vor bei den Frauen, eine Verschiebung hin zu partnerschaftlicheren Familienmodellen geht auch in den 2010er Jahren eher schleppend vor sich. „Echte Männer gehen in Karenz", heißt eine aktuelle Kampagne der österreichischen Frauenministerin Gabriele Heinisch-Hosek. Die Väter von heute kümmern sich mehr als jemals zuvor um ihre Kinder. Eltern- oder Karenzzeit nehmen die Österreicher nur im Ausmaß von 5% wahr, bessere Elternzeitzahlungen führten in Deutschland ab 2007 zu einem Anstieg der Inanspruchnahmen von Kinderbetreuungszeiten für Kinder durch Männer. Die Deutschen liegen derzeit bei etwa 20%, die nordeuropäischen Länder noch darüber. Es lohnt sich trotz der noch niedrigen Werte für Unternehmen, den Blick auf Familienfreundlichkeit von Jobs zu richten. „**Betriebliche Work-Life-Balance-Konzepte bieten die Chance, die geschlechterspezifische Arbeitsteilung nach dem traditionellen Modell eines männlichen Alleinverdieners und einer allenfalls in geringem Rahmen erwerbstätigen Hausfrau zu überwinden.** Die strategischen Überlegungen und Aktionen der Work-Life-Balance-Konzepte richten sich darauf, weibliche und männliche Beschäftigte anzusprechen. Es wird explizit darauf gesetzt, auch männliche Beschäftigte zu ermutigen, die vorhandenen Möglichkeiten zu einer Verbesserung der Work-Life-Balance und dabei u.a. auch zu einer Verbesserung der Vereinbarkeit von Familie und Beruf zu nutzen."[8]

Die Prognos-Studie thematisiert wirtschafts- und gesellschaftspolitische Aspekte der Work-Life-Balance und liefert dadurch wichtige Grundlagenarbeit. Allerdings fehlen in weiten Teilen Handlungsanleitungen für Unternehmen. Lediglich kurz werden Führungsrichtlinien im Unternehmen als wichtiger Faktor für die Work-Life-Balance angesprochen. Dem Aspekt Führung widme ich aus meiner Wichtigkeitseinschätzung heraus in einer ganzheitlichen Sichtweise der Work-Life-Balance-Unternehmenskonzepte ein ganzes Kapitel (vgl. Kapitel 3.1). Nach dem Motto „Mitarbeiter kommen wegen der Firma und gehen wegen dem Chef" kommt dem Thema Führung, Kollegialität und Unternehmenskultur für die Befindlichkeit und Lebensqualität der einzelnen Mitarbeiter und der „Chefs" eine mindestens so hohe Bedeutung zu wie dem Thema der Familienfreundlichkeit eines Unternehmens.

Silke Michalk und Peter Nieder

Bei Michalk und Nieder heißt der Erfolgsfaktor Work-Life-Balance „… den Menschen ganzheitlich zu betrachten (als Rollen- und als Funktionsträger), im beruflichen und privaten Bereich (der Lebens- und der Arbeitswelt), und ihm dadurch die Möglichkeit zu geben, lebensphasenspezifisch und individuell für beide Bereiche die anfallenden Verpflichtungen und Interessen erfüllen zu können, um so dauerhaft gesund, leistungsfähig und ausgeglichen zu sein".[9]

Michalk und Nieder sagen, dass Work-Life-Balance wesentlich über eine Zeitkonfliktbewertung zwischen Beruf und Privatleben hinausgeht. Sie beziehen persönliche Lebensqualitätsmerkmale in ihre Definition mit ein und siedeln Konflikte in mangelnder Werteübereinstimmung von Unternehmen und Mitarbeiter an, in Führungskompetenzen, die zu wünschen übrig lassen, und einem schlechten Arbeitsklima. Daher sind Verarbeitungsmuster in Bezug auf Person, Rollenbilder, Wertvorstellungen und aktueller Lebenssituation vor diesem Hintergrund von entscheidender Bedeutung.[10]

Das Bochumer Modell

Wenn man davon ausgeht, dass es legitim ist, sein Leben danach auszurichten, dass man in respektvoller Abgrenzung zu Anderen maximalen Genuss und Freude im Leben haben will, sollten die Ziele jedes Einzelnen in Hinblick auf die Erlangung eines gemeinsamen Betriebserfolges genutzt werden.

Dazu gehört auch „Lebenslust als wirtschaftlicher Faktor". Mit dem Mythos Lebenslust verstand Steve Jobs hervorragend umzugehen. Man erinnert sich an die Präsentation des neuen Apple iPhone 2007, als Jobs auf die Bühne ging, das neue iPhone lässig aus der Hosentasche zog, hinter sich den riesigen Screen, und die neuen Applikationen erklärte. Diese Präsentation gefiel einer ganzen Generation und viele wünschten sich, bei so einer „coolen" Firma zu arbeiten. Betriebswirtschaft und epikuräisches Weltbild gehen auf einmal zusammen. Wobei sich das epikuräische Weltbild sowohl auf den Genuss an sich, als auch den wertschätzenden Umgang miteinander bezieht.[11] Noch einmal möchte ich hier das veraltete Bild von „Dienst ist Dienst und Schnaps ist Schnaps" in Erinnerung rufen, um es endlich zu Grabe zu tragen. Die Frage heute muss lauten: Wie schaffe ich es, meinen Mitarbeitern möglichst viel Spielraum für Lebenslust zu verschaffen und die Arbeit selbst als Generierung von Lebenslust zu verstehen? Allein mit monetären Anreizen wird man auf diesem Weg nicht weit kommen.

„Das Bochumer Modell zu beruflich relevanten Lebenskonzepten bietet Anhaltspunkte, um sich umfangreich mit eigenen Belastungen und Ressourcen auseinanderzusetzen. Dabei kann einerseits geschaut werden, ob Belastungen reduziert oder Ressourcen aufgebaut werden können. Die Einbindung von Persönlichkeitsskalen bietet darüber hinaus die Option, zusätzliche Einflussfaktoren auf individueller Ebene zu berücksichtigen."[12]

Belastungsreduktion bei gleichzeitig gezieltem Ressourcenaufbau ist zu befürworten. Das kann bei einer umsichtigen Führung und Selbstreflexionsschleifen gut funktionieren und kann gut mit Weiterbildungs- und Gesundheitsprogrammen kombiniert werden. Obwohl die Bochumer Modelle zur Messung von Persönlichkeitsmerkmalen unter den Persönlichkeitstests einen guten Ruf haben, gibt es doch eine erhebliche Austestungsskepsis bei Arbeitnehmern. Aus Feedbacks in meinen Karriereseminaren weiß ich, dass das Interesse jedes Einzelnen an Testergebnissen zwar hoch ist und in professioneller Begleitung zu nachhaltigen Selbsterkenntnissen führen kann. Viele Menschen haben aber Vorbehalte gegenüber Persönlichkeitstestergebnissen als Teil eines betrieblichen Bewertungssystems und als Strategiebasis für weitere Entwicklungen im Job. Teilnehmer meiner Karriereseminare formulieren beispielsweise immer wieder ihre Skepsis gegenüber Testverfahren im Recruiting und bewerben sich nicht bei Unternehmen, die Persönlichkeitstests im Recruiting und in der firmeninternen Karrieregestaltung einsetzen. **Im Rahmen von Betriebsberatungen habe ich die Erfahrungen gemacht, dass Unternehmen in den letzten Jahren eher zu viele Fragebögen an die Belegschaft gerichtet haben und eine gewisse Beantwortungsmüdigkeit eingetreten ist. Außerdem lässt in manchen Fällen die Qualität von Befragungen zu wünschen übrig. Sätze wie: „Am Ende eines Arbeitstages fühle ich mich verbraucht." oder „Neigen Sie dazu, ruhelos und angespannt zu sein?" führen meiner Ansicht im Betriebskontext zu keinen brauchbaren Handlungsansätzen für Work-Life-Balance-Maßnahmen, zu allgemein sind die Angaben. Auch Fragen, die sich unmittelbar auf die Work-Life-Balance beziehen, wollen wohlbedacht ausgewählt werden. Fragen in der Art „Wie stufen Sie nach dem Schulnotensystem Ihre Balance zwischen Beruf und Privatleben ein?" oder „Welche Lebensziele haben Sie?" begeistern Mitarbeiter nicht, führen zu Fragebogen- und Testskepsis und bringen als Datenpool wenig. Generell sollte das Augenmerk auf Systeme der Wertschätzung und des Wohlfühlens gerichtet werden und nicht auf oftmalige Abfragen der Befindlichkeit.**

Diversity Management

Eine weitere Perspektive für Work-Life-Balance-Annäherungen bietet der Begriff des Diversity Managements, mit Hereinnahme von Begriffen wie Fairness, Vielfalt und Gleichberechtigung. Wenn wir das Gefühl haben, dass wir fair behandelt werden, bietet das einen guten Boden für gesundes, motiviertes und leistungsfähiges Arbeiten. Die Toleranz Anderen und Andersartigem gegenüber erhöht mitunter die Innovationskraft, weil wir eine Kultur entwickeln, das „Andere" zu sehen und gelten zu lassen, sozusagen die World-Music-Definition der Work-Life-Balance. Neben der Achtung verschiedener Gruppen, einer Gleichstellung von Frauen und Männern und verschiedener Ethnien im Unternehmen, können in einer möglichst ganzheitlichen Sichtweise möglichst viele Perspektiven und Sichtweisen für Problemgestaltungen herangezogen werden. Anerkennung und Wertschätzung gegenüber individueller Lösungskompetenz und die Fähigkeit der Führung und Koordinierung solcher Prozesse sind dazu notwendig. „Durch die Einbindung unterschiedlicher Wissens- und Erfahrungshintergründe sollen die Kreativität sowie die Innovations- und Wettbewerbsfähigkeit des Unternehmens gefördert und damit die Unternehmensstrategie unterstützt werden."[13]

Michael Kastner

Ein schönes Bild und zugleich ein schlüssiges Modell der Work-Life-Balance entwirft der Psychologe und Arzt Michael Kastner von der Universität Dortmund, nämlich einen balancierenden Einradfahrer. Wenn auch nur irgendeine Kleinigkeit nicht stimmt, dann fällt er um!

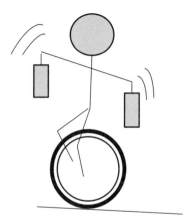

Bild 1 Work-Life-Balance-Spezialfahrrad nach Michael Kastner[14]

Befunde zu Wohlbefinden und Lebensqualität erfordern nach seiner Aussage in Hinblick auf die Einbeziehung von Work-Life-Balance in betriebliche Erfordernisse die Berücksichtigung eines längeren zeitlichen Blickfeldes:

„Entscheidend sind für ein WLB-Konzept langfristige dynamische Relationen zwischen Arbeit und Privatleben, die sich in verschiedenen Lebensphasen unterschiedlich darstellen",[15] und zwar in ihren Wechselwirkungen und in ihren „Ab- und Aufschaukelungseigenarten". Zudem ist die Frage zu stellen, was uns dauerhaft gesund hält und eine hohe Lebensqualität liefert. „Schlägt das Herz schneller, weil ein Fluglotse viele Flugzeuge am Schirm sieht, oder er sich auf sein Date am Abend freut?", gibt Kastner zu Bedenken, wenn man Messungen über subjektive Ent-

oder Belastungszustände interpretieren will.[16] Es sind Wipp-Prozesse und Wechselwirkungen zwischen personalen, situativen und organisatorischen Faktoren, die eine Dynamik erzeugen und positiven oder negativen Output erzeugen. Wie bei einer Wippe schaukeln sich diese Prozesse auf oder ab. Es gilt, Puffer zu erzeugen, um diese Metapher des Wippens für eine gelungene Work-Life-Balance herzustellen. Puffer können Betriebsversicherungen genauso sein, wie Zeit-, Raum- und Personalreserven, die im Ernstfall angezapft werden, wenn Notsituationen eintreten.

Kastners Modell der Gleichgewichtszustände erinnert an Resilienzmodelle, die funktionierende Systeme im Auge haben und sich nach Krisen in ursprüngliche Ausgangslagen zurückbewegen. In letzter Konsequenz sind sie nur als theoretisches Modell vorstellbar, da in der Praxis Veränderungen durch krisenhafte Erscheinungen eine Rückkehr in genau die gleiche Lage unmöglich machen. Kastners Puffermodell arbeitet jedenfalls daran, dynamische Auf- und Abschaukelungsprozesse in extremen Amplituden abzufedern.

Kastner entwirft ein gutes Modell, schlüssig und als Basis für Handlungsansätze sehr geeignet. Konkrete Vorgangsweisen zur Umsetzung von Work-Life-Balance-Modellen liefert Kastners „WLB-Spezialfahrrad" wenig. Sein Verdienst liegt in der Metaebene, zu erfassen, warum es diese Handlungen in der betrieblichen Strategiebildung und Innovationsgestaltung

Tabelle 2 Balanceprozesse und Stellschrauben (nach Kastner)[17]

Balanceprozesse
1 Ausbalancierung durch ausgewogene Belastungs- und Ressourcenverteilung
2 Vermeidung von Durchschlageffekten bei Belastungen über die Erschöpfungsgrenze hinaus
3 Vermeidung von Durchschlageffekten bei Ressourcen: Unterforderung und Anforderungsarmut vermeiden
4 Einrichtung von Puffern
5 Balance von Interessen, Neugier, Experimentierfreude etc. mit aktiv ausgesuchten Situationen. Herausforderungen tauchen nicht einfach auf. Menschen müssen abwägen, wo sie zugreifen und wo nicht.
Stellschrauben zur Optimierung der Balanceprozesse
6 Belastungen und Anforderungen strukturieren, Synergieeffekte erzielen, gegebenenfalls reduzieren
7 Ressourcen aufbauen und gebrauchen
8 Anforderungspuffer aufbauen und pflegen
9 Ressourcenpuffer aufbauen und pflegen

braucht. In einem Modell, in dem Person, Situation und Organisation in Beziehung zu fünf Balancezuständen gebracht werden, die an vier Stellschrauben verändert werden können, liefert Kastner einen Ansatz, um Dysbalancezustände in Unternehmen aufzuspüren und Korrekturmaßnahmen einzuleiten (Tabelle 2).

Lothar Seiwert

Zum Abschluss des Definitionsüberblicks verweise ich auf die Arbeit des erfahrenen Zeitmanagers Lothar Seiwert. Er hat sich in den 2000er Jahren dem Thema Work-Life-Balance verschrieben und verwendet für den Balancebegriff mit Ziel Lebensqualität den Ausdruck „Life-Leadership" im Sinne von Lebensmanagement. Seiwert geht von einem persönlichen Glücksbegriff aus, für den der Einzelne die Verantwortung übernehmen sollte, weil man letztendlich nicht von den Anderen glücklich gemacht werden kann; er sagt: „... Sie können nicht geben, was Sie selbst nicht besitzen. Sie können niemanden Anderen glücklich machen, wenn sie selbst nicht glücklich sind. Wenn Ihnen die Menschen in Ihrem Leben wirklich am Herzen liegen, dann beginnen Sie selbst, nach Ihren Wünschen zu fragen und sich Ihre Träume zu erfüllen. (...) Glückliche Vorgesetzte schaffen ein positives Arbeitsklima, glückliche Verkäufer haben glückliche Kunden."[18]

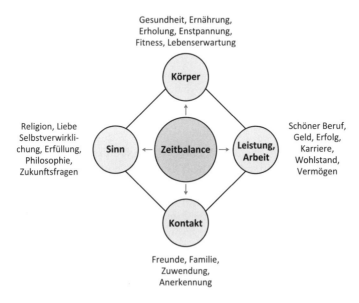

Bild 2 Zeit-Balance-Modell (nach Lothar Seiwert)[19]

„Beruf, Familie, Gesundheit und die Frage nach dem Sinn: Zeit und Leben ganzheitlich managen zu können, das ist das Ziel dieses Ansatzes. (...) Ziel ist es, nicht einfach nur mehr Zeit aus dem Alltag herauszuquetschen, sondern diese vier Dimensionen in eine gesunde Balance zu bringen und permanent an diesem Gleichgewicht zu arbeiten. Dieses Modell verdeutlicht, dass die einzelnen Lebensbereiche eng miteinander verknüpft sind. Wird eine der Dimensionen überbeansprucht, etwa die Dimension des Berufs, werden sowohl das persönliche Wohlgefühl und die Gesundheit darunter leiden wie das Privatleben und die Pflege zentraler menschlicher Beziehungen. Werden persönliche Motivation und Leistungsfähigkeit nicht durch klare Wertvorstellungen und die Orientierung auf einen eindeutigen Sinn gestützt, werden Sie Schaden nehmen und absinken."[20]

Seiwert geht sogar so weit zu sagen, dass ein zu hoher Wille zur Leistungsbereitschaft kurzfristig für einen selbst so viel Zeit und Energie beansprucht, dass langfristig mehr negative als positive Effekte herausschauen.[21] Man kann sich ausmalen, wie vielfach potenziert solche Effekte auftreten, wenn auf viele Mitarbeiter immer wieder Druck erzeugt wird, ständig an die Leistungsgrenzen zu gehen nach dem Motto „da müssen wir jetzt durch" oder „ohne Fleiß kein Preis". Ich habe viele Menschen in meiner Praxis erlebt, die für beruflichen Erfolg einen sehr hohen gesundheitlichen und sozialen Preis zu zahlen hatten. Sie hatten sich selbst oder wurden von anderen über lange Strecken unter Druck gesetzt. Bandscheibenvorfälle, Schlaganfälle, Burn-out-Erkrankungen waren die Folge, abgesehen davon, dass diesem Personenkreis unendlich leid tat, dass ihre Ehen zerbrochen waren und sie ihre Kinder nur äußerst eingeschränkt aufwachsen gesehen hatten. Seiwert verweist in seiner Modellbildung auf das Vorbild Nossrat Peseschkian, der in seinen psychosomatischen Forschungen die Wechselwirkungen zwischen Psyche, Körper und sozialem Umfeld aufgezeigt hat.[22]

Eine neue Kultur des Denkens

Beachtenswert bei der Vorstellung von Definitionen zur Work-Life-Balance ist der Umstand, dass Work-Life-Balance nicht Vorschub leisten soll für ein übersteigertes Selbstoptimierungsdenken, das in den letzten Jahren ohnehin weit um sich gegriffen hat und eher Überforderungszustände erzeugt als Ausgeglichenheit und Lebensfreude. Der Heidelberger Psychologe Arnold Retzer spricht von „Selbstoptimierungswahn", dem wir uns als Begleiter der Leistungs- und Erfolgsgesellschaft unterwerfen. Wir müssen nicht immer alle Möglichkeiten ausschöpfen, die wir vorfinden. Nein sagen gehört auch zur Work-Life-Balance. Wir befürchten, ausgegrenzt zu werden, wenn wir nicht permanent Erfolg haben. Junge

Menschen brechen zusammen, wenn sie im Karriereplan einmal eine Stufe nicht wie geplant erreichen.[23]

Wir leben in Umbruchzeiten, sind angstmotiviert. Wir neigen gerade in schwierigen Zeiten dazu, im großen Strom mitzuschwimmen, um nicht unterzugehen, sagt der Frankfurter Psychotherapeut Werner Gross. Die Leute setzen in ihrer Präsentation nach außen hin auf Strategien wie „stoßfest, bruchsicher, formschön und abwaschbar". Es besteht nahezu die Verpflichtung, so zu tun, als wäre alles easy und locker.[24] Es bestehen aber höhere Arbeitsanforderungen hinsichtlich Menge, Tempo und Qualitätsanspruch, die handhabbar gehalten werden müssen, ohne dass die Menschen dauerhafte Schäden davontragen.

Ausbalancierungssysteme, gerade im Sinne der letzten beiden Definitionen von Kastner und Seiwert, brauchen meines Erachtens eine neue Kultur des Denkens im Unternehmen, das auf Hebung von Eigenverantwortung aus ist, hohe Führungskompetenz aufweist und entsprechende Rahmenbedingungen schafft, die die Work-Life-Balance der Menschen zum Blühen bringt, damit diese Kräfte ins Unternehmen einwirken können. Relevant dafür sind Faktoren wie Glück, Selbstwert, Führung, Intuition, Medizin, systemisch-konstruktivistische Sichtweisen, Empathie- und Kommunikationsfähigkeit sowie Projekt- und Innovationsmanagement, die in den nächsten Kapiteln näher ausgeführt werden. Konkrete Handlungsvorschläge liefert Teil II dieses Buches.

3 Neue Kulturen zum Blühen bringen

3.1 Führung

In diesem Kapitel begegnen wir dem Thema Führung, einem zentralen Element des Themas Work-Life-Balance. Führung im Sinne von Führung im Unternehmen. Führung hat zwar auch sehr viel mit Selbstführung zu tun – ebenfalls ein zentrales Kapitel der Work-Life-Balance; dem Thema Selbstwert und Eigensteuerung ist aber ein eigenes Kapitel gewidmet (Kapitel 3.2).

In den folgenden Abschnitten betrachte ich verschiedene Führungsstile und Steuerungsmodelle, die sich im Laufe der letzten 70 oder 80 Jahre deutlich verändert haben. Sie haben sich immer wieder der Zeit angepasst. Das heutige Informationszeitalter brachte andere Führungsmodelle hervor als das Industriezeitalter. Die Komplexität der Modelle hat zugenommen. Führung heute unter Voraussetzungen hoher Individualitäten und weltweiten raschen Verfügbarkeiten ist nicht einfacher geworden. Obwohl man sich in früheren Zeiten vermutlich etwa über ein Mehr an Informationen in kürzeren Zeitspannen gefreut hätte, scheint diese Fülle heute eher hohes Belastungspotenzial in sich zu bergen. Ich werde verschiedene Steuerungssysteme unter die Lupe nehmen und diese in den Kontext des Generalthemas Work-Life-Balance stellen. Welche Rolle spielt Führung für Balance im Leben? Welchen Nutzen bringt Führung als „Reiseleitung" unter den Gesichtspunkten der Work-Life-Balance?

Wo soll die Reise hingehen und wer bestimmt, wo sie hingehen soll? Kann man diese bildhafte Frage mit dem Begriff Führung überhaupt beantworten? Ist der Begriff Reiseleitung als Bild für unternehmerisches und persönliches Fortkommen adäquat? Reiseleitung zielt wohl vornehmlich auf eine optimale Prozesssteuerung ab. Wer plant angebotene Reisen? Was ist mit den Millionen von Individualtouristen? Unterscheidet sich das Reiseverhalten jüngerer Menschen zu dem von älteren? Wie viel Geld nehme ich für die Reise in die Hand? Wie bemesse ich im Nachhinein den Wert einer Reise? Nach Erholungsfaktor oder nach Abenteuerwert? Was wirkt nachhaltiger?

Die Weiterentwicklung eines Unternehmens ist auch eine Reise, so wie das Leben an sich mit einer Reise verglichen werden kann. Ein Weg mit Visionen, Zielen und einer Unzahl an Handlungen. Die Reise als Bild hat einen erheblichen Anteil an privatem Charakter in sich, was für unsere Work-Life-Balance-Sichtweise durchaus gewollt ist. Es gilt, private Ziele und Unternehmensziele unter einen Hut zubringen. Wo geht die Reise also hin, wenn viele Menschen an Zielfindung und Reiseweg arbeiten? Verderben viele Köche wirklich den Brei? Kann bei der Beteiligung vieler Menschen nicht auch Großes herauskommen und nicht nur der kleinste gemeinsame Nenner?

„Führung ist die Kunst, eine Welt zu gestalten, der andere Menschen gerne angehören wollen", schreibt Daniel F. Pinnow im Führungs-Standardwerk „Führen. Worauf es wirklich ankommt" quasi als Leitsatz mehrmals in seinem Buch und setzt im Vorwort der 5. Auflage von 2011 hinzu: „Ich bin überzeugt, dass sich diese Welt nur gestalten und ertragen lässt, wenn die Führungskräfte weniger auf Autorität und formale Insignien der Macht pochen und statt dessen Wertschätzung, Vertrauen und Netzwerkbildung in den Fokus der Aufmerksamkeit setzen."

Die Reise wird also schöner, wenn wir mitgestalten können und uns weniger lediglich als Mitreisender fühlen, der sein Reiseprogramm abspult. Der Output für das Unternehmen scheint zu steigen, je mehr es in der Lage ist, individuelle Inputs von allen Angestellten für sich zu nutzen. Dazu drei Stimmen aus gänzlich unterschiedlichen Richtungen. Ein Physik-Nobelpreisträger, ein super-erfolgreicher deutscher Unternehmer und der schon angesprochene Führungsexperte nehmen dazu Stellung:

„Früher stand eher die Disziplin im Vordergrund. Wenn eine Firma heute nicht kreativ ist und nicht bereit ist, sich zu verändern, und dabei die Intelligenz der eigenen Leute nicht zur Veränderung nutzt, so wird sie keinen Erfolg haben." (Prof. Gerd Binnig)[25]

„Intuition heißt, einen Sog zu erzeugen, nicht Druck. (...) Wichtig ist, dass die Leute ohne Bedrohung tätig werden können, sie aus einem sicheren Fundament heraus mutig sein zu lassen. Unternehmen funktionieren, weil Menschen wissen, was sie im richtigen Moment zu machen haben. Man muss sie nur lassen. Kontrolle ist überschätzt, Zutrauen unterschätzt." (Götz Werner, dm-Gründer)[26]

„Innovationszyklen werden immer kürzer und folgen immer schneller aufeinander. (...) Das bedeutet, dass die Unternehmen ein ideales Klima für neue, kreative Ideen schaffen müssen, das ihren Mitarbeitern Anreize und Raum bietet, außerhalb der alten Gleise zu denken." (Daniel F. Pinnow, Führungsexperte)[27]

Wir brauchen neue Kulturen

Der Pool „guter Leute" am Arbeitsmarkt wird sich in den nächsten Jahren drastisch verringern, bedingt durch demographische Veränderungen und auch zunehmende Bildungsungleichheit. Daher werden sich die qualifizierten Arbeitskräfte der Zukunft ihr Unternehmen aussuchen können. Zugleich verändern sich die Anforderungen an die Personalqualität auf dynamische Weise. Gefordert werden „Arbeitskraftunternehmer" mit Eigenverantwortung, (Selbst)Organisationsfähigkeit, Fähigkeiten zum Umgang mit Diversität und Offenheit zur systemischen Weiterentwicklung. Zugleich setzen Prozesse der Individualisierung, steigende Mobilitätsaufwendungen, Technik-Stress und Flexibilitätserfordernisse die MitarbeiterInnen unter Druck. Burn-out-Raten und Mobbing-Fälle nehmen daher zu. All dies erhöht die Anforderungen nicht nur an das Führen, an Personalwirtschaft und Organisationsentwicklung im Unternehmen, **sondern auch an das Innovationsmanagement. Daher müssen nicht nur die konzeptionellen Ressourcen der Führungskraft erweitert werden (Stichworte: Kybernetik, systemisches Denken, Intuition). Erforderlich sind auch neue Konzepte des Team-Buildings sowie des Managements von Teams (Community Organizing, Network Broker). Von „Teamplayern" werden gesteigerte soziale und kommunikative Fähigkeiten, die Teilnahme an kollektiven Lernprozessen sowie Risiko- und Enttäuschungsbereitschaft abgefordert.**

2004 übersiedelte der österreichische Manager Johannes Kaindlstorfer aus dem russischen Markt für das Münchner Unternehmen Schiedel, Schornstein- und Lüftungssysteme, als Geschäftsführer in die Firmenzentrale. Es galt, der größten Gesellschaft im Firmenverbund Aufbruchstimmung einzuhauchen. Der Hebel dazu: starres hierarchisches Denken und die Einwegkommunikation von oben nach unten aufzubrechen. „Ich hatte 22 Führungskräfte mit einer Firmenzugehörigkeit von durchschnittlich 15 Jahren. Das waren mehr als 300 Jahre Erfahrung, die ich hören wollte." Nach seinem ersten Auftreten eröffneten drei Manager, das erste Mal überhaupt in solche Entscheidungen eingebunden worden zu sein. Kaindlstorfer machte sich an die Arbeit, die gesamte Wertewelt im Unternehmen zu verändern. Es galt, Firmenloyalität über Vertrauen und offene Kommunikation zu erzeugen. Seither ist respektvoller Umgang miteinander ein hoher Wert. Wie es Schiedel geht, darüber informiert der Deutschlandchef persönlich.[28]

Der Salzburger Hotelier Andreas Gfrerer hat das Altstadthotel Blaue Gans in der Salzburger Getreidegasse 2012 für 2,5 Millionen Euro umgebaut, wobei ein Drittel der Umbauten ausschließlich in die Verbesserung der Mitarbeiterinfrastruktur geflossen ist. Die Sanitäreinrichtungen stehen auf einer Stufe mit denen der Gäste im 4-Sterne-Betrieb. Auch die Philosophie des Hotelbetreibers Gfrerer unterscheidet sich von anderen Touristikern: „Es gibt Hotels, die sind schnell, wir sind langsam und trotzdem pünktlich."[29]

Ein von mir beratener Industriebetrieb in Oberbayern sah sich 2011 mit einer plötzlichen Arbeitszunahme im Vertrieb konfrontiert, die nur zu lösen war, indem die gesamte Belegschaft der Abteilung 14 Tage lag jeweils am Morgen eine Stunde früher zur Arbeit kam. Die kurzfristige Maßnahme zeigte Wirkung. Anschließend wurde neben der finanziellen Vergütung die erfolgreiche Aktion auf Firmenkosten in schönem Ambiente gefeiert.

Neue Innovationskulturen sind im Lichte des Miteinanders zu sehen. Vor diesem Hintergrund stellt sich die Frage nach der künftigen Ausgestaltung von Innovationsprozessen im Unternehmen: Welche Rolle spielen Zeitqualität, die Kraft der Persönlichkeit, Fehlerorientierung und die Weisheit der Gruppe für die Wendigkeit des Unternehmens? Was zeichnet gutes Personal in betrieblichen Innovationskulturen aus? Was motiviert gute MitarbeiterInnen, bei einem innovativen Unternehmen zu arbeiten?

Der Zusammenhang zwischen Innovation und Organisation, Innovation als Ergebnis betrieblicher Organisationskultur, muss sichtbar gemacht werden. Veränderungen in individuellen und kollektiven Denk- und Handlungsmustern werden damit in Gang gesetzt und neue, konkrete Handlungsformen möglich gemacht.

Umgang mit den Generationen

Und noch eine Facette möchte ich in diesem Kapitel einbringen. Es wächst eine Generation heran, die anspruchsvoller und selbstbewusster ist als alle Vorgängergenerationen. Junge Menschen von heute haben nicht mehr die Wirtschaftswunder und Vollbeschäftigungsjahrzehnte erlebt, sie waren 1980 noch gar nicht geboren. Sie sind in Zeiten des Wohlstandes und enorm großer Wahlmöglichkeiten im Konsum aufgewachsen, obwohl auch seit 1980 zunehmend ungleiche Wohlstandsverteilungen eher wieder zugenommen haben – ein Zeichen der Entsolidarisierung, wovon die jungen Leute auch geprägt sind. Sie wissen, was sie können, und sie suchen sich den Kooperationspartner oder Arbeitgeber, der ihnen am meisten bietet. Deshalb gleich an jahrzehntelange Treue und Loyalität zu denken, kommt bei den jungen Leuten nicht infrage. Gute Ausstattung des Arbeitsverhältnisses beinhaltet dabei nicht ausschließlich pekuniäre Varianten, sondern bezieht Eigenverantwortung, Aufstiegschancen, Betriebsklima und interessantes Umfeld und Erfüllung individueller Ziele mit ein.[30] Ein Denken, das bis in die 1990er Jahre hinein und darüber hinaus bis heute als Ungehörigkeit der Jugend angesehen wurde, ist nun betriebliche Realität geworden, die auf die Führung und Personalabteilungen Einfluss haben wird. Nicht nur neue Konzeptionen für die Jugend sind als Allheilmittel zu sehen. Ein ganzheitliches Begreifen in allen Alters- und Karrierestufen, die Menschen so anzusprechen, dass deren Wohlfühlen in betrieblichen Erfolg umgemünzt werden kann, ist gefragt.

In Deutschland und in Österreich und vermutlich nicht nur in diesen Ländern macht sich seit geraumer Zeit ein Defizit am Auszubildendenmarkt breit. Zu schlecht sei das Image der Ausbildung und Lehre, wird in den Medien propagiert. Eigene Erfahrungen in Work-Life-Balance-Workshops mit Auszubildenden im Tourismusbereich in Bayern haben mir deutlich vor Augen geführt, dass bei den jungen Menschen ein hoher Bedarf sowohl an Ausbildungsqualität, als auch an wertschätzenden sozialen Umgangsformen seitens der Leitungspersonen besteht. Der Lernwille der jungen Leute ist in überwiegendem Maße groß.

Ausgehend von den vier zentralen Work-Life-Balance-Dimensionen Gesundheit, Arbeit, soziale Beziehungen und Sinn habe ich in Workshops die Auszubildenden gefragt, inwieweit diese vier Dimensionen für sie in der Ausbildung von Relevanz sind. Die Antworten (Tabelle 3) zeigten mir – ein wenig zu meiner Überraschung, da ich nicht mit einer so hohen Wertigkeit von Work-Life-Balance im Leben von 16- oder 17-jährigen gerechnet hatte – dass sinnvolle Beschäftigung im Job, soziale Anerkennung, besserer Lebensrhythmus, guter Kontakt mit Gästen, gutes Arbeitsklima, Leistungsanerkennung und Aufstiegschancen die Themen der auszubildenden Tourismusfachleute im südbayerischen Raum waren.

Tabelle 3 Die jeweiligen Top-5-Werte für die vier Dimensionen der Work-Life-Balance bezüglich der Ausbildungsperspektive im Tourismus an einer bayerischen Landesberufsschule 2010

Arbeit	Gesundheit	Soziale Beziehungen	Sinn
Soziale Anerkennung	Innere Uhr	Gutes Arbeitsklima	Abgeschlossene Ausbildung
Soziale Absicherung	Besserer Lebensrhythmus	Familiäre Unterstützung	Leistungsanerkennung
Motivationssteigerung	Fitness	Freundeskreis	Aufstiegschancen
Sinnvolle Beschäftigung	Ernährung	Partnerschaften	Rücklagen
Arbeitszeiten	Psychische Stabilität	Kontakt mit Gästen	Integration

Das Beispiel dieser Auszubildenden gilt nach den Erkenntnissen aus meinen Seminaren für alle Altersstufen der Beschäftigten über Branchengrenzen hinweg. Dabei haben mir die vier Dimensionen aus den Work-Life-Balance-Ansätzen von Peseschkian und Seiwert als Ausgangspunkt für viele konkrete Work-Life-Balance-Beratungssituationen gedient, sei es in Workshops oder in Coachings mit Führungskräften oder mit Mitarbeitern.

Umgang mit Geschwindigkeit

Für Führung im Licht der Work-Life-Balance kommen also neben den Anforderungen fachlicher Natur vermehrt Anforderungen aus der Welt der Soft Skills und der Leadership zum Tragen. Mit der, zugegeben sehr anspruchsvollen Aufgabe, jeden Mitarbeiter richtig anzusprechen. „Führung im 21. Jahrhundert bedeutet, sich von tradierten Werten und Sicherheiten zu verabschieden. Es bedeutet, eine hohe Komplexität und Dynamik zu managen. Es bedeutet, selbst mobil und veränderungsbereit zu sein und mit unterschiedlichsten anspruchsvollen und ‚ungebundenen' Individuen auf der ganzen Welt zusammenzuarbeiten, auf der realen und der virtuellen Ebene. Und es bedeutet, Mitarbeiter als wertvolles Kapital zu betrachten und auch so zu behandeln. Führungskräfte müssen nicht mehr nur Managementtechniken beherrschen, sondern Leadership leben."[31]

In unserer schnelllebigen Zeit war es bisher Anspruch, wo Dinge noch schneller geworden sind, diese Schnelligkeit nach dem Prinzip „der Indianer kennt keinen Schmerz" auszuhalten und sogar noch zu steigern – damit schneller und besser als die Konkurrenz zu sein.

„Die zunehmende Dynamik und Komplexität (Dynaxität) der Produkte, Dienstleistungen, Strukturen und Prozesse bringen es mit sich, dass heute kaum noch einer alleine die anstehenden Probleme und Aufgaben lösen kann. Wir brauchen Menschen, die ihr verschiedenes Wissen und ihre ergänzenden Fähigkeiten in den gemeinsamen Problemlösungspool einbringen und über Hierarchieebenen hinweg gemeinsam am gleichen Strang ziehen."[32]

Die Notwendigkeit scheint in der heutigen Zeit in der Fähigkeit zu liegen, eben nicht weiteres Öl ins Feuer der Geschwindigkeit zu gießen, sondern diese Schnelligkeit handhaben zu können. Da braucht es neue Formen des Innovations-, Kreativitäts-, Fehler- und Zeitmanagements mit Unternehmenskulturen, die Ruhe in die Entwicklung bringen und nicht Raserei.

3.1.1 Der Wert von emotionaler Intelligenz und Soft Skills im Führungsverhalten

Führungsmodelle gibt es nicht erst seit das Industriezeitalter angebrochen ist. Seit jeher gab es Stammesfürsten, Clanführer und andere „Chefs" – bis hin zu den bekannten und weniger bekannten mächtigen Herrschern der Menschheitsgeschichte. Führungsmodelle passen sich gesellschaftlichen Entwicklungen an. Führung 2013 hat andere Anforderungen als Führung 1980 oder 1950.

Das zunehmende Tempo von technischen Entwicklungen stellt das gesellschaftliche und persönliche Mithalten auf eine harte Probe. Gross ist die Verunsicherung, was adäquates Führungsverhalten anbelangt. Stark zugenommen hat der Stellenwert der emotionalen Intelligenz, Soft Skills sind gefragter denn je.

Ein allgemein gültiges Modell für „richtiges" Führungsverhalten scheint angesichts der Komplexität der Anforderungen nicht ausreichend. Wahrheiten und Wirklichkeiten liegen immer in den Unternehmen, die selbst das Führungsverhalten in zunehmendem Maße auf Handlungsfähigkeiten und Realisierungsgrade abstimmen könnten. Der Einsatz der richtigen Soft Skills fördert dabei Gewinne und verringert Verlustsituationen.

Trotz oder gerade wegen der Fülle an Informationen, die uns über Leadership und Change-Management zur Verfügung stehen, scheint das Thema Führen in der heutigen Zeit einer besonderen Unsicherheit unterworfen zu sein. Der rasche Wechsel von Situationen und Anforderungen und die Wirtschaftskrisen in der zweiten Hälfte der ersten zehn 2000er Jahre haben Spuren hinterlassen. Alte Muster funktionieren nicht mehr. Junge Leute haben ihren eigenen Kopf, sind gut ausgebildet, aber im Beruf unerfahren, im Vergleich aber wesentlich kostengünstiger zu haben als altgediente Haudegen. Gleichzeitig ist das Ansehen von Führungskräften in Teilen der Wirtschaft erheblich gesunken, entstanden ist eine echte Vertrauenskrise zwischen Mitarbeitern, die immer mehr Eigenverantwortung übernehmen sollen, und den bisherigen so genannten Machern.

Pinnow weist auf das heutige Dilemma von Führungsratlosigkeit hin, indem er sagt: „Ich habe den Eindruck gewonnen, dass heutzutage nicht nur das seit vielen Jahren beschworene kooperative Führen noch nicht recht funktioniert, sondern dass darüber hinaus die Vorzüge des autoritären Führens nicht mehr funktionieren. (...) Offenbar gibt es kein Ideen- und Konzeptdefizit, sondern ein Erkenntnis-, Anwendungs- und Handlungsdefizit – gerade bei den „Usern", den Führungskräften selbst. Wir sind Informationsriesen, aber Realisierungszwerge. Führung scheint so schlecht und so problematisch zu sein wie nie zuvor. Die Klagen über miserable Manager und demotivierte Mitarbeiter nehmen zu."[33]

Daniel Golemans Botschaft lautet: Ohne ein intaktes Gefühlsleben taugt der beste Intellekt nichts, schon gar nicht, wenn es um Führung von Menschen geht. IQ (Intelligenzquozient) und EQ (Emotionale Intelligenz) müssen sich ergänzen. Die Unterteilung in IQ und EQ ist in den 1990er Jahren aufgetaucht – reichlich spät, wie ich meine –, und geht auf die US-Wissenschafter John D. Mayer und Peter Salovey zurück.[34] Was Emotionen sind, wurde in vielen Abhandlungen beschrieben und in feinen Unterschieden vielen verschiedenen Definitionen unterworfen. Goleman, Harvardpsychologe, langjähriger Herausgeber der „Psychology Today" und Betriebsberater mit dem Credo „Was nutzt ein hoher IQ, wenn man ein emotionaler Trottel ist?", nennt einige „Hauptkandidaten" der Emotion (Zorn, Trauer, Furcht, Freude, Liebe, Überraschung, Ekel und Scham) und sieht im reflektierten Umgang mit den Emotionen den Schlüssel zu intelligentem emotionalem Handeln. In Berufung auf Salovey nennt Goleman fünf Fähigkeiten, die emotionale Intelligenz erschaffen: die eigenen Emotionen erkennen, Emotionen handhaben, Emotionen in die Tat umsetzen, Empathie und den Umgang mit Beziehungen.[35] Wahre Führungsstars können diese Dinge. Sie können sie aber nicht auf einer Akademie gezielt lernen. Emotionale Intelligenz ist mitten im Leben angesiedelt und kann nur schrittweise in reflektiven Schleifen erworben werden.

Was passieren kann, wenn emotionale Defizite am Arbeitsplatz vorherrschen, beschreibt Goleman in drastischer Form anhand des Beispiels eines US-Flugkapitäns, der wegen seiner Launenhaftigkeit von seiner Bordcrew aus Angst vor seinen unkontrollierbaren Reaktionen nicht mit letzter Kraft auf den auch für den Kapitän offensichtlichen Treibstoffmangel hingewiesen wurde. Es kam zum Absturz und Menschen sind ums Leben gekommen. Goleman beschreibt, dass es in vielen Fällen an emotionaler Intelligenz in den Führungsetagen mangelt, diese Fehler aber nicht an eine größere Öffentlichkeit gelangen:

„Wo es jedoch an der dramatischen Realitätsprüfung eines Flugzeugabsturzes fehlt, bleiben denjenigen, die nicht unmittelbar betroffen sind, die destruktiven Auswirkungen einer schlechten Moral, von eingeschüchterten Mitarbeitern und arroganten Chefs – oder sonstiger Kombinationen emotionaler Defizite am Arbeitsplatz – oft weitgehend verborgen."[36]

Es braucht keinen Flugzeugabsturz, um Rückschlüsse auf emotionale Führungsdefizite ausmachen zu können. Sinkende Produktivität, eine Häufung von verpassten Fertigungsterminen, Fehler und Pannen, ein überbordender Wechsel der Angestellten: Für ein geringes Maß an emotionaler Intelligenz am Arbeitsplatz muss unausweichlich ein Preis bezahlt werden, und wenn er in die Höhe schnellt, können auch Firmen abstürzen und zugrunde gehen.[37]

In meine Coachingpraxis kam eine hoch ausgebildete Frau, um die 35 Jahre alt, mit dem Anliegen, sich in der Karriere verändern zu wollen, weil sie sich im derzeitigen Job nicht mehr wohlfühlte. Sie sagte, dass sie keine guten Leistungen erbringen könne und fühlte sich unzulänglich in allem, was sie tat. Die Frau arbeitete seit vier Jahren in einem Unternehmen der IT-Branche. Im Betrieb herrschte eine Kultur, Fehler nicht zuzulassen. Feedback vom Vorgesetzten gab es ausschließlich, wenn ein Fehler auftrat. Über die Jahre hatte sich bei meiner Klientin ein Arbeitsstil ausgeprägt, der rein auf Fehlervermeidung ausgerichtet war. Jeder Fehler, der trotzdem passierte, untergrub das Selbstbewusstsein meiner Klientin und schürte die Angst vor weiteren Fehlern und öffentlicher Kritik durch den Chef. Eine Stärkenanalyse brachte hohe Potenziale und Fähigkeiten meiner Klientin zu Tage. Sie wurde in dieser Firma eindeutig unter ihrem Wert beschäftigt. Zu Beginn ihrer Tätigkeit hatte sie immer wieder Verbesserungsvorschläge und Entwicklungen vorgeschlagen, die allerdings von der Firmenleitung nie registriert wurden.

Über das Bewusstmachen ihrer eigenen Stärken und hohen Potenziale erholte sich der Selbstwert dieser Frau rasch. Über Feedbackarbeit kam sie zu der Erkenntnis, dass sie unter Rahmenbedingungen arbeitete, die ihr einen großen Teil Ihrer Kraft raubten. Gleichzeitig stellte sie in Perspektiven- und Szenarienarbeit fest, dass sie mehrere Handlungsoptionen für ihre weitere berufliche Tätigkeit hatte. Diese lagen aber nicht mehr in der bisherigen Firma, sie fasste einen Jobwechsel ins Auge. Ausgerüstet mit einer besseren Kenntnis von Faktoren ihrer eigenen Arbeitszufriedenheit sah sie sich am Arbeitsmarkt um. Die Kenntnis der eigenen Stärken und das positive Feedback aus dem Coaching zum Wert ihrer Person und ihrer Fähigkeiten verlieh meiner Klientin positive Darstellungskraft in den Bewerbungsverfahren. Vier Monate nach der ersten Coachingeinheit gelang der Umstieg in ein anderes Unternehmen.

Und noch einmal bemühe ich Daniel Goleman, der nicht nur Kritik am Mangel übt, sondern auch positive Handlungsanleitungen gibt. Es wirkt sich positiv auf unsere Arbeit aus, „… wenn wir auf die Gefühle derer, mit denen wir es zu tun haben, eingestimmt sind, wenn wir mit Meinungsverschiedenheiten so umgehen können, dass sie nicht eskalieren, wenn wir fähig sind, bei unserer Arbeit in einen Zustand des Fließens zu kommen. Führen bedeutet nicht Herrschaft, sondern die Kunst, Menschen dazu zu bringen, dass sie für ein gemeinsames Ziel arbeiten."[38]

Das Beispiel der IT-Mitarbeiterin zeigt, dass ein zentrales Element der Mitarbeitermotivation in einem gelungenen Feedback liegt, vor allem durch die Führung. Führungskräfte neigen eher dazu, Kritik zu üben, und das mitunter vor anderen Mitarbeitern, damit auch diese prophylaktisch auf Linie gebracht werden, und sparen mit Lob: „Nicht gerügt ist genug gelobt." Dieser Satz entspringt einer Haltung, in der Lob als etwas gilt, was die Belegschaft animiert, sich auf den Lorbeeren auszuruhen. **Dabei** ist Lob einer der Hauptmotivatoren in der Arbeit und Grundlage für Wohlfühlen und somit eine Grundlage für eine ausbalancierte Arbeits- und Lebensweise. Eine Arbeit macht Sinn, wenn wir dafür ehrliches Lob ernten.

Also sollte man nicht mit Lob sparen. Positives Feedback kann ruhig vor anderen Mitarbeitern ausgesprochen werden, unter der Berücksichtigung, die Leistungen anderer damit nicht abzuwerten. Für kritische Bemerkungen sollte ein Vier-Augen-Prinzip vereinbart sein, um Gesichtsverlust zu vermeiden und konstruktive Zielvereinbarungen möglich zu machen.

Goleman empfiehlt den Führungskräften, präzise zu sein, auf Einzelheiten zu achten, präsent zu sein und ein hohes Maß an Sensibilität einzusetzen.[39] Damit werden Wesenszüge von Managern hervorgekehrt, die lange Zeit so gar nicht in das übliche Bild eines „Macherimages" passten.

Ein bayerisches Unternehmen im Bereich von Gesundheitsdienstleistungen mit etwa 150 Mitarbeitern hatte bei den Kunden großen Erfolg und enorme Zuwachsraten aufzuweisen. Dieses Unternehmen ist an mich als Work-Life-Balance-Unternehmensberater herangetreten, weil trotz großem Unternehmenserfolg ein überproportionaler Personalwechsel festzustellen war. Die Fluktuation hatte begonnen, sich auf das Image des Unternehmens auszuwirken, da ständig Inserate in den Tageszeitungen geschaltet werden mussten und die Häufigkeit der Personalsuche nicht mehr mit Firmenexpansion erklärt werden konnte. Zudem wurde es auch schwieriger, in den Recruitingverfahren gute Mitarbeiterinnen und Mitarbeiter zu finden, der Arbeitsmarkt in der Region war zunehmend abgegrast.

Rasch stellte sich heraus, dass der Chef sehr autoritär vorging und wenig vom Einsatz sozialer Fähigkeiten im Führungsstil hielt. Beispielsweise zog er ein ausgezeichnetes, anonym zustande gekommenes Testergebnis des Unternehmens heran, um öffentlich Kritik an der gesamten Belegschaft zu üben, im Test nicht die volle Punktezahl erreicht zu haben – obwohl das Ergebnis im Vergleich zu anderen Unternehmen der Branche eines der besten in Bayern war.

Das mittlere Management hatte bislang alle Hände voll zu tun, die als ungerechtfertigt empfundenen und demotivierenden Vorgehensweisen des Chefs aufzufangen. Dass dies nicht im erforderlichen Ausmaß gelungen war, trat durch die Personalfluktuation deutlich zutage. In mehreren Coachingeinheiten mit den Führungskräften des mittleren Managements wurde an Strategien im Umgang mit dem Führungsstil des Chefs gearbeitet. Gleichzeitig arbeiteten wir am erhöhten Einsatz emotionaler Stärken der Abteilungsleiter. Die Mitarbeiter sollten mehr Führung durch die unmittelbaren Vorgesetzten erfahren, was auch im Sinne der Firmenleitung war. Letztere erhielt Rückmeldungen über Themenbereiche der beauftragten Coachings. Personenbezogene und Detailergebnisse blieben anonym. Das gestärkte Auftreten der Abteilungsleiter verbesserte die angespannte Unternehmenskultur im Unternehmen wesentlich.

3.1.2 Klassische Führungsmodelle im Licht der Work-Life-Balance

In diesem Abschnitt werde ich Führungsmodelle präsentieren; dabei werde ich immer wieder auf die Perspektive aus Sicht der Work-Life-Balance umschwenken. Das erleichtert die modellübergreifende Beurteilung möglicher Handlungsweisen.

Henning Schulze, Professor an der Fachhochschule Deggendorf und Wirtschaftsberater, und seine Kollegin Luise Lohkamp haben sich mit dem Thema der Führungsforschung beschäftigt. Sie konstatieren zwei Hauptzugangswege: „Rezepte für den Führungserfolg" und „abstrakt theoretische Auseinandersetzungen mit Instrumenten, Strukturen und Organisationsfragen". Über das, was das Führen von Menschen durch Menschen wirklich ausmacht, also interaktive Prozesse und ihr Einfluss auf gute oder schlechte Führung und Betriebserfolg, findet man in der Forschung wesentlich weniger Material, sagen die beiden Führungsexperten.[40]

Für die Untergliederung von Führungstheorien bieten Schulze/Lohkamp vier Gruppen an: Eigenschaftstheorien, Verhaltensansätze, situative Theorien und Interaktionsansätze, die in zeitlicher Abfolge Modelle der letzten 90 Jahre repräsentieren.

Eigenschaftstheorien

Eigenschaftstheorien ordnen bestimmte Eigenschaften spezifischen Unternehmenserfolgen zu. „Die hierauf aufbauende Führungsforschung hat lange Zeit nach diesen charakteristischen Eigenschaften (wie Durchsetzungsvermögen, Leistungsbereitschaft, Intelligenz, Initiative usw.) gesucht. Der klassische Ansatz der Eigenschaftstheorie der Führung ging sogar soweit, ein einziges Merkmal (oder eine Merkmalskombination) zu finden, das über den Führungserfolg entscheidet. Insgesamt lässt sich der Ansatz nicht halten; unbestritten gibt es jedoch Persönlichkeitseigenschaften, die den Führungserfolg generell oder in bestimmten Situationen begünstigen (Führungseigenschaften)."[41] Inbesondere wird die Eigenschaft Charisma auch heute noch gerne als eine herausragende Führungsqualität verstanden.

Napoleon Hill war einer der ersten Erfolgs- und Führungsforscher. Er hat für den Beginn des 20. Jahrhunderts eine erstaunliche, heute würde man sagen systemische Zusammenstellung von Erfolgsgesetzen aufgestellt. Sein Werk wird von der Napoleon Hill Foundation verwaltet und das Buch „Denke nach und werde reich" (Think and Grow Rich) wird auch heute noch in hoher Auflagenzahl verkauft. Der aus bescheidenen Verhältnissen stammende US-Amerikaner Hill brachte es zum Journalisten und einem abgeschlossenen Jurastudium. Im Zuge seiner Arbeit für Bob Taylor's Magazine sollte er Biographien von mehreren berühmten Amerikanern verfassen; der erste von ihnen war Andrew Carnegie. Carnegie galt zu seiner Zeit als reichster Mann der Welt und machte sein Geld mit Eisen und Stahl. Seine eigene Erfolgsformel wollte Carnegie auch bei anderen Superreichen untersuchen und schickte Hill los, um eine umfassende Studie durchzuführen, die diesen mehr als 20 Jahre beschäftigte. Unter den Befragten waren Thomas Alva Edison, Alexander Graham Bell, Henry Ford, John D. Rockefeller, Charles M. Schwab, F. W. Woolworth, William Wrigley Jr. und Theodore Roosevelt. Die zentrale Erkenntnis der Napoleon Hillschen Untersuchungen lautet: „Das Geheimnis wird gleichsam in zwei Lieferungen empfangen: Wer innerlich bereit ist, besitzt bereits die Hälfte dieser geheimnisvollen Formel (...) und jede Leistung und jeder Erfolg wurzeln in einer Idee."[42] Hills systemische Vorgriffe auf die heutige Zeit sind erstaunlich und finden sich etwa im folgenden Ausspruch: „Bemerkenswert an diesem Geheimnis ist, dass es jeden ans Ziel seiner Wünsche bringt. Ob Sie nun Reichtum, Macht, einen befriedigenden Beruf, ein harmonisches Familienleben anstreben ...".[43]

Was man danach für den Erfolg mitbringen sollte, sind Verlangen, der Glaube (und zwar der Glaube an das Projekt und an sich selbst), Autosuggestion, Fachkenntnisse, Fantasie, Entschlussfähigkeit, Ausdauer und ein Sechster Sinn, alles Termini einer heute zeitgemäßen Führung, außer vielleicht der Autosuggestion, die heute eher im Mentaltraining des Spitzensports Anwendung findet.

Verhaltensansätze

Die zweite Gruppe der Führungstheorien entstand etwa Mitte des 20. Jahrhunderts mit den Arbeiten von Kurt Lewin. Hier wurden Verhaltensansätze mit der Einteilung in die drei Formen demokratischer (Führungskraft beteiligt die Geführten aktiv an Entscheidungen), autoritärer (Führung in unumschränkter Selbstherrschaft ohne Berücksichtigung der Geführten) und Laissez-faire-Führungsstil (Führungskraft lässt die Geführten weitgehend bei allem gewähren) unterschieden. Die genannten Führungsstile sind idealtypisch, d.h. in der Realität in reiner Form selten vorfindbar.[44] Im Lauf der Zeit hat sich im Wesentlichen der demokratische oder kooperative Führungsstil durchgesetzt, wenn auch in gewissen Situationen mit einem demokratischen Führungsstil kein Erfolg zu erzielen war. Man denke an enorm kurze Zeitspannen in Krisenfällen, wie etwa bei einem Feuerwehreinsatz. Angemessene Führung im Krisenverhalten kann aber auch die Einbeziehung einer weiteren oder mehrerer Personen (Krisenstab) bedeuten und für eine bessere Entscheidung, zumindest aber zu besserer Legitimierung bei heiklen Entscheidungen sorgen. Das Goleman-Beispiel des autoritären Flugkapitäns, dem man nicht zu widersprechen wagte, zeigt drastisch die negativen Auswirkungen eines autoritären Führungsstils.

Nicht durchgesetzt hat sich das Laissez-faire, das eher der Experimentierfreudigkeit der 1960er und 1970er Jahre zuzurechnen ist und stark in aufkommenden Non-Profit- und Sozialprojekten der 1970er und 1980er bis hinein in die 1990er Jahre festzustellen war. Die Idee (auch Ideologie) war wichtig, daneben war eher Anarchie das Gesetz. Vorteilen auf kreativer Seite standen enorme organisatorische und entwicklungstechnische Probleme gegenüber.

Eine wesentlich höhere Differenzierung brachten die Forscher Robert Blake und Jane Mouton mit einem modifizierten Verhaltensansatz. Für die Firma Exxon entwickelten sie 1964 ein Verhaltensgitter (Managerial Grid), mit dem die zwei Ausprägungen der Aufgabenorientierung und der Beziehungsorientierung in den Führungsmodellkatalog aufgenommen wurden.[45]

Ein Raster mit neun mal neun Feldern wurde erstellt. Als erstrebenswertester Führungsstil wurde der so genannte 9.9-Führungsstil erachtet, der bei der höchsten Aufgabenorientierung auch den höchsten Wert in der Mitarbeiter- und Beziehungsorientierung vollziehen könnte. Begeisterte Mitarbeiter verfolgen gemeinsame Ziele (Bild 3).

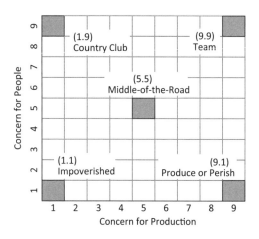

Bild 3 Das Managerial Grid nach Blake und Mouton[46]

Mitte der 1980er Jahre fanden als Reaktion auf viele sozialdemokratische Regierungsphasen der 1970er Jahre in Mitteleuropa Systeme deregulierender Kapitalismusformen regen Zuspruch. Sie gipfelten im Begriff Turbokapitalismus, den bereits der österreichische Ökonom Joseph Schumpeter 50 Jahre zuvor voraussah, als er die Personalfrage auf eine reine Kosten-

3 Neue Kulturen zum Blühen bringen

perspektive reduzierte. Personal als Kostenfaktor auf zwei Beinen würde im Verhaltensgitter von Blake und Mouton der Ausprägung 9.1 zugeordnet. 100% Aufgabenorientierung, keine Beziehungsorientierung zu den jederzeit ersetzbaren Mitarbeitern. 1.1 würde einem Laissez-faire-Führungsstil entsprechen. Blake und Mouton formulieren auch noch die Mittellage 5.5 mit einer mittleren Aufgabenorientierung und einer gemäßigten Mitarbeiterorientierung. 1.9 rückt den Mitarbeiter ins Zentrum der Aufmerksamkeit und die Aufgaben sehr in den Hintergrund, ketzerisch könnte man diese Ausprägung den empathischen Kuschelkurs nennen. In der österreichischen Ö1-Radioserie Radiokolleg zum Thema Führung formulierte jüngst die Arbeitspsychologin Gudela Grote von der Eidgenössischen Technischen Hochschule in Zürich als heutige Führungsanforderung die Forcierung der Mitarbeiterorientierung:

„Vieles, was in Unternehmen passiert, geschieht trotz und nicht wegen der Vorgaben des Managements. In hierarchischen Organisationen sind Zielvorgaben und Planungsschritte oft bereits überholt, bevor sie in den unteren Ebenen kommuniziert werden. Die Anordnungen hinken den notwendigen Arbeitsschritten vor Ort ständig nach. Je enger die Vorgaben, desto enger der Spielraum für den einzelnen Mitarbeiter, widersinniges auszutarieren."[47] Ansätzen der Work-Life-Balance-Orientierung für Personen und Unternehmen werden damit große Chancen eingeräumt.

Wenn Dinge immer unvorhersehbarer sind, ist es dann nicht letztlich einfacher, Menschen die Freiräume zu geben, um auf alles Unvorhergesehene möglichst direkt selbst reagieren zu können? Führungskräfte könnten Mitarbeiter bei der Entscheidung über Wahlmöglichkeiten unterstützen, möglichst verantwortungsbewusst und kompetent vorzugehen. Was aber auch heißt, dass eben dieser gleiche Prozess für die Vorgesetzten selber auch gilt. Da sind Führungskräfte und Mitarbeitende viel mehr in einem Boot, als sie es früher waren, wo es ein klareres Kontrollieren von oben nach unten gab.[48]

Ein weiteres Beispiel für eine Hinwendung in Richtung Ausprägung 1.9 bieten die Ergebnisse, die in wissenschaftlichen Untersuchungen von Arbeitsleistungen in den Hawthorne-Werken in Kooperation mit einer Chicagoer Elektrizitätsgesellschaft in Illinois bereits in den 1920er Jahren durchgeführt wurden. Die menschliche Arbeitsleistung hatte sich erhöht, sobald den Menschen Aufmerksamkeit zuteil wurde, und sei es nur im Zuge der Testverfahren. Man hatte festgestellt, dass nicht nur äußere Rahmenbedingungen die Arbeitskraft beeinflussten, sondern auch psychologische Elemente. Sich verschlechternde Rahmenbedingungen, wie etwa schlechtere Beleuchtungsverhältnisse, hatten kurzfristig keine Produktivitätsverluste zur Folge. Zum Erstaunen der Wissenschaftler machte eine gesteigerte Motivation der Fliessbandarbeiter, die durch das Aufmerksamkeitsgefühl zustande gekommen war, schlechtere Lichtverhältnisse mehr als wett. Zusätzlich bildeten Gruppen mit Aufmerksamkeitszuwendungen ein erhöhtes Sozialverhalten aus. In die Geschichte eingegangen sind die mittlerweile etwa achtzig Jahre alten Untersuchungsergebnisse als Hawthorne-Effekt.[49]

Höhere Beziehungsorientierung beschert also den anwendenden Unternehmen steigende Erfolgskraft und damit und somit einen Wettbewerbsvorteil. Konkurrenzgedankendogmatiker, die sich wenig um das Beziehungssystem im Unternehmen kümmern, scheinen eher Nachteile im Unternehmenserfolg zu generieren.

Ich werde in diesem Buch aufzeigen, dass nicht nur die Tatsache der gelungenen sozialen Beziehungen am Arbeitsplatz positiv wirkt, sondern auch durch welche Mechanismen diese herstellbar sind. Welche Handlungen wirken sich auf unsere Befindlichkeit förderlich aus und welche zusätzlichen Möglichkeiten des Handelns in der Arbeit ergeben sich für Unternehmen mit Blickwinkel Work-Life-Balance? Jedenfalls spielt ein interdisziplinärer Zugang als Grundperspektive, ein systemisch-konstruktivistisches Denken, das psychologische, ethische und betriebswirtschaftliche Elemente mischt, eine Rolle.

Situative Theorien

Im letzten Viertel des 20. Jahrhunderts sind als Erweiterungsschub der Führungstheorien situative Theorien aufgekommen. In den 1970er Jahren kam das 3D-Modell von William Redding auf den Führungstheoriemarkt. Ausgehend vom Verhaltensgitter formulierte er vier Führungsgrundstile: „sich heraushalten", „Verbindung halten", „sich den Aufgaben widmen" und „integrieren", die, je nach Anwendung, in effektive und ineffektive Führungsstile übergeführt werden. Hersey und Blanchard – und nun sind wir in der Gegenwart angekommen – gehen noch einen Schritt weiter, indem sie die Motivation der Mitarbeiter in diesen Prozess mit einbeziehen und ein reifebezogenes Modell der situativen Führung kreieren. Damit entsteht ein relativ komplexes Konstrukt an Variablen, die in vier Führungsstilen unter Berücksichtigung von so genannten Reifegraden von Mitarbeitern situativ angewendet werden können (Bild 4). Wie führe ich wen in einer bestimmten Situation?[50]

„Der führungstheoretische Ansatz von P. Hersey und K. H. Blanchard geht davon aus, dass das effektive Verhalten eines Vorgesetzten vom Reifegrad des Mitarbeiters bestimmt wird. Der Reifegrad des Mitarbeiters ist das Ergebnis von Fähigkeiten und Motivation. Dabei werden vier verschiedene Stufen des Reifegrades unterschieden:

M1: geringe Reife (Motivation, Wissen und Fähigkeiten fehlen)

M2: geringere bis mäßige Reife (Motivation, aber fehlende Fähigkeiten)

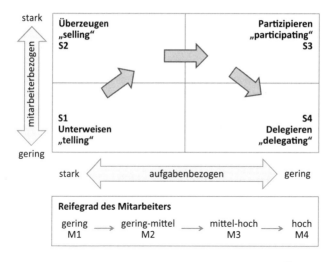

Bild 4 Situatives Führen (nach Hersey und Blanchard)[51]

M3: mäßige bis hohe Reife (Fähigkeiten, aber fehlende Motivation)

M4: hohe Reife (Motivation, Wissen und Fähigkeiten vorhanden)

Zusätzlich wird zwischen vier Führungsstilen unterschieden:

- Unterweisung (Telling)
  Der Vorgesetzte sieht seine Mitarbeiter als Untergebene. Er sagt ihnen, was, wie, wann und wo zu tun ist.

- Verkaufen (Selling)
  Der Vorgesetzte argumentiert rational oder emotional, um die Mitarbeiter zur Akzeptanz der Aufgabenstellung zu bewegen.

- Partizipation (Participating)
  Der Führer und die Geführten entscheiden gemeinsam.

- Delegation (Delegating)
  Der Vorgesetzte beschränkt sich auf gelegentliche Kontrollen und überlässt die Aufgabenerfüllung seinen Mitarbeitern.

Der Vorgesetzte wendet die verschiedenen Führungsstile je nach dem Reifegrad der Mitarbeiter an. Mit zunehmender Reife nimmt die Aufgabeorientierung ab und die Beziehungsorientierung zu.[52]

Dem Modell wurde vorgeworfen, dass man die Validität nicht schlüssig überprüfen konnte. Die zentralen Grundbegriffe der Theorie, also Aufgaben- und Beziehungsorientierung, der Führungserfolg und der Reifegrad der Mitarbeiter, waren so formuliert, dass sie nicht ausreichend mess- oder operationalisierbar und damit auch nicht empirisch prüfbar sind.

Das Modell ist im Vergleich der bisher dagewesenen Führungsmodelle auf komplexe Zusammenhänge der Wirklichkeit ausgerichtet und zeigt plausibel Handlungsmöglichkeiten auf. Freilich bleibt etwa die Frage offen, ob sich zum Beispiel die Reifegrade der Mitarbeiter tatsächlich messen lassen.

Jedenfalls wird im Modell von Hersey und Blanchard Führungsarbeit als das beschrieben, „… was sie primär ist, nämlich ein andauernder Anpassungsprozess des Führungsverhaltens an das sich verändernde Können und Wollen der Mitarbeiter":[53] ein Modell, das durchaus Work-Life-Balance-Tauglichkeit aufweist.

Interaktionsansätze, systemische Führung

Die vierte Gruppe von Führungsmodellen bilden Interaktionsansätze. Schulze und Lohkamp sehen den heutigen vorläufigen Endpunkt der Forschungstheoriebildung in einem zunehmend komplexen, systemischen Führungsansatz gegeben: „Im Rahmen der Interaktionsorientierung gewinnen Ansätze aus der beziehungsorientierten und systemischen Theorie Einfluss auf die Diskussion in der Führungsforschung und der damit eingehenden Theoriebildung."[54]

Nochmals ist hierzu Daniel Pinnows Leitsatz zum systemisch geprägten, modernen Führungsstil interessant, denn es geht darum, „eine Welt [zu] gestalten, der andere gerne angehören wollen".[55]

Das heißt also, Führung als Teil eines Systems, das nach außen abgegrenzt ist und die Tendenz hat, sich selbst zu organisieren.[56] Grob gesagt, kann in einem System nichts passieren, was nicht auf irgendeine Art Auswirkungen hat. Drehe ich an einem Rad, dreht sich irgendwo da hinten auch etwas mit. Dabei handelt es sich, wann immer Menschen am Werk sind, um unberechenbarere Systeme als bei maschinellen Konstrukten. Sie sind schwer determinierbar, stark kontextabhängig und schwer voraussagbar.

Jede Handlung von jedem im System wirkt sich also auf das ganze System aus. Alle Ergebnisse im Unternehmen sind komplexe Auswirkungen von Handlungen einzelner Teile. Somit ist klar, dass die Steuerung derart komplexer Vorgänge sehr schwierig ist. Einzelne Vorgänge zu kontrollieren, scheint ein unprobates Mittel zu sein, um diese komplexen Vorgänge zu steuern. Schon eher dienen Zielformulierungen, Prozessleitlinien und allgemeine Verfassungs- und Kulturbestimmungen dazu, zum Erfolg zu führen.

Die neue Steuerung und Führung zum Erfolg ist vielschichtig, persönlich, verantwortungsvoll, komplex, beginnt bei der Reflexion der eigenen Person, gesteht Freiräume zu, ist gesund, schafft Zeit, unterstützt, bringt Anerkennung und Wertschätzung ins Leben, wird als fair empfunden und hat ganze Systeme im Auge. Innensteuerung vor

Außensteuerung, könnte man sagen; im Inneren so gefestigt zu sein, dass man äußere Einflüsse immer in Relation zur eigenen Persönlichkeit bewerten kann.

Das Schmiermittel der systemischen Interaktion ist Kommunikation. Wir kommunizieren mit uns selbst, und auf dieser Basis gestalten wir unsere Strategien und kommunizieren mit der Außenwelt. Der Einsatz von Empathiefähigkeit, Selbstreflexion und Kommunikationskompetenz (Soft Skills) ist für eine erfolgreiche Karriereentwicklung mindestens genauso wichtig wie fachliches Know-how (Hard Skills) und erzeugt in uns darüber hinaus Wohlbefinden. **Der Einsatz von Soft Skills macht uns attraktiv für das Zusammenarbeiten, wir sind einschätzbar und man bringt uns Vertrauen entgegen. In sympathischer, offener Weise seine Stärken einzusetzen, ein kompetentes Kommunikationsvermögen zu haben und zu wissen, was man tut, verleiht unseren Handlungen Sinn, macht uns stark und resilient und kreiert Lebensqualität, also Work-Life-Balance.**

Eine gelungene Kooperation hat ein gemeinsames Ziel, ist durchaus komplex und hat einen gemeinsamen Nutzen für die Kooperationspartner, gemeinsamer Mehrwert wird geschaffen.[57] „Im Sinne der Systemtheorie sind Führungskräfte Beobachter. Sie konstruieren aus dem, was sie sehen, ihre Wirklichkeit. (...) Führungskräfte beobachten im Idealfall zuerst einmal sich selbst und dann das System, dem sie angehören. Führungskräfte müssen dabei begreifen, dass sie nicht nur ‚im System' arbeiten, sondern auch ‚am System'. Das heißt, sie müssen bereit sein, ihre Komfortzone zu verlassen, um das System mit seinen Vor- und Nachteilen auch von außen betrachten zu können. Und es gegebenenfalls zu verändern.[58]

Wie in Kapitel 4 gezeigt wird, gibt es aus Sicht der Systemiker und Konstruktivisten keine objektive Wirklichkeit. Nur durch Einbeziehung der Wahrnehmung vieler entstehen Wahrheiten, denen es lohnt nachzugehen, oder auch nicht.

Auch Schulze und Lohkamp halten nichts von vorgefertigten Führungsrezepten. Um im System in verschiedenen Situationen adäquat zu agieren, braucht es eine Anzahl an Kompetenzen: Fachkompetenz, Managementkompetenz, Sozialkompetenz und persönliche Kompetenz für die Nutzung eines breiten und reflektierten Verhaltensrepertoires (Bild 5).[59]

Die Anhänger des Lenker- und Machergedankens sollten ihre Welt öffnen. Die Führung von heute hat eine erhebliche Anzahl von Bewertungen vorzunehmen, die einerseits Betriebsziele und -anforderungen im Auge hat und andererseits das Feld organisatorisch und beziehungstechnisch aufbereitet, all das umzusetzen. Da sind Fachleute, die sich zum Beispiel ausschließlich in Kranherstellung, Vertriebswegen oder in Dienstleistungsbereitstellung gut auskennen, aber nicht gut mit Leuten umgehen

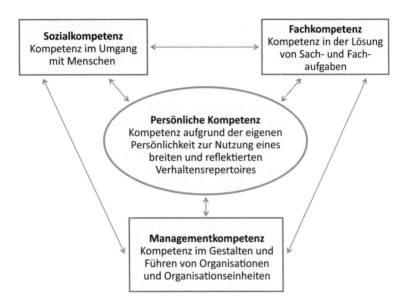

Bild 5 Führungsmanagement (nach Schulze und Lohkamp)[60]

Bild 6 Systemische Führung (nach Pinnow)[61]

können, ihre Informationen lieber für sich behalten oder ständig fürchten, dass Mitarbeiter, die gute Ergebnisse liefern, schon an ihren Chefsesselbeinen sägen, auf Führungsposten fehl am Platz. Systemische Führung erfordert Respekt vor dem System (Bild 6).

„Die systemische Perspektive ist offen für Beziehungen, Kommunikation, Wandel, die Umwelt und sie lässt Raum für persönliches Wachstum, Mitunternehmertum, Eigenverantwortung, Engagement und Vertrauen. Systemische Führung ermöglicht vernetzte Entscheidungen, die die komplexen, dynamischen und kritischen Rahmenbedingungen heute erfordern.

Systemisch zu führen bedeutet, individuell zu führen, einen eigenen flexiblen Stil zu haben und diesen den Gegebenheiten, der Organisation und den Menschen, die man führt, jederzeit anpassen zu können, statt nur schematisch mit standardisierten Tools zu arbeiten."[62] „Führungskräfte benötigen (…) ein professionelles Wissensmanagement. Gleichzeitig müssen sie sich vom Anspruch einer umfassenden Informiertheit verabschieden. Damit steigt die Abhängigkeit von Systemen des Wissensmanagements und vor allem von spezialisierten Mitarbeitern, die auf den nachfolgenden Hierarchieebenen Informationen sammeln und managen. Dieser Umstand dreht die alte hierarchieabhängige Pyramide um: Die Führungskraft ist nicht mehr der Wissensträger im System. Sie muss sich auf das Spezialwissen ihrer Mitarbeiter verlassen (können).[63]

Systeme, Einheiten, Rahmenbedingungen ändern sich im Wirtschaftsleben rasch. Preise steigen und sinken, Personal ist vorhanden oder nicht, steuerliche Belastungen ändern sich ständig, Wechselkurse schwanken, Krisen treten auf, Mitglieder von großen Wirtschaftssystemen müssen unterstützt werden, Innovationszyklen haben sich im Kommunikations- und Technologiezeitalter rasant verkürzt. „Führungskräfte müssen ‚Jongleure des Wandels' sein, sagt Pinnow.[64]

„Der Erfolg eines Unternehmens wird in Zukunft also von Faktoren abhängen, die mit Menschen und nicht mit Organisationsstrukturen oder mit Kapitalentwicklungen zusammenhängen. Solche Faktoren heißen Commitment, Kreativität, Unternehmertum, Mut, visionäres Denken und emotionale Intelligenz. Führung kann immer weniger über Druck und Zwang ausgeübt werden. Sie muss den Mitarbeitern mehr Freiheit, mehr persönliche Entfaltungs- und Partizipationsmöglichkeiten bieten. Die Führung eines Unternehmens ähnelt immer stärker der Leitung von Freiwilligenorganisationen wie Vereinen oder karitativen Einrichtungen."[65]

Ich möchte an dieser Stelle Daniel Pinnow einerseits Recht geben, andererseits zur Vorsicht mahnen, dass nicht vor lauter Eigenverantwortungs- und Ethikorientierung Steuerungsmechanismen zu kurz kommen. Daraus kann ein System resultieren, bei dem jeder meint, zu jeder Zeit alles mitbestimmen zu können und bei Nichtumsetzung seiner Ideen aus moralischen Gründen den Boykott anzetteln oder, um ein in Österreich gerne in solchen Fällen gebrauchtes Drohungsszenario zu bemühen, den „Dienst nach Vorschrift" beschwören zu können. Ich selbst habe als Führungskraft knapp zehn Jahre in einer Non-Profit-Einrichtung gearbeitet, die soziale Dienstleistungen für psychisch kranke und wohnungslose

Menschen bereitstellt. Ich habe Teams erlebt, die sich aus den soeben beschriebenen Gründen selbst lahmgelegt haben, zerstritten waren und sich keinen Millimeter mehr bewegen konnten, wo Führung in dieser Situation unmöglich gemacht wurde und Supervisoren sich mit Grauen abgewendet haben. Gerade in solchen Situationen brauchen Leute straffe Führung. Es ist unabdingbar, über lange Zeit hinweg Beziehungskulturen aufzubauen, die sowohl viel Eigenverantwortung als auch Steuerung zulassen. **Ein guter Mix an verschiedenen Disziplinen, verschiedenen Altersstufen und aus Männern und Frauen erhöht meist die Chancen, eine ansprechende Kultur zustande zu bringen.**

Im Jahr 2012 Jahr habe ich als Work-Life-Balance-Unternehmensberater für ein Unternehmen in der Größenordnung von etwa 50 Mitarbeitern in der Gesundheitsdienstleistungsbranche in Österreich einen Leitbild-Erarbeitungsprozess begonnen. Ausgangspunkt war ein umfassender Work-Life-Balance-Betriebs-Check ein Jahr zuvor, aus dem der Wunsch nach Überarbeitung des Leitbildes hervorgetreten war. Gemeinsam mit der Geschäftsführung wurde der Prozess eingeleitet und die Arbeit aufgenommen. Die Belegschaft wurde vom Projekt informiert. Eine interdisziplinäre Expertengruppe aus Psychologen, Pflegern und Sozialarbeitern aus verschiedenen Abteilungen inklusive Geschäftsführer wurde zusammengestellt. Ein Workshop unter Aufhebung der Hierarchien in der Arbeitsgruppe und ohne Entsendungsauftrag aus einer jeweiligen Abteilung wurde unter der Leitung eines externen Moderators ergebnisorientiert durchgeführt. Die Ergebnisse der Arbeitsrunde wurden auf Moderationskarten festgehalten und fotografiert. Der externe Moderator erhielt den Auftrag, auf der Basis der Arbeitsergebnisse griffige Formulierungen für ein Leitbild vorzuformulieren, die wiederum von der Geschäftsführung an alle Mitarbeiter mit der Bitte um Feedback verschickt wurden.

Die Vorformulierungen lauteten etwa: „Wir schätzen eine dialogoffene Autonomie im Sinne großer Selbständigkeit jeder einzelnen Mitarbeiterin und jedes einzelnen Mitarbeiters. Das führt uns zu einem ehrlichen Umgang miteinander mit größtmöglicher Authentizität und Mitmenschlichkeit." Oder: „Wir messen den Grundhaltungen Lebensfreude, Zeit haben, Abwechslungsreichtum und Nachhaltigkeit großen Wert bei. Wirksamer Ressourceneinsatz spielt eine große Rolle dabei." Anstatt der erwarteten Zustimmung, gerade was die Teilnehmer der Expertengruppe betraf, wurden die vorgeschlagenen Leitbildsätze von mehreren Seiten – auch von Teilnehmern des Workshops – kritisiert und zum Teil als unannehmbar eingestuft.

Was war passiert? Der Geschäftsführer hatte vor geraumer Zeit die Führung von seinem langjährigen Vorgänger übernommen, der einen bürokratischen Führungsstil pflegte. Die Mitarbeiter sind großteils sehr lange im Unternehmen, sie waren im Laufe der Jahre in wichtige Entscheidungsprozessen nicht eingebunden. In Streitfällen griffen die Teams häufig auf Kampfmaßnahmen zur Durchsetzung ihrer Forderungen bei der Geschäftsführung zurück. Obwohl der neue Geschäftsführer einen dialogischen Führungsstil pflegte, wirkten diese langjährig eingeübten Strukturen in der Leitbildfrage gehörig nach. An zusätzlichen Kommentaren war abzulesen, dass zum Beispiel Organisationsentwicklung per se als etwas Negatives eingestuft wurde, also alte Konfliktbilder die Unternehmenskultur beherrschten. Gerade die positive – und von Mitarbeitern selbst erarbeitete – Außendarstellung des Unternehmens hätte den streitbaren Abteilungen – in dieser neuen positiven Firmensicht – erheblichen Wind aus den Segeln genommen.

Solche Situationen – dass Mitarbeiter auch nach oder bei Veränderung in altgelernten Kategorien reagieren – sind schwer binnen kurzer Zeit aufzulösen.

Von der Geschäftsleitung wurde ein Prozess in Gang gesetzt, der einerseits die Positionen der einzelnen Abteilungen zu Leitbildfragen spezifizierte, andererseits Formulierungen der Abteilungen zum Leitbild unterstützte. Vermutlich braucht es flankierend Interventionen zur Kulturänderung in Themen wie Vertrauen und Qualitätsdarstellung. Junge, frische Projekte könnten auf den Weg gebracht werden, um unbelastet neue Außendarstellungen zu präsentieren.

Trotz dieses Beispiels, oder gerade deswegen, sollte man sich mit systemischen Führungsmodellen auseinandersetzen und im Betrieb Voraussetzungen schaffen, solche Systeme steuern zu können. Eine innovationsfreundliche Unternehmenskultur wirkt unterstützend.

„Die moderne Führungskraft betrachtet Unternehmen als lebendigen Organismus und sich selbst nicht als Außenstehenden, der das System von oben lenkt, sondern als Architekt, der zusammen mit seinen Mitarbeitern am und im System wirkt. Die Führungskraft entwickelt eine Unternehmenskultur, die individuelle Entfaltung, Selbstverantwortung und Eigeninitiative der Mitarbeiter fördert. Dabei pflegt sie intensiv die internen und externen Kommunikationsnetze. Die zukunftsfähige Art der Führung bewegt nicht nur Geld, Daten oder Waren, sondern vor allem Menschen."[66]

Wenn man Menschen als geschlossenes System und auch Organisationen unter diesem Blickwinkel betrachtet, so kann man Aussagen über ihr Verhalten treffen. Weitgehend wird heute die Sichtweise vertreten, dass Systeme zu Selbstorganisation neigen, man nennt diese Fähigkeit Autopoiesis (vgl. Kapitel 4). Je näher man sich systemischen Theorien annähert, desto mehr stößt man auf einen Wissenschafter, der die Sozialwissenschaften in den 1980er und 1990er Jahren im deutschsprachigen Raum geprägt hat, Niklas Luhmann. Seine Ausführungen sind systemtheoretisch komplex. Autopoiesis eines Niklas Luhmann sagt, dass soziale Systeme ausschließlich aus Kommunikation bestehen. Maturana und Varela gehen davon aus, dass Systeme, die von außen in Bewegung gebracht werden, sich in den ursprünglichen Zustand zurückbewegen oder sich neu ausrichten, das aber stets auf der Basis des Bisherigen.[67] Ich habe zu Beginn des Buches den Begriff der Resilienz verwendet, der ein Zurückkehren in ursprüngliche Gleichgewichtszustände nach Krisensituationen meint und unsere Widerstandsfähigkeit widerspiegelt. Ich habe hier auch schon einmal die Frage aufgeworfen, inwieweit Weiterentwicklung stattfindet, wenn Ziel ist, immer wieder bereits bestehende Ausgangszustände anzustreben und zu prolongieren. Jedenfalls sagt Autopoiesis, dass das Prinzip Selbstgestaltung die spezielle Organisationsform von Lebewesen, also von uns Menschen, ist: **Die Umwelt agiert als Impulsgeber, Menschen agieren und reagieren aber auf eine ganz spezielle individuelle Art. Menschen tun das, was für sie im Augenblick am meisten Sinn macht.**[68]

„**Es ist daher zwecklos, ihnen zu erklären, dass andere Dinge derzeit wichtiger wären, dass sie sich anders entscheiden sollten oder dass ein Vorhaben niemals zum Erfolg führen kann.**"[69]

Unternehmen sollten danach trachten, im Rahmen ihres Systems den – wenn man so will – „Systemteilen Mitarbeiter" Sinn in ihre Tätigkeit zu bringen, und nicht einfach nur Arbeitskraft gegen Bezahlung abverlangen. Wenn man Mitarbeiter dazu zwingt, kurzfristig anders zu denken und zu handeln, werden sie dies kurzfristig auf sich nehmen, diese Anforderungen aber nicht verinnerlichen, nicht für sich selbst annehmen.

„Jene MitarbeiterInnen, die bereit waren, die zum gegebenen Zeitpunkt unbedingt erforderlichen Ziele zu erreichen, sind beim Stecken des nächsten und übernächsten Zieles gleich einer überzogenen Feder demotiviert und machen Business-as-usual. Keine Versprechung und keine Drohung bringt sie schließlich mehr dazu, ihre Aufbruchsstimmung [Anm. und zwar die des Unternehmens] zu unterstützen."[70]

Schafft man es trotzdem, Leute immer wieder gegen ihren Strich zu bürsten und ihnen für sie letztendlich widersinnige Tätigkeiten aufzuhalsen, werden diese Mitarbeiter über kurz oder lang über ihren schwächsten Punkt nachgeben, und das ist meistens die Gesundheit. Und wenn die Menschen mit eiserner Gesundheit gesegnet sind und keine Bandscheibenbeschwerden oder dauerhaften Magenprobleme bekommen, dann sind sie nach geraumer Zeit einfach erschöpft. Das Modewort Burn-out ist ja sehr bekannt in der heutigen Zeit, die Leute, die nicht in der Lage sind, halbwegs nach ihrer Fasson zu arbeiten, brennen aus.

Der Ansatz der systemischen Führung knüpft unter anderem an die Systemtheorie von Niklas Luhmann an, speist sich aber auch aus sehr vielen Quellen systemisch-konstruktivistischen Denken. Es gilt, Rahmenbedingungen und gleichzeitig Impulse zu setzen, die der Organisation und dem einzelnen Mitarbeiter gut tun, was die Führungskraft mit einschließt. Gesunde Weiterentwicklung auf organisatorischer und menschlicher

Ebene hat die Balance des Menschen im Auge. Nur Menschen in ihrer eigenen jeweils verschiedenen Balance sind in der Lage, hohe Leistung mit hoher Motivation über lange Zeiträume zu erbringen. Die Menschen schöpfen praktisch ständig aus sich selbst Kraft, deren Erneuerung zwar in ihrer eigenen Verantwortung liegt, für die sie aber jede nur erdenkliche Unterstützung gerne annehmen, diese innerhalb und außerhalb der Firma so umfangreich und effektiv wie möglich gestalten zu können. Es geht darum, lustvoll zu leben und zu arbeiten.

Balanced Scorecard

Vor ungefähr 15 Jahren ist eine Art Kennzahlensystem aufgetaucht, das das Unternehmen, ihr Umfeld und ihre Mitarbeiter in Beziehung zu Visionen und Strategien von Unternehmen setzt, die Balanced Scorecard. Sie hat nichts mit Work-Life-Balance zu tun, auch wenn in beiden Begriffen das Wort Balance enthalten ist. „Bei der Balanced Scorecard geht es darum, Maßnahmen und Wirkungen beurteilen zu können in Ergänzung zu klassischen monetären Kennzahlensystemen und Prozesskostenrechnungen. Die Balanced Scorecard ist ein Verbindungsglied zwischen Strategiefindung und -umsetzung. In ihrem Konzept werden die traditionellen finanziellen Kennzahlen durch eine Kunden-, eine interne Prozess- und eine Lern- und Entwicklungsperspektive ergänzt."[71]

Die Balanced Scorecard hat den Vorteil, nicht mehr nur rein materielle Kennziffern im Unternehmen aufzubereiten. „Die Balanced Scorecard soll nach Kaplan und Norton also den strategischen Führungsprozess im Unternehmen unterstützen bzw. als Handlungsrahmen für diesen Prozess dienen. Ihr aktuell durchschlagender Erfolg in der Unternehmenspraxis zeigt sowohl den hohen Bedarf einer Ergänzung monetärer Steuerungsgrößen als auch die erkannte Dringlichkeit, Strategien besser mit dem operativen Geschäft zu verzahnen."[72]

Kritiker bemängeln das aufwändige System der Balanced Scorecard, die Beibehaltung von reinen Maßzahlen für strategische Entscheidungen und die Behäbigkeit des Systems bei rascher Innovationsnotwendigkeit. Die Balanced Scorecard scheint mit systemischen Grundannahmen nicht gut zu harmonieren. Weiß der Chef, was die Mitarbeiter brauchen, was sie antreibt, was sie bewegt? Spüren die Mitarbeiter, dass ihre Führungskraft in Kontakt mit ihnen steht?

„Ein wichtiger Indikator ist, ob beide Seiten nicht nur über Ergebnisse sprechen, sondern auch über mögliche und tatsächliche Wege. Ein wichtiger Faktor ist ebenfalls, dass alle Mitarbeiter wissen, welche Potenziale sie wertvoll machen, welche noch auf Entdeckung warten und welche trainiert werden müssen. Wenn Wertschätzung und Vertrauen das Klima bestimmen, werden Stimmungssignale von allen Beteiligten rechtzeitig wahrgenommen, bevor sich eine lähmende Glocke aus Misstrauen und Angst über alle Aktionen legt. Gerade weil sich diese Faktoren nicht mit einer Kennzahl kontrollieren lassen, sondern nur zu erspüren sind, beginnt die Erfolgsmessung für Führungskräfte bei ihnen selbst, bei ihrer Persönlichkeit und ihren Werten und Motiven."[73]

Dialogische Kultur

Zurück zum systemischen Führen. Um sich „sinnvoll" orientieren zu können, sollten Führungskräfte die Logiken und Wirkungsweisen des Systemischen aufnehmen und verinnerlichen. **Steuerung geht nur über das Erkennen des Sinnhaften durch die Mitarbeiter, Führen über Kontrolle hat daher keinen Sinn.** Visions- und Zielgestaltungen im Unternehmen sollten daher die Mitarbeiter weitestmöglich einbeziehen. Transparenz im Handeln und Authentizität der Führungskraft mit hohen ethischen Werten von Verantwortung, Wertschätzung und der Blick auf die Erfordernisse der Unternehmensentwicklung finden in einem Organisationsrahmen Unternehmen/Mitarbeiter/Führungskraft statt und beziehen sich in einem Steuerungsdreieck auf strategische, kulturelle und strukturelle Aspekte.[74]

Vertrauen ist ein hohes Gut in Unternehmen. Vertrauen ist auch schnell verspielt. Jahrelange Aufbauarbeit kann mit wenigen Vertrauensbrüchen zunichte gemacht werden. „Kompetenz, Integrität, Wohlwollen und Transparenz sind Punkte, die „für Vertrauen maßgeblich sind", sagt Erich Kirchler, Leiter für Wirtschaftspsychologie der Universität Wien. „Es geht um Wertkongruenz, Stabilität der Institutionen, gute Reputation und Authentizität. (…) Vertrauen ist das Schmieröl, damit die Wirtschaft überhaupt funktioniert."[75]

Die Führungskraft hat Spieler und Rahmenbedingungen im Auge, wie beispielsweise der Abwehrchef beim Fußball, setzt gleichermaßen defensive Mittelfeldspieler und Spielmacher in Szene und achtet auf ein stabiles Gesamtgefüge. Sie behält die Übersicht in komplexen Abläufen und entscheidet nicht nur rational, sondern auch intuitiv und auf der Basis von vielen Erfahrungswerten, und das mitunter blitzschnell und mit einem hohen Maß an Tragfähigkeit. Keine leichte Aufgabe also. Aus meiner Sicht des Beraters empfiehlt sich in so einer Situation externe Unterstützung von einem Coach, der als Sparringpartner agiert. Der Führungskraft werden Reflexionsschleifen ermöglicht, ohne dass zu befürchten ist, dass unausgegorene Ideen oder Risikoszenarienabwägungen an die (betriebliche) Öffentlichkeit gelangen.

Anfang der 1990er Jahre ist Götz Werner, Heidelberger Gründer der dm-Kette an Karl-Martin Dietz vom Hardenberg Institut in Heidelberg herangetreten, um neue Formen der Unternehmenskultur beim Unternehmen dm in einem gemeinsamen Projekt ins Auge zu fassen. Dietz beschäftigte sich zu dieser Zeit mit philosophischen Fragen des Menschenbildes des 20. Jahrhunderts und den Herausforderungen durch die zunehmende Individualität in der Gesellschaft und war einigermaßen verwundert, dass jemand aus der Wirtschaft diese Fragestellungen als brauchbaren Ansatz für Unternehmensentwicklung ansah. Es ging darum, lebenspraktische Antworten in Form von Seminaren und Workshops für dm-Deutschland zu entwickeln.[76]

Auf die Erfahrungen der Kooperation mit dm aufbauend, wird im Hardenberg Institut seit Mitte der 90er Jahre an der Entwicklung von Dialogischer Führung und Dialogischer Kultur gearbeitet, die in Kulturorganisationen und Wirtschaftsunternehmen in der Praxis angewandt werden können.

„Ziel der Dialogischen Kultur und Führung ist eine Art des Zusammenwirkens, in der die Individualität des Einzelnen leben kann. Der Grund liegt in jedem Einzelnen: Das Individuum will wirklich ernst genommen werden – und es will auch aus sich selbst heraus Wege zur Gemeinschaft und zur Zusammenarbeit mit anderen suchen. Gemeinschaft entsteht aus dieser Suche."[77] Das Dialogische Prinzip bezieht systemisch viele Kontexte ein. Dialogische Führung ist somit kein Patentrezept im Sinne herkömmlicher Management-Konzepte. Sie ist vielmehr ein Weg zu einer Praxis der gegenseitigen Achtung und des gemeinsamen Handelns. Dialogisches Führen ist nur innerhalb einer Kultur möglich, die einen wertschätzenden Austausch im Blickfeld hat.[78]

Das Institut ist dazu übergegangen, ausschließlich von Dialogischer Kultur zu sprechen. Eine entsprechende Kultur beinhaltet auch Führungsmaßnahmen, die zu dieser Kultur passen. Doch stehen diese Führungsmaßnahmen nicht im Vordergrund Dialogischen Handelns, sondern „sind Konsequenzen aus dem Grundanliegen und können im Einzelnen sehr unterschiedlich ausfallen".[79]

Mit Dialog ist nicht ausschließlich das Gespräch gemeint, das allerdings eine wichtige Basis der Dialogischen Führung ist. Dialog meint auch nicht eine tolerante Grundhaltung der Kompromissfähigkeit. Die Leute um Karl-Heinz Dietz verstehen Dialog im philosophischen Sinn als eine „unvergängliche Wirkungskraft in der Welt, die alle Dinge steuert" (www.hardenberginstitut.de). Das heißt für die Führungspraxis: „Nehme ich den anderen Menschen (...) ernst, dann muss ich seine Autonomie achten, seinen Willen und seine Fähigkeit. „Achten" heißt (...) nicht, über offenkundige Unzulänglichkeiten hinwegzusehen, sondern in eine Auseinandersetzung mit ihnen einzutreten. Daraus ergibt sich alles Weitere im

Grunde von selbst: Wie stütze ich den anderen in seiner Eigenständigkeit (Urteilsfähigkeit, Kreativität, Initiative) und wie ermögliche ich effiziente Zusammenarbeit unter eigenständigen Menschen?"[80]

Immer wieder stoßen wir auf den Anstoßpunkt der zunehmenden Individualisierung des einzelnen Menschen, vor allem in den letzten beiden Jahrzehnten. Es bleibt dem Menschen heutzutage praktisch nichts anderes mehr übrig, als sein Leben individuell zu gestalten, die tragfähigen Traditionen treten immer weiter zurück. Jeder muss für seine Handlungen mehr und mehr die Verantwortung übernehmen: „Das erfordert den Willen und die Fähigkeit zur Selbstführung und stellt neue Anforderungen an die Zusammenarbeit von derartig „individualisierten" Menschen.[81]

Die Dialogische Kultur – Marke Hardenberg – bietet nicht nur ein Erkenntnismodell einer systemischen Grundhaltung, sie geht einen Schritt weiter und wirft Kernfragen auf, die gleichzeitig im Unternehmen als Anleitungsfragen auf dem Weg zur Implementierung eines Work-Life-Balance-Unternehmenskonzepts gesehen werden können:

1. „Die Menschen:
   Wie kann die Würde des (einzelnen) Menschen hoch gehalten werden?
   Wie wird der Einzelne von den anderen in seiner Entwicklung gefördert?

2. Die gegebene Situation:
   Wie kommt jeder Einzelne zu seinem Blick auf das Ganze?
   Wie entsteht aus der Eigenständigkeit der Einzelnen das gemeinsame Ganze?

3. Zukunft:
   Wie werden möglichst viele Mitarbeiter kreativ?
   Wie fließt die Originalität der Einzelnen in die Zukunft der Zusammenarbeit ein?

4. Handeln:
   Wie werden möglichst viele Mitarbeiter initiativ?
   Wie kommt aus der Verantwortlichkeit der Einzelnen gemeinsames Handeln zustande?"[82]

Unternehmerisches Leitbild

Diese Kernfragen führen zu einem unternehmerischen Leitbild, zu einer Philosophie, die die Work-Life-Balance der Menschen fördert. Als Work-Life-Balance-Unternehmenskonzept müssen mannigfaltige Anforderungen aus systemischer und dialogischer Theorie Berücksichtigung finden:

Hohen Selbstwert der Mitarbeiter erzeugen, Innovationskulturen schaffen, systemisch denken, optimistisch sein, Mut zulassen, die Leute machen lassen, Entwicklung fördern, Komplexität meistern, Projekte wirklich realisieren, eigenständige Tätigkeiten der Einzelnen mit Blick auf das Ganze ermöglichen, dem Menschen begegnen, Ziel- und Prozesstransparenz herstellen, verantwortungsvoll handeln, Kultur des Gönnens und des Unterstützens leben, Entscheidungskraft forcieren, Organisationsziele bei den Entscheidungen im Auge haben, Salutogenese-Prinzipien anwenden, Kommunikationskompetenz, Intuition zulassen, Charakterstärke einbringen können, fachliche und soziale Fähigkeiten mitbringen, Führungskompetenz anerkennen, Sinn stiften, Lebensqualität anerkennen, Zeit haben, Persönlichkeitsentwicklungen fördern, sich selbst treu bleiben können, Fehler machen dürfen, so viele wie mögliche äußere Work-Life-Balance-Rahmenbedingungen schaffen (Sport, Arbeitszeiten, Gesundheitsprogramme...), Erholungszeiten gewähren, Urlaube forcieren, Orientierung geben, Veränderungen managen, Gegensätze aushalten.

Johannes Gutmann ist Bio-Pionier aus dem nördlichsten österreichischem Teil, dem Waldviertel. Er gründete 1988 mit 23 Jahren das Unternehmen Sonnentor, das es mittlerweile auch zu einem internationalen Franchise-System gebracht hat. 2011 erhielten Gutmann und Sonnentor mehrere Auszeichnungen: „Unternehmer des Jahres" von Ernst & Young, „Austrian Leading Company" und den „Klimaschutzpreis Landwirtschaft und Gewerbe". Das Erfolgsgeheimnis des unkonventionellen Johannes Gutmann ist in der Nachhaltigkeit seines 170-Mitarbeiter-Unternehmens zu sehen, im ökologischen und vor allem in sozialem Sinn.

Das Unternehmensleitbild verrät schon einiges zum Thema soziale Nachhaltigkeit und Work-Life-Balance für alle:

„Wir von Sonnentor glauben fest daran, dass in der Natur die besten Rezepte für ein schönes und langes Leben liegen. Dafür arbeiten wir.

Davon leben wir. (…) Der Kreislauf, das immer Wiederkehrende, das sich ständig erneuernde Leben ist unser Grundprinzip. So wie das Leben und Lebenlassen, das gegenseitige Anerkennen und die Wertschätzung für ein langfristiges Miteinander unerlässlich sind. Alles muss im Gleichgewicht sein, damit die Freude wachsen kann ..."[83]

„Wenn von Auszeichnungen die Rede ist, gewinne ich diese immer mit meinem Team. Ich bin ein Schwammerl, gemeinsam sind wir ein Schwammerlplatz, auf den viele Blicke gerichtet sind. Solche Erfolge gehen immer nur durch gemeinsames Arbeiten mit unseren Partnern, unseren Bauern, mit unseren Mitarbeitern und unseren Vertriebspartnern."[84]

Wenn das Unternehmen Preise erhält, geht Gutmann immer mit einigen seiner Mitarbeitern als Gruppe nach vorne, auch Vertragsbauern hatte er schon bei

Preisverleihungen mit auf der Bühne: „Das sind die Leute, die die Arbeit täglich tun, ohne diese Leute würde es das Unternehmen nicht geben. Bei solchen Verleihungen fallen wir als bunte Gruppe sehr auf, die Leute mögen das. Die Gemeinschaft zeichnet uns aus.

„In all dem austauschbaren Auftreten ist es schön zu sehen, dass wir mit unseren anderen Ideen, Wurzeln und unserer anderen Art besonders sind. Überzeugen müssen wir am Markt mit unseren Leistungen genauso, wie alle anderen auch. Ich bin der, der die Firma erschaffen hat, und viele sind mir gefolgt und werden mir noch folgen. Das ist das allerschönste Gefühl."

Als Gutmann 1988 seine Bioproduktlinie gründete, und zwar in einer „wirtschaftsschwachen" Region an der Grenze zu Tschechien, die lange im Off des eisernen Vorhanges gelegen war, setzte niemand darauf, dass es das Unternehmen lange geben würde. Als der Erfolg dann kam, blieb Gutmann am Standort und sorgt nun mit seinem Unternehmen für Arbeitsplätze in der Region. 170 Arbeitsplätze hat er selbst geschaffen und weitere gut 300 Menschen arbeiten im Umfeld bei den unmittelbaren Partnern des Waldviertler Unternehmens. Dafür ist er von vielen Menschen sehr geschätzt.

Gutmann, der mit jedem einzelnen Mitarbeiter per Du ist und jeden beim Vornamen kennt, kann sich auf seine Mitarbeiter verlassen und steht nicht Tag und Nacht seiner Firma zur Verfügung. Gutmann lebt Work-Life-Balance: „Ich habe es beizeiten geschafft, gute Mitarbeiter aus der Region anzustellen. Ich habe sie aufgebaut und sie sind glühende Fackelträger geworden, die mit mir den Sonnentorweg gehen. Sie verstehen mich zu hundert Prozent und nehmen mir ganz viel Arbeit ab."

Das Geheimnis ist ganz einfach, sagt Gutmann: „Ich bin zu den Menschen so, wie ich will, dass sie zu mir sind, das lebe ich vor. (…) Wir haben im Unternehmen zwei Köchinnen angestellt, die täglich für unsere Mitarbeiter im Stammhaus kochen. Wir verwenden unsere eigenen Produkte, das Essen ist für die Mitarbeiter kostenlos.

Gutmann selbst ist vom Tagesgeschäft entbunden, sodass er seine Arbeitszeit frei einteilen kann, was heißt, dass er um 9 Uhr im Betrieb auftaucht. Er sieht sich als Zurufer, der als Motivator auftritt. „Alles ist super, ich gehe durch und schaue mir an, was wir tun und wie wir es tun. Wir agieren nach außen, wie wir es nach innen erfunden haben, und ich bin derjenige, der sich darüber freut, was wir miteinander geschaffen haben."

Autoritätsprobleme hat Gutmann durch sein nahes Verhältnis zu den Mitarbeitern nicht: „Ich habe selbst in Firmen gearbeitet, wo nur Brüllaffen herumlaufen, wo nur aus Angst heraus agiert wird und sich niemand etwas zu sagen traut. Das bringt negativen Druck ins Unternehmen und Abhängigkeit. Das führt zu Inkompetenz im Unternehmen. Die Mitarbeiter müssen selbst entscheiden können. Sie haben die Aufgabe, zu entscheiden, und haben uneingeschränkt den

Rückhalt dabei von mir. Daraus entsteht Motivation. Daraus sind Dinge gewachsen, die ich einmal nicht zu träumen gewagt habe, und daraus ist heute Realität geworden."

Zurück zu Götz Werner und dem Philosophen Karl-Martin Dietz. Kunden, Lieferanten, Mitarbeiter: Wo die Führungskraft hinblickt, trifft sie auf Menschen. „Wie gehe ich mit ihnen um?", lautete die Kardinalfrage.

Zusätzlich zum richtigen menschlichen Zugang zu den Mitarbeitern wurden transparente Systeme der Wirtschaftsdatenaufbereitung angestrebt. Welche Zahlen schreibt meine eigene Filiale, welche die Nachbarfiliale und welche das ganze Unternehmen? Der Systemaufbau dauerte mehrere Jahre. Mit Augenmaß wurde ein System geschaffen, das die Filialleiter mit dem Informationsmaß ausstattet, mit dem sie gut arbeiten können und das sie nicht durch Informationsflut unter Wasser setzt. Unter dem Begriff „Wertbildungsrechnung" wurden die Filialleiter dazu gebracht, als Angestellte einer Firma wie Unternehmer zu denken und zu agieren und Kalkulationen, Mitarbeiterstand und Ein- und Ausgabenrechnung in ihre Führung mit einzubeziehen.[85]

Götz Werner ist ein Verfechter des eigenständigen Entwicklungsdranges der Menschen: „Die Menschen haben den Drang, sich zu entwickeln. (…) Wir haben im Unternehmen keine leistungsabhängigen Vergütungen. Ein Bonus ist immer auch ein Malus. Ein Bonus führt dazu, dass der Blick auf den zu erfüllenden Parametern haftet, anstatt geistesgegenwärtig sinnvoll zu handeln. Und ein Bonus übt Druck aus. Druck führt dazu, dass man unterhalb seiner schöpferischen Möglichkeiten bleibt. Wenn man das erkannt hat, zahlt man Einkommen, von dem andere leben können und mit dem andere sich wertgeschätzt fühlen."[86]

Mit ähnlichen Eigenverantwortungskonzepten agiert ein Salzburger Tourismusunternehmer. Wolfgang Burgschwaiger ist Chef eines 4-Sterne-Wellnesshotels im Bezirk Pinzgau im Salzburger Land. Derzeit ist er zusätzlich Präsident einer Vereinigung, die sich Best Wellnesshotels Austria nennt, in Innsbruck ihre Zentrale hat und 27 Mitgliedsbetriebe exklusiver Wellnesshotels in Österreich und in Südtirol vereint. Ziel ist es, auf höchstem Niveau in idyllischen Lagen mit hohem Naturerlebniswert Gästen bestmögliche Entspannung anzubieten, und das gelingt nur mit gutem Personal mit hoher Work-Life-Balance.

Wolfgang Burgschwaiger führt den Hotel- und Restaurantbetrieb „Übergossene Alm", der auf einer Seehöhe von 1240 Metern liegt, als Familienbetrieb mit je nach Saison 40 bis 60 Mitarbeitern. Der Betrieb wurde in den letzten Jahren mehrfach mit Preisen für Familien- und Mitarbeiterfreundlichkeit ausgezeichnet. Der Wirtschaftsfaktor Nummer eins im Bundesland Salzburg ist der Tourismus, mit etwa 2.000 Hotelbetrieben. Die Branche erzielt eine hohe Wertschöpfung, gilt aber in Hinblick auf Recruiting und Retainment als problematisch, was einerseits an dem weitgehenden Zwei-Saison-Betrieb liegt, aber auch an den hohen Anforderungen an das Personal zu den touristischen Spitzenzeiten. Wer die

Schattenseiten des Tourismus in Österreich, auf amüsante Weise aufbereitet, näher betrachten möchte, dem sei der TV-Vierteiler „Piefke-Saga" aus dem Jahr 1990 ans Herz gelegt. Autor Felix Mitterer schildert darin überzeichnet den touristischen Alltag in einer Tiroler Gemeinde.

Im Rahmen der Fair-Play-Radiosendung sprach Burgschwaiger über sozial nachhaltige Unternehmensführung.[87] Das Betriebs- und Mitarbeiterführungskonzept Burgschwaigers zeigt sich in ihren Prinzipien: Neben einer ökologischen Nachhaltigkeit achtet der Betrieb darauf, dass er mit Unternehmen der Region zusammenarbeitet, die ebenfalls nach ähnlichen Qualitätskriterien arbeiten. Zur sozialen Nachhaltigkeit im Unternehmen sagt Burgschwaiger:

„Uns ist es wichtig, dass wir ein guter Arbeitgeber sind. Wir handeln nach dem Prinzip des goldenen Unternehmensdreiecks: Unternehmen-Mitarbeiter-Gäste. Nur wenn es allen drei Ebenen gut geht, wird das Unternehmen auch erfolgreich sein."

Bereits die Elterngeneration hat in der Übergossenen Alm darauf geachtet, dass die Mitarbeiter zu den Gästen und zu der Familie passten. Mit dem Blick auf das Personal ist eine Firmenphilosophie des Miteinanders entstanden. Das fängt bei einer guten Unterbringung an und setzt sich mit klaren Organisationsstrukturen, klar definierten Führungsaufgaben sowie regelmäßigen Zielbildungsprozessen fort. Zusätzlich bewerten einmal im Jahr Mitarbeiter die Führungskräfte:

„Ich werde nach dem Schulnotensystem beurteilt und bekomme ein Feedback, wie ich mich im Umgang mit den Mitarbeitern verhalte. Bin ich höflich, bin ich korrekt, höre ich zu und schenke ich den Mitarbeitern generell Aufmerksamkeit? Wir haben 2008 zum ersten Mal diese Befragung durchgeführt und haben uns in diesen vier Jahren Zug um Zug in allen Bereichen verbessert. Das Führungsteam hat sich entschlossen, mit diesem Instrument zu arbeiten und somit nehmen alle die Befragungen und die Ergebnisse ernst. Wir lernen aus den Rückmeldungen, es ist uns wichtig, uns weiterzuentwickeln."

Auf dem Gebiet der eigenverantwortlichen Arbeitsgestaltung, mit möglichst wenig Kontrolle und direkten Arbeitsanweisungen, gibt es im Hotelbetrieb von Wolfgang Burgschwaiger klare Vorstellungen, die eine Parallele zur Vorgangsweise bei der Drogeriekette dm aufweisen:

„Meine Vision war, die Mitarbeiter zu Mitunternehmern zu machen. Die Teamleiter, also Küchenchef, Hausdame, Rezeption usw. haben eigene Budgetverantwortungen, mit einer Budgetzuteilung und einer Verantwortlichkeit für Mitarbeiterkosten und anderen Aufwendungen in ihrem Bereich, wir arbeiten hier mit Deckungsbeiträgen über die ganze Saison hinweg. Wir koppeln diese Wirtschaftsdaten mit der qualitativen Zufriedenheit unserer Gäste und überprüfen das laufend."

Für ein funktionierendes System braucht es eine Ermunterung und eine laufende Unterstützung durch den obersten Chef. Die meisten Teamleiter, die heute im

Haus tätig sind, waren früher einfache Angestellte und haben sich im Betrieb weiterentwickelt. Auch junge Mitarbeiter bekommen das Vertrauen zu Führungstätigkeiten ausgesprochen. Die Mitarbeiter bekommen so das Gefühl, etwas bewegen zu können, und müssen nicht wegen einzelner Entscheidungen mit dem Chef Rücksprache halten und somit einer Kontrolle ausgesetzt sein. Herr Burgschwaiger hält sich in seinem Kontrollbedürfnis zurück, da er die Erfolge des eigenverantwortlichen Arbeitens in den letzten Jahren als Erfahrungswert vorweisen kann, und geht einen Schritt weiter: „Ich kontrolliere, um zu loben."

Wie Götz Werner betont auch Wolfgang Burgschwaiger, dass die Einführung eines Systems der Eigenverantwortlichkeit mit Budgetverantwortung eine gewisse Zeit dauert. Mit einer Dekade für den Aufbau eines reibungslosen Ablaufs des neuen Systems muss man rechnen. Als Dank für die verantwortungsvolle Aufgabenabwicklung und die zum Teil langjährigen Loyalitäten zum Betrieb gibt es in Burgschwaigers Unternehmen finanzielle Prämien, kostenlose Benutzung der eigenen Wellness-Infrastruktur und 50% Rabatt auf die Hotelkosten in anderen Best Wellness Austria Hotels.

Je systemischer und dialogischer, desto komplexer, und desto weniger allgemeine Konzepte gibt es. Kulturentwicklung ist gefragt mit Akteuren, die einerseits etwas von Kulturentwicklung verstehen und charakterlich und innerlich gefestigt sind und die andererseits sowohl fachliches Know-how der Branche, als auch Führungs-Knowhow mitbringen. Kulturoffenheit, Neugierde, Initiative, ein positives Menschenbild, Projektmanagement, Empathiefähigkeit, Wissen um die Prinzipien des Work-Life-Balance-Unternehmenskonzeptes und Selbstreflexionsfähigkeit sind die modernen Anforderungsvoraussetzungen.

Die Frage sollte nicht mehr lauten, welches Führungsmodell wenden wir an, sondern wie können wir die Menschen in unserem Betrieb erreichen, ihnen sinnvolle Arbeiten geben und sie diese entwickeln lassen. Wie schauen positive Work-Life-Balance-Bilanzen der Mitarbeiter und der Führungskräfte in unserem Unternehmen aus? Welche Handlungen und Maßnahmen leiten sich daraus für Menschen, gegebene Situationen und Organisationsentwicklung ab und wie gestalten wir diese so, dass im Miteinander eine Win-Win-Situation für Unternehmen und alle Mitarbeiter entsteht? Wie viel zählt neben dem IQ auch der EQ, also die emotionale Intelligenz? Haben wir Kenntnisse über die Grundlagen des Gesundbleibens, der Salutogenese? Wie viel zählen Verstehbarkeit, Handhabbarkeit und Sinn?

Es wird „Betriebsverfassungen" brauchen, die den Rahmen der Werte, Ziele und Prozessgestaltung abstecken und gute Mitarbeiter an das Unternehmen binden können. Dazu braucht es erfahrene Leute in

den Personalabteilungen und in der Unternehmensentwicklung. Es braucht Kommunikationskönner mit systemischem Denken und Intuition. Erforderlich sind neue Konzepte des Team-Buildings und deren Management für das Erreichen kollektiven Lernens. Es braucht keine Generalrezepte für Führung, es braucht eine Grundhaltung, die alle im Betrieb verstehen, eine Grundhaltung, die transparent ist und in den Handlungen im Betrieb abzulesen und nachvollziehbar ist. Im Sinne der Hersey&Blanchard-Reifegrade für situatives Führen braucht es Mitarbeiter, die in der Lage sind, eigenverantwortlich zu handeln und die dafür im Unternehmen auch die Voraussetzungen dazu vorfinden. Nur in dieser Konstellation finden die Mitarbeiter im Betrieb, ob nun Chefetage oder einfacher Angestellter, die Voraussetzung, nicht ständig aus ihrer Balance geworfen zu werden, sondern sich einer stabilen Balance im Arbeitsumfeld zu erfreuen.

Tipps zur Führungskultur

10 Leben Sie als Führungskraft Werte wie Offenheit oder Verantwortungsbewusstsein aktiv vor.

11 Achten Sie darauf, dass das Tempo im Unternehmen nicht zu hoch wird.

12 Feiern Sie erfolgreiche Aktionen gebührend mit den Akteuren.

13 Unterstützen Sie aktiv Mitarbeiter. Setzen Sie nicht auf Fehlerkontrolle in der Führung.

14 Lob vor anderen, Kritik unter vier Augen.

15 Setzen Sie hohe Sensibilität ein.

16 Lassen Sie sich coachen. Sie gewinnen an Selbstreflexion, haben einen Sparringspartner und können Ziele und Szenarien mit einer unbeteiligten Person durchspielen.

17 Forcieren Sie das Miteinander und wertschätzenden Umgang. Schüren Sie keine Konkurrenzgedanken im Unternehmen.

18 Halten Sie Beziehungen und Aufgaben im Unternehmen im Blickfeld und achten Sie auf die Reifegrade ihrer Mitarbeiter.

19 Agieren Sie immer menschlich. Authentizität wird geschätzt.

20 Wissen Sie über alle Stärken Ihrer Mitarbeiter Bescheid? Wenn nein, dann finden Sie sie heraus.

21 Signalisieren Sie Vertrauen und Unterstützungswillen zu Eigeninitiativen von Mitarbeitern.

22 Fragen Sie sich selbst, was Sie zur Unterstützung der Mitarbeiter tun können.

23 Seien Sie Beobachter. Wie entwickeln sich Firmen und Mitarbeiterziele?

3.2 Die unermessliche Kraft des Selbstwertes

In diesem wichtigen Kapitel geht es darum, ein Rollenbild der Menschen im Mitteleuropa des beginnenden 21. Jahrhunderts in all den auf ihn zukommenden Anforderungen herauszuarbeiten. Fast philosophisch ist die Frage nach dem Maß der Dinge zu stellen, die die Menschen tagtäglich zu bewältigen haben. Wie schafft man alles gut und wie bleibt Lebensqualität erhalten? In unserem Zusammenhang ist interessant, welches Wertebild in Unternehmen von Menschen nach Work-Life-Balance-Kriterien vorhanden sein soll. Wie kann Arbeitskraft optimal genutzt werden? Und ich meine die Frage nicht in einem neoliberalistischen Sinne einer kurzfristigen Gewinnmaximierung. Wir wissen bereits, dass die Einbringung der Persönlichkeit jedes einzelnen Mitarbeiters als Beitrag zum Betriebserfolg äußerst wichtig ist. **Die essenzielle Frage lautet daher: Wie macht man die Einzelne und den Einzelnen im Unternehmen möglichst stark?** Die Basis dazu behandle ich in diesem Kapitel: den Nutzen von Selbstwert. Was ist Selbstwert, wie wird er geschaffen, aber auch wie wird er vernichtet? Viel zu oft geschieht Letzteres, und der Aufbau von Work-Life-Balance-Konzepten ist von Anfang an blockiert.

Unter welchen Voraussetzungen leben wir heute? Können wir noch mit den Mitteln agieren, mit denen wir 1980 agiert haben? Was müssen wir wissen, um WLB für uns selbst planen und anwenden zu können? Was müssen Führungskräfte über die Grundprinzipien von Motivation und Leistungsbereitschaft von sich selbst und von Mitarbeitern wissen, um WLB-Systeme attraktiv zu finden und im Betrieb attraktiv zu machen?

„Das Thema Work-Life-Balance ist zwar so alt wie die Menschheit, erfährt derzeit aber doch eine neue Qualität, weil die dramatischen Umbrüche sowohl im beruflichen als auch im privaten Bereich viele alte Planungs- und Verhaltensmuster fraglich erscheinen lassen. Es wird immer schwieriger, die Belastungen und Anforderungen im Berufs- und Privatleben zu meistern, die erforderlichen (Problemlöse-)Fähigkeiten und Fertigkeiten, Kenntnisse und Hilfsmittel (Ressourcen) zu gewährleisten und gleichzeitig noch genügende Puffer und Reserven zu schaffen, so dass wir in der Bilanz von einer langfristig adäquaten Beanspruchung und gelungenen Lebensqualität sprechen können."[88]

Work-Life-Balance klingt einfach, ist es aber nicht. Allein der Begriff ist irreführend. Es geht nicht einfach um einen irgendwie gearteten Ausgleich zwischen der Arbeit und dem Privatleben. „Der an sich unlogische Begriff Work-Life-Balance steht (…) als vordergründig griffige Metapher. Viele Menschen sagen, wenn sie Work-Life-Balance hören, spontan: ‚Das ist genau mein Problem'. Beim nächsten Hinschauen zeigen sich allerdings vielfältigste Facetten dieses Begriffes…".[89]

Wie schauen die dramatischen Umbrüche aus, mit denen wir konfrontiert sind? Einfache Konzepte scheint es nicht mehr zu geben. Ein Journalist des Fernsehsender Servus TV befragte mich zum Thema Work-Life-Balance mit den Worten: „Wie halten sie es persönlich mit der Work-Life-Balance? Arbeiten Sie, um zu leben, oder leben Sie, um zu arbeiten?" Meine Antwort fasste der Journalist in der Aussage zusammen: „Sie leben also und arbeiten."[90] Das trifft, auf eine Formel gebracht, Work-Life-Balance schon ganz gut. Noch besser wäre gewesen, wenn er zusammenfassend gesagt hätte: „Sie integrieren also die Arbeit mit Freude in Ihr gesamtes Lebenskonzept." Wir sollten Lebensplanungen durchführen und den Job mitplanen. In Zeiten der Unsicherheit und zunehmender Tendenzen von fraktionierten Berufskarrieren, Patchworkfamilien, Intransparenzen, Kontrollverlusten und lebenslangem Lernen[91] können wir nicht mehr durchgehend auf Sicherheit setzen wie früher. Wir sollten uns also auf etliche Umplanungen im Laufe unseres Lebens einstellen und die „Ein Job, eine Wohnung, ein Kind, ein Ehegatte"-Mentalität überdenken. **„Bei derartigen (…) Anforderungen auch noch seine innere Ausgeglichenheit zu behalten bzw. überhaupt zu erreichen, mit sich selbst im Reinen zu sein, Gewünschtes zu leisten und (trotzdem) mit der eigenen Lebensqualität glücklich und zufrieden zu sein, lässt sich kaum mit einem Einfachmodell von WLB beschreiben."[92]** Michael Kastner spricht mir aus der Seele und er setzt hinzu, wieso wir uns so schwer tun mit der Aufgabe von einfachen Sicherheiten: „Wir Menschen als evolutionär emotionale soziale Lauftiere brauchen jedoch soziale Unterstützung, Sozialität, eine gewisse Stabilität und Vorhersehbarkeit, um unser Verhalten steuern zu können. Je weniger Erfüllung, Transparenz, Kontrolle, Planbarkeit in der Arbeitswelt möglich sind, umso wichtiger werden für uns in der Privatwelt Sicherheit und Möglichkeiten der Regeneration."

Prinzipiell ist der Ansatz, privat für Stabilität zu sorgen, schon richtig, wenn die Arbeitssphäre unsicher ist. **Aber wenn alle Bereiche und Faktoren unsicherer werden, auch das Private, müssen wir uns umso mehr auf uns verlassen können, um aktiv Prioritäten in Arbeit und Privatbereich setzen zu können, das Ruder in die Hand zu nehmen und mit einem hohen Maß an Kommunikation diese Steuerung auch mit der Karriereplanung des Partners in Einklang zu bringen.** Nur über einen hohen Grad an Reflexion, wer wir sind und was wir wollen und welche Werte wir vertreten, können wir aus der Introspektive heraus unsere Umwelt betrachten und durch wildes Fahrwasser manövrieren, um dann in ruhigeren Gewässern zu fahren. Somit kann Work-Life-Balance nicht einfach in einem Ausgleich von Arbeit und Privat gesehen werden, nicht einfach unter der Rubrik Stressbewältigung abgehandelt werden. Sie muss unter weit höheren, differenzierteren Betrachtungen gesehen werden. **Work-Life-Balance ist ein systemisches Modell der gesamten Lebensgestaltung.**

Jedenfalls haben die alten Ordnungsmuster der Industriegesellschaft, wie sie bis in die 80er Jahre des vorigen Jahrhunderts anzutreffen waren, begonnen, sich dramatisch aufzulösen, und es scheint so, als wollten wir das nicht wahrhaben. Diese Diskrepanz macht uns krank. Die Zunahme von psychischen Erkrankungen und Burn-out-Syndromen spricht eine klare Sprache. In Österreich lief 2012 eine Debatte, Arbeitsschutzbestimmungen per Gesetz zu verschärfen und die Erhebung psychischer Belastungen ab 2013 verpflichtend einzuführen. Es liefen allerdings auch Debatten angesichts steigender Krankenstände, den ersten Krankenstandstag auf das Eigenrisiko der Arbeitnehmer abzuwälzen.

Die Ära der Vollbeschäftigung ging Mitte der 1980er Jahre zu Ende und es gibt so gut wie keine Prognosen, dass wir dazu jemals in gleichartiger Form zurückkehren. Die Rate der Teilzeitjobs aller Erwerbstätigen lag im ersten Quartal 2012 in Österreich bei Männern bei 9,8% (1985: 1%, 2000: 4%) und bei Frauen bei 44,7% (1985 15%, 2000 34%). Tendenz steigend.[93] In Deutschland nahm die Zahl der Teilzeitbeschäftigten zwischen 2000 und 2010 um drei Millionen auf insgesamt rund zehn Millionen zu. Der Anteil stieg von 19 auf 26 Prozent aller registrierten Erwerbstätigen, die teilzeitarbeitenden Männer sind von 5% auf 10% in einer Dekade angewachsen. Im EU-Durchschnitt lag die Teilzeitrate von Männern und Frauen zusammengenommen 2012 bei 19 Prozent.[94] Wir müssen uns nicht nur auf neue Karriereverläufe einstellen. **Wir sollten lernen, nicht mehr in mangelnden Sicherheiten zu denken, sondern in erhöhten Wahlmöglichkeiten.** Die Zeiten der Babyboomer-Generation sind vorbei, wir sind in der Generation Y angekommen, die mit Konsum und Kommunikationstechnik mit hohen Auswahlmöglichkeiten als Selbstverständlichkeit groß geworden ist, und für die Lebensstil, Kultur und Selbstverwirklichung mehr und mehr mit Privatleben **und** Arbeitsgestaltung zu tun hat.[95]

Was tun? Warten, bis die Generation Y die Mehrheit der Arbeitnehmer stellt? Ist die Generation Y, auch wenn sie unter anderen, moderneren, technischeren Rahmenbedingungen aufgewachsen ist, fähig, die eigene Balance herzustellen? Vorbildmuster gibt es wohl wenige, wenn wir den derzeitigen Zustand der Gesellschaft als Maßstab zu Rate ziehen. Das Gesundheitsbewusstsein ist gestiegen, von einer Balancegesellschaft sind wir aber weit weg. Wir sind körperlich fitter, neigen aber dazu, mental erheblich mehr ausgelaugt zu sein, und zwar generationenübergreifend. Österreichs Manager erfreuen sich 2011 an mehr körperlicher Gesundheit als 2009, das ergab eine Studie im Auftrag des Wirtschaftsforums der Führungskräfte.[96] Nur ein Viertel klagt über gesundheitliche Probleme, fast alle betreiben Sport, rauchen zunehmend nicht mehr und gehen zur Vorsorgeuntersuchung. Dafür fühlte sich jeder siebente Manager schon einmal völlig ausgebrannt. In jedem zweiten Unternehmen wird Gesundheitsvorsorge angeboten, aber nur von 29% aller Mitarbeiter genutzt. Ein Vorstandschef eines Flugzeugzulieferers nahm trotz Lungenentzündung noch weltweit Termine wahr und landete schließlich mit einer Herzbeutelentzündung im Spital. Vom Krankenbett aus verrichtete er mit dem PC seine Arbeit.[97]

Das Beispiel des jettenden Spitzenmanagers steht stellvertretend für die Denkweise sehr, sehr vieler Arbeitskräfte, ob nun in der Führungsetage oder nicht. Die Zahl derer, die sich halb oder ganz krank an den Arbeitsplatz schleppen, scheint jedenfalls sehr hoch zu sein und wird von uns nicht als unverantwortlich angesehen. Im Gegenteil, solche Leute ernten unsere Bewunderung, wenn sie ihre Geschichten mit einem Augenzwinkern erzählen.

Ein Vergleich von Spitzensportlern zu Managern hat kürzlich in einer Messung von zum Ergebnis geführt, dass Manager zwar oft Anforderungen wie Spitzensportler aufweisen, allerdings nicht deren Fitheitsgrade aufweisen. In aufwändigen Messungen mit Parametern wie Parasympathicus und Sympathicus (Entspannungs- und Aktivitätsregulatoren im Körper) in Relation zu Puls- und Herzfrequenz wurde gezeigt, dass Sportler Werte von 2 (Sympathicustätigkeit für Aktivität) bzw. 1 (Parasympathicustätigkeit für Erholung) aufweisen. 4:1 sind ebenfalls als gute Bewältigungswerte einzustufen. Manager wiesen Werte von 10:1 auf. Bei 7:1 beginnt massiver Handlungsbedarf, den belastenden Aktivitätsphasen auch Phasen der Erholung folgen zu lassen.[98]

Die Frage ist, wie begegnen wir adäquat den vielschichtigen Anforderungen der heutigen Zeit? Gesundheitsvorsorge im Betrieb greift offensichtlich zu kurz und wird nur bedingt angenommen. Die Hinwendung auf uns selbst und den Aufbau von Selbstwert als Balancebasis für hohe Leistungsfähigkeit und Motivation hat Nathaniel Branden bereits 1994 in einem vielbeachteten Buch verarbeitet. „Die 6 Säulen des Selbstwertgefühls" liegt in der deutschen Taschenbuchausgabe jedenfalls schon als 8. Auflage vor. „Wenn es stimmt, dass das Selbstwertgefühl mit einer gesunden Psyche gleichzusetzen ist, so dürfte es wohl nur wenige Themen geben, die dringender sind", konstatiert Branden.[99]

Branden bezieht sich auf die eingangs in diesem Kapitel beschriebenen veränderten Rahmenbedingungen der Friktionen und Unsicherheiten in Privat- und Berufsleben: Die Stabilität, die wir in der Welt nicht finden können, müssen wir in uns selbst schaffen. **Das Selbstwertgefühl hängt** dabei sowohl von inneren, als auch von äußeren Faktoren ab. Innenfaktoren sind beispielsweise unsere Ideen, unsere Überzeugungen und unsere Verhaltensweisen. Äußere Faktoren sind Botschaften, die wir erhalten, und Erfahrungen, die wir gemacht haben.[100] Beide Faktoren beeinflussen unser Selbstwertgefühl umfassend, ganze Psychologiestudien könnte man mit der Frage füllen, welche Faktoren wie auf unseren Selbstwert einwirken.

Für dieses Buch ist es wichtig, Grundzüge des Einwirkens auf sich selbst anzuführen, wenn am Ende eine befriedigende Work-Life-Balance herausschauen soll. Führungskräfte sollten dieses Kapitel noch aufmerksamer lesen, denn es ist nicht nur wichtig, dass sie über sich selbst Bescheid wissen, sondern auch inwieweit sie Menschen ansprechen können, um motivierend und leistungssteigernd oder zumindest leistungserhaltend zu wirken.

Es geht nicht darum, Spitzenleistungen auf permanentem Niveau zu halten, um den Ertrag zu steigern und bei Leistungsabfall den Austausch der Mitarbeiter vorzunehmen, natürlich nicht. Es geht vielmehr darum, Empathie, Menschlichkeit und Charakterstärke zu fördern, um das allgemeine Wohlbefinden, das positive Lebensgefühl zu heben, um darauf aufbauend einen guten Job abliefern zu können.

Branden sagt: „Als ich mich vor vierzig Jahren erstmals mit den Fragen des Selbstwertgefühls beschäftigte, erkannte ich, das dieses Thema ein unschätzbar wertvoller Schlüssel zur menschlichen Motivation war. (…) Je mehr ich mich mit der Frage beschäftigte, desto klarer erkannte ich, dass es sich dabei um ein tief greifendes und starkes menschliches Bedürfnis handelt. Ein Bedürfnis, das wesentlich für eine gesunde Anpassungsfähigkeit und damit entscheidend ist, um optimal funktionieren und sich optimal selbst verwirklichen zu können. Was umgekehrt heißt, dass wir in dem Maße leiden und in unserer Entwicklung gehemmt werden, wie diesem Bedürfnis nicht Rechnung getragen wird."[101]

Die wunderbare Vera Birkenbihl hat einmal den Ausspruch getätigt: „Halten Sie es für möglich, mehr in Ihrem Leben für möglich zu halten?" Da sind zwei Konjunktive enthalten, aber trotzdem macht der Satz Mut. Wann immer ich diesen Satz in Seminaren und Coachings einsetze, beginnen die Teilnehmer zu lächeln. Gleichzeitig signalisieren alle, dass der Satz für sie Gültigkeit hat. **Der Ausgangspunkt für viele positive Karriereentwicklungen, die ich mitverfolgt habe, ist, wenn Menschen beginnen, an sich zu glauben, und anfangen, Möglichkeiten auszuschöpfen.**

Üblicherweise sind wir von unseren Frustrationen geprägt, von Vorsicht und von Passivität. Wir halten mit unseren Leistungen hinterm Berg, aus Angst, den Neid anderer zu provozieren. Wir werden von Äußerlichkeiten klein gemacht oder klein gehalten. Wir behindern uns selbst, indem wir nicht an unsere Potenziale glauben. In meiner Coachingpraxis habe ich reihenweise Menschen erlebt, die in der Lage waren, auf intellektuellem Niveau zu erfassen, zu welchen Leistungen sie fähig wären, aber dieses Potenzial schlichtweg ausgeblendet haben. Die Menschen sind aus Coachings herausgekommen und waren selig, welche Qualitäten sie besitzen. Aber nicht ich habe ihnen diese Qualitäten gegeben, sie besaßen sie schon. **Es geht vielfach darum, den Blick auf die eigenen Fähigkeiten freizulegen, und es geht darum, dass jemand da ist, der an die Fähigkeiten, die vorhanden sind, glaubt, um sie einsetzbar zu machen. In Coachingsituationen gelingt das vielfach.**

Eine junge Klientin, die seit 4 Jahren berufstätig war, immer beim selben Unternehmen, kam verunsichert in meine Praxis und stellte sich die Frage: „Ist mein Unternehmen wirklich gut für mich oder rede ich mir meinen Job nur schön?" Eine wirklich interessante Frage, die uns auf Fragestellungen brachte, nach welchen Kriterien sie denn die Qualität des Arbeitgebers bemisst. Die Kriterienbearbeitung brachte uns in Hinblick auf die Fragebeantwortung ein Stück weiter. Viele Fakten sprachen gegen den bisherigen Arbeitgeber. Das gute Einvernehmen mit Kollegen und ein hohes Sicherheitsdenken, das das Unternehmen sehr gut gewährleisten konnte, bildete das Gegengewicht zu den als schlecht bewerteten Kriterien wie Gehalt, Einbringen des eigenen Arbeitsstiles, Weiterentwicklung im Unternehmen und einigen Faktoren mehr. Die Frage nach dem Schönreden war nach dieser Runde anders zu stellen. Kann die Klientin Mut schöpfen, den Sicherheitsgedanken zurückzufahren (Wie viel Sicherheit braucht jemand im Leben?) und kann sie Vertrauen in ihre eigenen Fähigkeiten so aufbauen, dass das als Sicherheit, unter Berücksichtigung weiterer anderer Sicherheitsfaktoren, die sie ausgeblendet hatte, genügt. Starker Weiterentwicklungsdrang siegte schließlich über das Sicherheitsdenken. Meine Klientin hat sich ein neues Unternehmen gesucht, das sie besser entwickeln lässt. Mit Freude wurde sie in ihrer Lernbegeisterung und mit ihrem Entwicklungspotenzial eingestellt, von „Schönreden" ist nun keine Rede mehr.

Ein weiteres Beispiel aus einer meiner Karriereseminargruppen an der Universität Salzburg gibt Aufschlüsse, wie jemand nach außen hin als sehr selbstbewusst auftreten kann, nach innen aber ganz und gar nicht von sich überzeugt ist. Meine Klientin hatte eine sehr überzeugend wirkende und auch überzeugte Haltung mit hohem Werte- und Gerechtigkeitssinn. Sie hatte als Praktikantin, aber auch schon als Projektleiterin für Hilfsprojekte gearbeitet. Ein Universitätsstudium war schon absolviert, im zweiten befand sie sich im letzten Drittel. Sie stellte sich die Frage, wie sie die Jobsuche mit ihren hohen Wertansprüchen erfolgreich gestalten sollte und wie sie den Abschluss des zweiten Studiums mit einer sich aktuell bietenden lukrativen Mitarbeit für ein weiteres Projekt unter einen Hut bringen konnte. Es stellte sich heraus, dass meine Klientin in den Projekten, in denen sie arbeitete, wirklich gute Arbeit abgeliefert hatte, sie selbst diese aber nicht als hoch qualifiziert erachtete.

Stärkenanalysen der Tätigkeiten ließen meine Klientin staunen, was sie alles eingebracht und umgesetzt hatte, was sie nicht nur für die Arbeit in sozialen Hilfsprojekten befähigte. Eine Reihe an Möglichkeiten lag auf einmal auf ihrem Weg.

Das Studium reihte meine Klientin nach hinten, sie hatte schließlich schon einen akademischen Grad und sie musste nicht der ganzen Welt mit dem Abschluss eines zweiten Studiums beweisen, dass sie gute berufliche Leistungen erbringen konnte. Das eigene Wertesystem setzte sie gezielt in Zusammenhang mit Erfordernissen für zukünftige Arbeitsstellen. Sie forcierte Kontakte zu Unternehmen, die klar auf ihrer Wertelinie lagen.

Wenn die Menschen ihre Stärken erkennen und danach handeln, kommt eines zum anderen. Der erste Schritt hat eine gewaltige Kraft und löst vieles weitere aus.

Wie kann Selbstwert definiert werden?

1. Das Vertrauen auf unsere Fähigkeit, zu denken, das Vertrauen auf unsere Fähigkeit, mit den grundlegenden Herausforderungen des Lebens fertig zu werden und

2. das Vertrauen auf unser Recht, erfolgreich und glücklich zu sein, das Vertrauen auf das Gefühl, es wert zu sein, es zu verdienen und einen Anspruch zu haben, unsere Bedürfnisse und Wünsche geltend zu machen, unsere Wertvorstellungen zu verwirklichen und die Früchte unserer Bemühungen zu genießen.[102]

Lange Zeit hat man in Unternehmen die beiden Definitionspunkte in den Bereich des Privatvergnügens jedes Mitarbeiters gerückt. Schließlich hat man Mitarbeiter dafür, damit sie die Arbeit erledigen, und nicht dafür, dass sie ihre Träume verwirklichen. Jeder ist für sein Wohl selbst verantwortlich, so die Denkweise vielerorts. Wenn man sich allerdings vorstellt, dass wir eine Gruppe von Mitarbeitern haben, die ungemein positiv in die Zukunft blicken, bekommt man eine Ahnung, welche famose Arbeitsleistung erbracht werden kann, ohne dass man Dinge ständig einfordern oder Menschen unter Druck setzen muss.

Von der Privatuniversität Seeburg in der Nähe von Salzburg mit einem betriebswirtschaftlichen Studienschwerpunkt und einem Klientel aus dem gesamten deutschsprachigen Raum war ich vor wenigen Jahren zu einer Veranstaltung eingeladen, bei der es um Schwarmintelligenz ging. In einem amphitheaterartigen Kinosaal wurden etwa 70 Personen in zwei Gruppen geteilt, eine links, eine rechts. Die meisten Menschen im Raum kannten einander nicht. Also saßen auf jeder Seite willkürlich zusammengewürfelt Leute. Jeder bekam eine lackierte Holztafel in der Größe von A5, vielleicht etwas kleiner, eine Seite mit roter Farbe lackiert, eine Seite mit grün. Das Publikum wurde in eine linke und eine rechte

Partei eingeteilt und bekam die Aufgabe, durch Anzeigen der Farben Rot oder Grün die Höhe und die Flugrichtung eines virtuellen Flugzeuges, das später auf einer großen Leinwand über der Bühne zu sehen war, zu bestimmen. Je nach Farbeinsatz wurde über einen Scanmechanismus ein Flugsimulator aktiviert. Das virtuelle Flugzeug erschien auf der Leinwand, das Publikum fing an zu manövrieren. Mehr grüne Karten von Partei links brachten das Flugzeug in den Steigflug, rot senkte die Flughöhe. Die rechte Partei konnte mit rot/grün die Flugrichtung nach rechts oder links steuern. Allzu hoch oder zu weit links oder rechts durfte man nicht fliegen, dann verlor man den Sichtkontakt zur Erde, der zur Navigation notwendig war. Wir mussten von München nach San Francisco fliegen.

Nach wenigen Fehlversuchen und ein paar Abstürzen (!!!) hatten die 70 Leute den Bogen relativ gut heraus, und es dauerte keine 15 Minuten, bis wir in der Lage waren, den simulierten Flug von etwa einer Minute zu absolvieren. Die Fliegerei machte allen Spaß, es wurde viel gelacht im Publikum. Ganz am Ende bekamen wir die Spezialaufgabe, mit der großen Passagiermaschine unter der Golden Gate Bridge durchzufliegen. Im zweiten Anlauf schafften wir auch das. Wir starteten am Flughafen, zogen eine weite Schleife über die San Francisco Bay, unter der Golden Gate hindurch, hinein in eine weitere Kurve bei Sausalito und landeten sanft am San Francisco Airport. Wir waren begeistert!

Was war geschehen. Ohne Konkurrenzdruck gingen 70 Menschen an eine gemeinsame Aufgabe heran. Alle wollten den Erfolg. Offensichtlich war niemand dabei, der den Erfolg verhindern wollte, auch Gruppenbildung gab es keine oder Menschen, die im Hintergrund ganz andere Pläne verfolgten.

„Schwarmintelligenz überzeugt", schreibt Jochen May in seinem Buch „Schwarmintelligenz im Unternehmen". „Schade nur, dass die meisten Unternehmen das außergewöhnliche Potenzial von Schwarmintelligenz bisher nicht entdeckt, geschweige denn von ihm profitiert haben. (…) Schwarmintelligenz ergänzt den äußeren Innovationsdruck um einen inneren Innovationsmotor. Durch vernetzte Kompetenzen aller Mitarbeiter steht überall im Wertschöpfungsprozess ein neues, ansonsten brachliegendes Problemlösungs- und Innovationspotenzial zur Verfügung."[103] Viele Menschen neigen dazu, Kooperation vor Eigennutz zu stellen. In einer Versuchsreihe unter der Leitung von Ernst Fehr, Professor für Mikroökonomie und Empirische Wirtschaftsforschung an der Universität in Zürich, konnte nachgewiesen werden, dass bei einer Anzahl von 50 Kooperationswilligen nur 30 den Eigennutz vor die Kooperation stellen.[104] Vielfach ist in Unternehmen leider auch zu beobachten, dass negative Meinungsmacher auf viele Mitarbeiter anziehend wirken. Einige wenige Schwarzseher ziehen Menschen mit ihrer negativen Meinung auf ihre Seite und zerstören dadurch Zuversicht, Handlungswillen und Kooperationsbereitschaft.

Wir haben uns an diesem Abend auf unser kollektives Gefühl verlassen, erstaunlich, dass wir dieses in Minutenschnelle aufbauen konnten. Hätten wir Berechnungen angestellt und Meetings abgehalten, würden wir heute noch dasitzen und kein brauchbares Ergebnis vorzuweisen haben. Natürlich wäre ein Flug in Wirklichkeit auf diese Weise nicht durchführbar, da braucht es andere Kompetenzen und Sicherheitssysteme. Aber das Beispiel hat verdeutlicht, was innerhalb kurzer Zeit möglich wird, wenn alle Leute mit Eifer bei der Sache sind, ein gemeinsames Ziel verfolgen und mit Selbstbewusstsein an die Arbeit gehen. Die unternehmerische Frage kann daher nur lauten: Wie schaffe ich es, das Personal gut aufzustellen, die – wenn auch herausfordernden – Aufgabenstellungen klar zu kommunizieren, alle zum gleichen Ziel auszurichten, dass alle miteinander können und mit großer Freude bei der Sache sind. „Der Wert des Selbstwertgefühls liegt nicht nur in der Tatsache, dass es uns ermöglicht, uns besser zu fühlen, sondern dass es uns auch ermöglicht, besser zu leben – dass es uns ermöglicht, geschickter und angemessener auf die Herausforderungen und Chancen des Lebens zu reagieren."[105]

Skispringer sind ein sensibles Völkchen. Kleinigkeiten genügen oft, um in einer Saison in Form zu kommen oder nicht. Trainer von Skisprungmannschaften sind die reinsten Motivatoren. Viel ist in Interviews bei positivem Abschneiden von Emotionen die Rede. Trainer hören nicht auf, vor laufender Kamera zu wiederholen, wie stolz sie auf ihre Schützlinge sind. Bei Niederlagen betonen sie, Analysen anzustellen, die Hinderungsgründe für das schlechte Abschneiden herauszufinden. Das hat den Grund, den Selbstwertspiegel der Springer hochzuhalten, Kritik intern abzuhandeln und die Sportler vor unangenehmen Fragen, vor allem durch die Medien, zu schützen. Den höchsten Selbstwertkick erhalten die Athleten offenbar im positiven emotionalen Zuspruch ihres beruflichen Umfelds.

An dieser Stelle möchte ich noch einmal auf den Gesundheitsaspekt von Balance und Selbstwert hinweisen und einen Blick auf die Lehren der Salutogenese werfen. Unser Gesundsein entsteht, wenn wir tun, was wir beherrschen, wir dieses verstehen und Sinn darin finden und ein Kohärenzgefühl dazu entwickeln, also ein gutes Gefühl zu unserem Tun aufbauen können.[106]

„Das Niveau unseres Selbstwertgefühls hat weitreichende Konsequenzen für unser Dasein, und zwar in jeder Hinsicht: Es hat Einfluss darauf, wie wir am Arbeitsplatz zurechtkommen, wie wir mit Menschen umgehen, wie hoch unsere Aufstiegschancen sind, wie viel wir erreichen – und auf der persönlichen Ebene darauf, in wen wir uns verlieben, wie wir mit unserem Partner oder unserer Partnerin umgehen, mit unseren Kindern und unseren Freunden oder Freundinnen, und wie glücklich wir werden."[107]

Selbstwert kann man nicht zuviel haben, genauso, wie man an Gesundheit nicht zuviel haben kann. Mangelnder Selbstwert kann auch ein Antreiber sein, viel zu tun, um anerkannt zu werden, und trotzdem das Gefühl zu haben, nicht genug zu tun, um dadurch noch mehr zu tun. Solche Leute können einiges erreichen, Work-Life-Balance bekommen sie aber mit dieser Vorgangsweise nicht. Im Gegenteil, Workaholics sind sehr gefährdet, soziale Beziehungen zu verlieren und Raubbau an ihrer Gesundheit zu forcieren. Auch für diese Gruppe gilt, wenn sie es schaffen, den Sinn aus ihrem positiven Inneren zu kreieren, ohne äußeren Zwängen entsprechen zu müssen, ist der Weg zu einer hohen Work-Life-Balance eher möglich als durch erhöhte Außensteuerung. **Das Motiv „Freude" ist wesentlich gesünder und ausbalancierter als das Motiv „Beweisen".**

Zurück noch einmal zur Definition von Selbstwert, der eng mit dem Thema Stolz verbunden ist und bei dem nach Branden Selbstwirksamkeit und Selbstachtung eine große Rolle spielen: „Selbst-Wirksamkeit bedeutet Vertrauen in die Funktionsfähigkeit meines Verstandes, in meine Fähigkeit, zu denken, zu verstehen, zu lernen, zu wählen und Entscheidungen zu treffen. Vertrauen in meine Fähigkeit, die Tatsachen der Wirklichkeit zu verstehen, die in die Sphäre meiner Interessen und Bedürfnisse fallen. Selbst-Wirksamkeit bedeutet Selbstvertrauen und Selbstsicherheit. Selbstachtung bedeutet, dass ich mir meines Wertes sicher bin; dass ich eine bejahende Haltung zu meinem Recht zu leben und glücklich zu sein habe. Selbstachtung bedeutet, dass ich mich wohlfühle, wenn ich in angemessener Weise meine Gedanken, Wünsche und Bedürfnisse geltend mache, und beinhaltet das Gefühl, dass ich per Geburt ein natürliches Recht auf Freude und Erfüllung habe."[108]

Sowohl Brandens Selbstwertkonzept als auch Antonovskys Prinzip der Salutogenese ist darauf ausgerichtet, positive Gefühle für sich einzusetzen. Eine Ahnung davon zu haben, Steuerung im eigenen Leben einsetzen zu können, und nicht, wie viele Leute heute, sich nur als Passagier in ihrem eigenen Leben zu fühlen.

Stolz auf eigene Leistung

Stolz, eine hochemotionale Angelegenheit, in guten Portionen eingesetzt, ist positiv verwertbar und nicht destruktiv wie Geiz, Neid und Gier. „Stolz ist die emotionale Belohnung für Leistung."[109] Während der Selbstwert sagt, dass etwas möglich ist, zu tun, sagt der Stolz, dass ich etwas geschafft habe und ich daher wiederum auf dieser Basis weitere Dinge tun kann. Stolz als freudiges Ereignis kann ein großer Antreiber sein, wenn man in der Lage ist, diese Freude auch zuzulassen, die eigenen Leistungen entsprechend zu würdigen weiß und positives Feedback anderer gelten lässt. Je selbstgewählter die Ziele sind, desto mehr Chancen hat man, dass man Stolz zulassen kann. Tut es nicht gut, hin und wieder eine Heldin oder ein Held zu sein?[110]

Auch wenn wir es heute nicht mehr so wahrnehmen, sind Heldengeschichten immer Teil der menschlichen Existenz gewesen. „Ohne Über-
treibung lässt sich sagen, dass der Mythos der geheime Zufluss ist, durch
den die unerschöpflichen Energien des Kosmos in die Erscheinungen der
menschlichen Kultur einströmen", formuliert Josef Campbell den allum-
fassenden Einfluss von Heldengeschichten auf unser tägliches Leben.
„Religionen, Philosophien, Künste, primitive und zivilisierte Gesell-
schaftsformen, die Urentdeckungen der Wissenschaft und Technik, selbst
die Träume, die den Schlaf erfüllen, all das gärt empor aus dem magischen
Grundklang des Mythos."[111]

Warum sollen wir nur stolz sein auf das deutsche Nationalteam im Fußball
oder auf die Leistungen von Tennis-Ass Roger Federer oder den Ski-Welt-
cupsieger Marcel Hirscher? Warum nur in Medien Leistungen anderer
bewundern? Wir erbringen täglich wertvolle Leistungen, die es wert sind,
beachtet zu werden. „Wir können nicht nur vor unserer Schattenseite,
sondern auch vor unserer Sonnenseite weglaufen – vor allem, was die
Gefahr in sich birgt, dass wir irgendwie aus der Masse heraustreten oder
alleine dastehen, dass der Held in uns geweckt werden könnte."[112] Wer
selbstbewusst agiert, hat kein Problem, sich – bei aller Bescheidenheit –
einmal feiern zu lassen. Man muss ja nicht gleich auf den Schultern der
Kollegen und der Chefs im Büro herumgetragen werden.

„Die Leute sagen, dass wir alle nach einem Sinn des Lebens suchen. Ich
glaube nicht, dass es das ist, was wir wirklich suchen", sagt Josef Campbell.
„Ich glaube, was wir suchen, ist eine Erfahrung des Lebendigseins, so dass
unsere Lebenserfahrungen auf der rein physischen Ebene in unserem
Innersten nachschwingen und wir die Lust, lebendig zu sein, tatsächlich
empfinden."[113]

Wie zeigt sich Selbstwert im Leben?

Selbstbewusste Menschen zeichnen sich durch Vernunft und Realis-
mussinn aus, sie verlassen sich auch auf ihre Intuition und sind meist
kreativ, was nicht aus allen Selbstbewussten gleich Künstler macht.
Tägliche Herausforderungen in der Arbeitswelt erfordern tatkräftige,
kreative Neuerungen. Menschen mit hohem Selbstwert zeigen sich
unabhängig, sie sind in der Lage, mit Veränderungen fertig zu werden. Sie gestehen Fehler ein und sind in der Lage, Änderungen durchzuführen. Selbstbewusste Menschen äußern ihr Wohlwollen und
signalisieren Kooperationsbereitschaft, sie besitzen Empathie und
Mitgefühl, was sie nicht zu Weicheiern macht, sondern zu angeneh-
men Zeitgenossen, mit denen man gerne zusammenarbeitet.

Nicht kompromissloses Konkurrenzdenken beherrscht die Szenerie, wozu
auch? Selbstbewusste wissen ja, was sie können.[114]

Aus welchen Bestandteilen besteht ein hohes Selbstwertgefühl? Was müssen die Führungskraft und der Einzelne tun, um einen hohen Selbstwert aufzubauen?

Welche Handlungsmuster sind es, die unseren Selbstwert aufrechterhalten?

Der Psychotherapeut Werner Gross sieht einen „Verlauf eines negativen Auseinanderklaffens" von Karriere und Selbstwert in vielen Situationen unseres heutigen Lebens. Die Energie der Menschen wird meist so strukturiert, dass dieser in den Beruf passt: Selbstdisziplin – Selbstverleugnung – Selbstverlieren. Am Ende steht unreflektiertes Funktionieren.[115]

„Je weiter vorangeschritten ich in Richtung Selbstverleugnung komme in so einem Prozess, desto mehr verliere ich meine Authentizität. Das ist etwas, was meistens nur kurzfristig zu einem äußeren Erfolg führt. Das heißt, dass ich einen Erfolg habe, der eine Eintagsfliege ist. Weil wenn ich den Erfolg nicht verknüpfen kann mit einer inneren Authentizität und einer inneren Haltung, die mir sagt, ich habe mich innerlich verwirklicht, dann wird es ein schales Ergebnis. Äußerer Erfolg bei innerer Erfüllung, diese Dimension hinzubekommen, das ist ein Stück Lebenskunst."[116]

Selbstwertgefühl ist eine Konsequenz, ein Produkt der im Inneren erzeugten Praktiken. Um am Arbeitsplatz (und im Privaten) das Selbstwertgefühl zu steigern, muss ein Klima geschaffen werden, das diejenigen Praktiken unterstützt, die dem Selbstwert der Menschen zuträglich sind.[117] Manche sind der irrigen Meinung, Mitarbeiter kurz und klein halten zu müssen, damit sie ihnen nicht über den Kopf wachsen. Wenn man betriebliche Innovationsfähigkeit mit möglichst geringen Wachstumsideen umsetzen möchte, dann sollte man so agieren. Für die großen Lösungen braucht es mutige, ideenreiche Mitarbeiter, deren Chefinnen und Chefs in der Lage sind, Potenziale aus ihnen herauszuholen. Leute, die zu mir in die Praxis kommen, sehe ich immer wieder regelrecht aufblühen, weil sie Mut schöpfen, an die eigene Leistungsfähigkeit zu glauben. „Wenn das mein Chef einmal zu mir sagen würde", sagen sie beispielsweise nach positivem Feedback in einer Sache zu mir als Coach.

Die von Nathaniel Branden angegebenen Elemente der sechs Säulen des Selbstwertgefühls zeigen die Vielfältigkeit der zu beachtenden Faktoren für Chefs und Mitarbeiter gleichermaßen für sich selbst und im Umgang miteinander (Tabelle 4). Resilienztheoretische Ansätze stellen ähnliche Kriterien in den Vordergrund und haben eine angemessene Selbst- und Fremdeinschätzung, Selbststeuerung, soziale Kompetenzen, Stressbewältigung, Problemlösungskompetenzen und als Hauptkriterium die Selbstwirksamkeit im Fokus.[118]

Tabelle 4 Die 6 Säulen des Selbstwertgefühls
(zum Teil umformuliert, nach Branden)[119]

Bewusst leben

24 Ich nutze meinen Verstand aktiv, statt passiv.

25 Meine Intelligenz freut sich, genutzt zu werden.

26 Ich bin „im Augenblick", ohne dabei den breit gefassten Rahmen zu vergessen.

27 Ich gehe gezielt wichtige Tatsachen an, statt vor ihnen zurückzuweichen.

28 Ich unterscheide gezielt zwischen Tatsachen, Interpretationen und Emotionen.

29 Ich nehme meine Impulse zur Kenntnis und stelle mich ihnen, statt unangenehmen oder bedrohlichen Realitäten auszuweichen oder sie zu leugnen.

30 Ich will gezielt wissen, „wo ich" mit meinen diversen (persönlichen und beruflichen) Zielen und Plänen genau „stehe" und ob ich erfolgreich bin oder scheitere.

31 Ich will gezielt wissen, ob meine Handlungen in Einklang mit meinen Absichten sind.

32 Ich suche das Feedback der Umwelt, um einen Anhaltspunkt zu haben, ob ich mich eventuell neu anpassen oder meinen Kurs korrigieren muss.

33 Ich bin beharrlich in dem Bemühen, Dinge verstehen zu wollen, auch gerade angesichts von Schwierigkeiten.

34 Ich bin empfänglich für neues Wissen und die Bereitschaft, alte Annahmen zu überprüfen.

35 Ich bin bereit, Fehler zu erkennen und zu korrigieren.

36 Ich strebe ständig nach Bewusstseinserweiterung – bin entschlossen zu lernen; also entschlossen zu wachsen.

37 Mir ist es wichtig, die Welt um mich herum zu verstehen.

38 Mir ist es wichtig, nicht nur die äußere Realität, sondern auch die innere Realität zu kennen; die Realität meiner Bedürfnisse, Gefühle, Ambitionen und Motive, so dass ich mir selbst nicht fremd oder ein Geheimnis bin.

Sich selbst annehmen

39 Ich stehe auf meiner Seite – ich bin für mich.

40 Ich nehme mich ohne Leugnen und Ausflüchte wahr.

41 Ich bin mir selbst ein Freund, habe Mitgefühl mit mir.

42 Ich höre auf Gefühle.

Eigenverantwortlich leben

43 Ich bin verantwortlich für die Erfüllung meiner Wünsche.

44 Ich bin verantwortlich für meine Entscheidungen und mein Handeln.

45 Ich bin verantwortlich für das Maß an Bewusstsein, das ich meiner Arbeit entgegenbringe.

Tabelle 4 Die 6 Säulen des Selbstwertgefühls *(Fortsetzung)*
(zum Teil umformuliert, nach Branden)[119]

46	Ich bin verantwortlich für das Maß an Bewusstsein, das ich meinen Beziehungen entgegenbringe.
47	Ich bin verantwortlich für mein Verhalten anderen gegenüber – Kollegen, Geschäftspartnern, Kunden, Freunden, meinem Mann oder meiner Frau.
48	Ich bin verantwortlich, wie ich meine Zeit schwerpunktmäßig nutze.
49	Ich bin verantwortlich für die Qualität meiner Botschaften.
50	Ich bin verantwortlich für mein persönliches Glück.
51	Ich bin verantwortlich für die Werte, die ich in meinem Leben wähle oder übernehme.
52	Ich bin verantwortlich für die Erhöhung meines Selbstwertgefühls.

Sich selbstsicher behaupten

53	Ich trage den eigenen Werten, Wünschen und Bedürfnissen Rechnung (verkrieche mich nicht und dränge mich nicht vor).
54	Ich pflege die „Stammeszugehörigkeit", stelle sie aber nicht über alles.

Zielgerichtet leben

55	Ich übernehme bewusst die Verantwortung für die Formulierung der eigenen Ziele und Absichten.
56	Ich frage mich, was zu tun ist, die Ziele zu erreichen.
57	Ich bringe eigenes Verhalten in Einklang mit den Zielsetzungen.
58	Ich analysiere die Ergebnis des eigenen Handelns.
59	Ich gehe los (Wen weihe ich über meine Ziele ein?).

Persönliche Integrität

60	Ich bin authentisch, bleibe mir selbst treu.
61	Ich wahre mein Gesicht.
62	Ich wende Verhaltensprinzipien an.
63	Ich lasse Worte, Verhalten und Körperhaltung übereinstimmen.

Wir denken in alten Mustern der Industriegesellschaft und arbeiten unter den Bedingungen der neuen Informationsgesellschaft und haben dafür nicht die geeigneten Mittel.[120] Ein gutes Mittel ist jedoch, die Work-Life-Balance als Methode ins Zentrum zu rücken, für unsere Lebensplanung selbst, die Unternehmensführung und die Organisationsentwicklung. Die konsequente Heranziehung der Grundpfeiler unseres Selbstwertes kann sehr hilfreich sein für diese Vorhaben. Eine ganze Reihe an Anforderungen der Informationsgesellschaft, die auf uns zukommen werden bzw.

schon bei uns angekommen sind, erfordern nämlich umgehend Maßnahmen zur Stärkung der Work-Life-Balance, um für sie gerüstet zu sein.

Kompensiert werden müssen in Zukunft zunehmend Unbeständigkeiten und Unsicherheiten am Arbeitsmarkt, begleitet von Angst- und Überforderungsgefühlen der Menschen. In schlanker werdenden Firmen erhöht sich das Risiko des Konkurrenzdrucks unter den Arbeitnehmern, weitere Entsolidarisierung ist zu befürchten. Soziale Netze in der Arbeitswelt könnten zusammenbrechen. Die bereits seit Jahren feststellbare Leistungsintensivierung führt geradewegs in psycho-mentale Überforderungen. Höhere Mobilitätsanforderungen werden ebenfalls zu weniger Entspanntheit führen. Neue Techniken werden in rascheren Zyklen folgen, permanente Wissenserneuerung kommt zur täglichen Arbeit hinzu. Zusätzlich werden Auswahl- und Überblickskompetenzen immer wichtiger.[121]

Werden wir verrückt?

Ist es die immer schneller werdende Zeit, die uns psychische Probleme bereitet? Können wir tatsächlich immer weniger Selbstwert aufbauen, angesichts hoher Anforderungen? Liegt es an der Globalisierung? Liegt es an der Informationsflut, die jeden Tag auf uns hereinbricht und durch die wir Dinge erfahren, die wir besser gar nicht wüssten? Liegt es an der unermesslichen Verfügbarkeit aller Dinge, die wir zu unserem Glück haben sollten? Entsetzt uns, dass sich ein Teil der Gesellschaft gewissenlos am Geldmarkt bedient? Leiden wir, weil wir zusehen müssen, wie sich Menschen, denen wir früher vertraut haben und denen wir Achtung als Führungspersönlichkeit entgegengebracht haben, als nicht würdig, eigennützig und korrupt erwiesen haben, oder weil von vielen Menschen verlangt wurde, angesichts von problematischen Wirtschaftsdaten den Gürtel eine zeitlang enger zu schnallen?

Es scheint ein wenig von allem zu sein, und es scheint, dass gerade die Entwicklung der letzten 25 Jahre sehr rasant unseren Horizont verschoben hat und wir so Bezugspunkte verloren haben. Die vermehrten psychischen Probleme scheinen vor allem für postindustrialisierte Hemisphären zu gelten. Wenn wir davon ausgehen, dass Rückschritte nicht heilsam sind und Modelle von früher nicht die geeigneten Antworten für heutige und zukünftige Entwicklungen bieten, sollten wir neue Systeme ins Auge fassen, die uns vom Verrücktsein wieder etwas wegbringen und das Leben wieder mehr zurechtrücken können.

Zur Verdeutlichung, wie alltäglich leichtfertig mit dem Thema Selbstwert im Betrieb umgegangen wird, habe ich eine Zusammenstellung verfasst, die Verhaltensregeln eines wertschätzenden und unterstützenden Umgangs im Unternehmen auf den Kopf stellt. Keine einzige Aussage

Tabelle 5 Was kann ich tun, um den Selbstwert meiner Mitarbeiter möglichst niedrig zu halten: Was man unbedingt vermeiden sollte!

64 Nie richtig zuhören als Beweis für meine Geringschätzung.

65 Herausforderungen vom Mitarbeiter fernhalten.

66 Natürlich nicht loben. Nicht kritisieren ist Lob genug. Die Mitarbeiter würden sich ja sonst auf die faule Haut legen.

67 Aufgaben erteilen und möglichst wenige Kompetenzen dazu; Rahmenbedingungen im Unklaren lassen.

68 Emotionale Empfindungen wie Stolz oder Zufriedenheit im Privatbereich belassen; sie haben in der Firma nichts zu suchen. Wir sind zum Arbeiten hier und nicht aus Freundschaft.

69 Neue Projektergebnisse öffentlich kritisieren und herabwürdigen. Mit mehr Aufgaben den Stress erhöhen, um den Druck auf den Mitarbeiter zu erhöhen, sich noch mehr anzustrengen.

70 Mich selbst nicht mögen und mit meiner Arbeit nicht zufrieden sein.

71 Mit Informationssperren oder Informationsflut arbeiten.

72 Firmenphilosophie und Visionen als Chefsache betrachten; sie gehen den Mitarbeiter nichts an.

73 Dem Mitarbeiter immer das Gefühl geben, er/sie wäre ersetzbar, das steigert die Arbeitskraft.

74 Arbeiten nach dem Motto „Vertrauen ist gut, Kontrolle ist besser". Gehen Sie durch die Firma und kontrollieren Sie. Wenn sie einen Fehler entdecken, schimpfen sie sofort, sonst geht die abschreckende Wirkung verloren. Sagen Sie sich immer: „Wenn ich nicht permanent dahinter bin, passiert hier gar nichts."

75 Geringere Gehaltszahlungen mit guten Rahmenbedingungen (Bürosituation, Nutzung von Seminarräumen, Arbeitszeitgestaltung...) kompensieren und dann aus anderen Erfordernissen heraus die Rahmenbedingungen sehr einschränken. Die Einschränkungen erfährt der Mitarbeiter nicht vom Vorgesetzten, sondern von Kollegen, noch besser aus der Zeitung.

76 Um ehrliche Meinungsäußerung bitten, unangenehme Widersprüche aber sanktionieren.

habe ich erfunden. Aus meiner eigenen Wahrnehmung im Job und aus Gesprächen mit Klienten hat sich die in Tabelle 5 aufgeführte Liste des nicht empfohlenen Umgangs mit Selbstwertkultivierung ergeben.

Gefragt ist positive Psychologie

Jüngst veröffentlichte Zahlen der Weltgesundheitsbehörde WHO sagen für 2020 weltweit voraus, dass jede zweite Erkrankung eine psychische Störung sein wird. Immer mehr Leute sprechen von Resignation, Antriebs- und Perspektivenlosigkeit, Zukunfts- und Versagensängsten, und das in unseren Breiten, einer der reichsten Volkswirtschaftsregionen der Welt. Ich verweise an dieser Stelle auf das Glückskapitel in diesem Buch, in dem ich darauf eingehen werde, dass nicht alles Glück auf das Ziel des materiellen Wohlstandes aufzubauen ist. Es gibt zu wenig Kraft, zu wenig Energie, zu wenig Zuversicht, zu wenig Wärme und Geborgenheit im Leben, zu wenig von dem, von dem man annimmt, man sollte mehr davon haben. „Depression ist ein Kulturphänomen", sagt der systemische Therapeut Arnold Retzer, „und ist daher hochpolitisch. Wir leben in einer Gesellschaft mit Sollansprüchen, die so hoch angesetzt sind, dass Menschen an ihnen nur scheitern können."[122]

Eine objektive Feststellung, wie man zu sein hat, gibt es nicht. Weg von der Vorstellung, die Maschine Mensch muss funktionieren, hin zu einer Kultur des Wissens, was mir als Einzelnem gut tut. Eine Hinwendung zum Einzelnen passt in die Zeit des Individualismus, wenn die entsprechenden Rahmenbedingungen vorhanden sind. Es braucht mehr Kultur des Glaubens an die Kraft des Einzelnen, damit dieser an sich glauben kann und nicht eine Welt da draußen verantwortlich machen muss. Retzer sagt auch: „Wenn es eine rapide Zunahme von depressiven Beschwerden gibt, und ich zweifle nicht an den Zahlen, dann kann das nicht ausschließlich etwas mit unserer Biologie zu tun haben. Als Arzt kann ich sagen, dass sich die Biologie des Menschen nicht über Jahre oder wenige Jahrzehnte grundlegend ändert, die Hardware, wenn man so will. Die Software, die Vorstellung vom Menschen, die Vorstellung von Ideen, was ist richtig und was ist falsch, was ist das Anzustrebende, welche Ansprüche habe ich, die können sich sehr wohl innerhalb von Jahren und Jahrzehnten verändern."

Aus der Fülle an positiven Hilfsmöglichkeiten, aus psychischen Drucksituationen herauszukommen oder präventiv zu wirken, werfe ich am Ende des Kapitels noch einen Blick auf die positive Psychologie und die Existenzanalyse und Logotherapie von Viktor Frankl und seinem Schüler Uwe Böschemeyer.

Die positive Psychologie, bekannt geworden mit den Arbeiten von Martin Seligman, seit 1996 Vorsitzender der APA, der American Psychological Association, behandelt normativ positive Themen und richtet damit den Blickwinkel auf Zuversicht und Handlung, anstelle auf Krankheit und Reparatur. Glück, Optimismus, Geborgenheit, Vertrauen und Solidarität und deren Auswirkungen stehen im Fokus der wissenschaftlichen Untersuchungen, der humanen Seite des menschlichen Denkens, Fühlens und Handelns. Wie kann die gute Seite in uns die Oberhand behalten? Welche Rahmenbedingungen unterstützen die Verstärkung unserer positiven Seiten, was macht uns Mut und Hoffnung, was bringt uns mehr Selbstbestimmung, welche Rolle spielt Spiritualität, wie wirkt sich Charakterstärke auf unser eigenes Wohlbefinden und auf das anderer aus, wie ein positiver Blick in die Zukunft?[123]

Einen ähnlichen Ansatz, zu positiveren Handlungen zu kommen, bietet die vom Österreicher Viktor Frankl entwickelte Existenzanalyse und Logotherapie. Die grauenhaften Ereignisse des Zweiten Weltkriegs, Frankl war selbst im Konzentrationslager interniert, brachten den Neurologen und Psychiater auf seinen Forschungsweg: „Hinter allen ungeklärten Fragen des menschlichen Leidens, hinter allen Ängsten und Sorgen gibt es einen Sinn, der uns immer wieder aufstehen und weitergehen lässt."[124]

Den Menschen auf der Suche nach Sinn- und Wertorientierung zu unterstützen, prägt auch die Arbeit vom Uwe Böschemeyer, Gründer des Hamburger Instituts für Existenzanalyse und Logotherapie. Der Theologe und Psychotherapeut hat mehrere Bücher zum Thema veröffentlicht. Böschemeyer geht es um die Anwesenheit von Lebensqualität, er will Wege für Menschen eröffnen, die sie ihre persönliche Freiheit annehmen lassen. „...selbstverständlich werden wir beeinflusst von dem, was sich im Gehirn tut. Aber das spezifisch Menschliche besteht nicht darin, dass ich davon bestimmt werde. Das spezifisch Menschliche besteht darin, dass es an mir liegt, was ich aus meinem Leben mache."[125] Mit seiner Methode der Wertimagination führt Böschemeyer die Menschen in die Welt des Unbewussten: „Wenn wir auf diese Weise wertimaginativ zur Freiheit wandern, dann wird es Symbole der Freiheit geben, die energetisch hoch aufgeladen sind. (...) alle menschlichen Werte haben die Tendenz, sich als Person zu zeigen, als Personifizierung von Wertgestalten."

Wir brauchen die Bestätigung unseres Weges durch die Rückmeldungen von anderen Menschen. Wir sollten darauf achten, von wem wir Rückmeldungen bekommen und wie wir diese werten. Eine Rückmeldung zu einem gewagten Projekt, die heißt „Traust Du Dir das zu?" oder „Hast Du Dir das gut überlegt?", geht direkt in unser Zweifelzentrum und bringt möglicherweise ein Projekt zu Fall, weil wir an Selbstbewusstsein verlieren. Oder wir ziehen die Sache zum Trotz durch, weil wir etwas beweisen wollen. Beides ist nicht gut. Es geht darum, selbstbewusst Dinge zu tun und darauf zu achten, von wem wir welches Feedback erwarten und bekommen. Man sollte sich ohnehin mit Menschen umgeben, die einem gut tun, das sind weitestgehend Menschen, die auch in der Lage sind, positiv zu denken und zu handeln.

Der österreichische Musiker Hubert von Goisern gilt als sehr selbstbewusst. Er vereint in seiner Musik Bodenständiges mit Weltoffenheit und verknüpft alpenländische Rhythmen mit Popmusik und sagte in einem Zeitungsinterview zum Stellenwert seines Hits „Brenna tuats guat": „Ich habe den Song plötzlich als Hit gehört. Vorher habe ich nur die Fehler gehört und die Möglichkeiten, die ich ausgelassen habe, was ich besser hätte machen können, mir aber nicht eingefallen ist. Kaum war's Nummer eins [Anm.: in den österreichischen Popcharts], waren die Schwachstellen weg."[126]

Tipps für mehr Selbstwertkultur im Unternehmen

77 Bieten Sie den Menschen im Unternehmen die Sicherheit, mit Freude in Wahlmöglichkeiten nach vorne denken zu können.

78 Loben Sie Mitarbeiter, zeigen Sie in angemessener, ehrlicher Weise, dass Sie stolz auf sie sind.

79 Tun Sie alles im Unternehmen unter dem Gesichtspunkt, den Selbstwert Ihrer Mitarbeiter zu erhöhen.

80 Achten Sie auf die Zuversicht ihrer Mitarbeiter, mit dem eigenen Handeln etwas bewirken zu können.

81 Beobachten Sie genau, ob zu hohe Sollansprüche ihrer Mitarbeiter an sich selbst (oder für Sie selbst) auftreten. Eventuell müssen Sie (in beiden Fällen) gegensteuern.

3.3 Intuition

„Menschen mit einer neuen Idee gelten solange als Spinner, bis sich die Idee durchgesetzt hat." *(Mark Twain)*
„Mit Logik kann man Beweise führen, aber keine neuen Erkenntnisse gewinnen, dazu gehört Intuition." *(Henri Poincarè)*
„Was wirklich zählt, ist Intuition." *(Albert Einstein)*

Diese drei Zitate verdeutlichen, dass es mehr Möglichkeiten gibt, als sich auf die Ratio allein zu verlassen. Das mag beim Schriftsteller noch einleuchten, aber bei den Naturwissenschaftern? Menschen plagen sich oft monatelang mit einem Problem herum, geben auf – und plötzlich taucht ein Gedanke auf, so klar wie Gebirgswasser. Ein Gefühl des Richtigseins breitet sich aus. Die Intuition ist da.

In diesem Abschnitt werde ich mich mit Definitionen von Intuition annähern. Eine einheitliche Erklärung, was Intuition ist, gibt es nicht, aber es gibt viele Disziplinen, die sich mit Intuition auseinandersetzen, was den Prozess in Hinblick auf die Anwendung von Interdisziplinarität angeht. Weiters gehe ich der Frage nach, warum man im Geschäftsleben so etwas Unberechenbares wie die Intuition einsetzen sollte. Ich habe bereits die Untersuchungen von Napoleon Hill erwähnt, der erforschte, warum superreiche Menschen ihren Erfolg einfahren konnten. Dass er Kategorien wie Fantasie und den Sechsten Sinn nannte, ist in Hinblick auf Intuitionseinsatz im Unternehmen ein interessanter Aspekt. Wie kann man Intuition im Geschäftsleben nutzen, bei welchen Gelegenheiten sollte man sie heranziehen?

Schließlich geht es um die Frage, was Intuition mit Work-Life-Balance zu tun hat und wie Anknüpfungspunkte zu betriebswirtschaftlichem Handeln aussehen könnten. Ist mit intuitivem Handeln im Unternehmen automatisch auch Work-Life-Balance mit an Bord?

Somit sollten sich Intuition und Betriebswirtschaft nicht ausschließen. Technokraten könnten einwenden, dass nicht messbare Kriterien, wie „einem Gefühl nachgehen", in der Betriebswissenschaft nichts verloren haben, dass Intuition etwas für Naturvölker sei, angesiedelt im Bereich der Esoterik. In diesem Kapitel ist viel zu erfahren über den Wert der Intuition im Betrieb und über eine ganze Reihe von Anwendungsmöglichkeiten.

Ich will mich dem Thema, wie schon öfters in diesem Buch, von verschiedenen Seiten nähern, um durch verschiedene Perspektiven ein Angebot zu erstellen, aus dem man seinen persönlichen Zugang auswählen kann.

Intuition hat etwas mit Erspüren zu tun, mit einem guten Gefühl für zukünftige Entwicklungen. Intuition fühlt sich richtig an, tragfähig, viel mit einschließend. Aber Intuition ist nicht in einem Lehrgang oder einer Akademie rational erwerbbar. Vielmehr muss man sich Intuition erarbeiten. Mit der Beschäftigung mit sich selbst und dem Glauben an eigene Wahrnehmungen.

Der US-Rechtsanwalt und Finanzexperte Richard M. Contino ist ein wirtschaftlich denkender Mensch, der sehr rational gesteuert agiert. Trotzdem hatte er nach einer gewissen Zeit seiner Laufbahn das Gefühl, etwas anders machen zu müssen. Er hatte das Bedürfnis, aus dem Mainstream auszuscheren. Gegen den Rat seiner Kollegen und mit hohen eigenen Zweifeln, aber mit dem Gedanken, dass seine Entscheidung gefühlsmäßig richtig sei, gab er seiner Karriere eine andere Wendung:

„Jeder, und hin und wieder auch ich selbst, dachte, die Entscheidung wäre nicht nur einfach falsch, sondern mein beruflicher Ruin. Wie sich herausstellte, handelte es sich nicht nur um die beste geschäftliche Entscheidung, die ich je getroffen hatte, sie vergrößerte auch nachhaltig meine Karrierechancen. Damals begann ich mich für das Verstehen und Schärfen meiner intuitiven Intelligenz als Werkzeug für den geschäftlichen Erfolg zu engagieren."[127]

Contino arbeitete nach seiner Hinwendung zu Intuitionseinsatz mit der Hinwendung zu den inneren Fähigkeiten des Menschen in der Geschäftswelt. Neben der Leitung seiner Rechtsanwaltskanzlei in New York ist er seit Jahren ein gefragter Trainer, der von namhaften Firmen wie Exxon oder Texas Instruments engagiert wurde. Außerdem arbeitet Contino an kreativen Firmenlösungen in Leasing- und Finanzfragen.

Was ist Intuition?

Regina Obermayr-Breitfuß erforscht das Thema Intuition und holistisches Weltbild seit mehr als 20 Jahren. Sie hat 2003 ihre Arbeit „Intuition – Theorie und praktische Anwendung" veröffentlicht. Darin beschreibt sie ihre Arbeit bei Gail Ferguson, die sich schon seit Jahrzehnten mit Intuition wissenschaftlich beschäftigte: „Intuition ist ein sensorischer Prozess im menschlichen Wesen, der durch besondere Arten von Interaktionen aktiviert wird, sowohl innerhalb, als auch außerhalb unseres Körpers, was unsere Stabilität und optimale Funktionsweise beeinflusst. (...) Dieser sensorische Prozess beeinträchtigt unser Verhalten, unsere Gefühle und/ oder unsere Gedanken, sodass wir uns entweder unbewusst bewegen und einen weiteren Schritt tun oder faktische Informationen für unsere Entscheidungen darüber erhalten, in welche Richtung wir unsere nächsten Schritte setzen."[128]

Intuitive Intelligenz ist nichts Übersinnliches, Übermenschliches. Mit Intuition wird jeder Mensch geboren. Die Intuition kann aber gefördert oder nicht gefördert werden. Im Allgemeinen haben wir ein erheblich größeres Potenzial an Intuition, als wir nutzen. Intuition ist eine Überlebensfunktion. Sie aktiviert in uns das höchstmögliche Potenzial, um in Gefahrensituationen überleben zu können. Die Gefahrensituationen der unmittelbaren Bedrohungen in der Natur haben zwar in den letzten paar tausend Jahren abgenommen, die Intuition ist geblieben.

In Lexika wird Intuition als Eingebung, als unmittelbare Anschauung ohne wissenschaftliche Erkenntnis definiert. Als die Fähigkeit, komplizierte Vorgänge sofort richtig zu erfassen. Das könnte den Reiz ausmachen, den so rationale Denker wie Naturwissenschafter in der Intuition sehen. Sie schätzen es, in der Intuition einen anderen Informationskanal zur Verfügung zu haben.

Es braucht nicht viel, um intuitive Intelligenz anzuwenden. Wir müssen lernen, nicht nur rationales Denken zuzulassen. Auch scheinbar sinnlose Illusionen dienen dazu, einschränkende und eingefahrene Denkmuster abzulegen. Es gilt, einen Weg einzuschlagen, der rational vielleicht keinen Sinn ergibt, gefühlsmäßig aber richtig ist.

Kinder handeln viel intuitiver als Erwachsene. Als Kinder verlernen wir Intuition dadurch, dass wir uns an Systeme stark anpassen müssen, was per se nichts Schlechtes ist. Verloren geht dabei oft das Vertrauen in die eigenen Wahrnehmungen, sich spontan, echt und ehrlich auszudrücken. Entspannung und Spaß hilft, Intuition zu erhalten. **Unter Stress und in Angstsituationen funktioniert die Intuition meistens nicht. Ruhe und Entspannung fördern die Intuition, der Verstand muss dazu nicht ausgeschaltet werden.** Vielmehr bilden Intuition und Verstand eine Symbiose für schnelle, tragfähige Entscheidungen, die einen hohen Grad an innerem Vertrauen aufweisen, weil intuitive Entscheidungen mit der Persönlichkeit voll und ganz im Einklang stehen. Vieles, was wir für intuitive Information halten, was manche Menschen als Sechsten Sinn bezeichnen, ist die Achtsamkeit auf unsere fünf Sinne: sehen, riechen, hören, schmecken und tasten. Wer genau auf seine Wahrnehmung achtet, kann Situationen besser einschätzen, treffsicherer entscheiden, vorausahnend agieren.[129]

Man muss für sich Räume der Stille schaffen, damit man sich auf das Wesentliche besinnen kann. Man kann die Keime der Zukunft sozusagen vorausahnen, wenn man in sich hineinhört und auf Themen der Zukunft ausrichtet.[130]

Der Heidelberger Forscher Andreas Zeuch und, wie er sagt, „Nicht-Wissen"-Experte, der über viele Kanäle das Thema Intuition erforscht und an der Realwirtschaft erprobt, liefert ein dreiteiliges Erklärungsmodell, das auf Erfahrungswissen, unbewusster Wahrnehmung und Informationsverarbeitung sowie der Funktion von Spiegelneuronen basiert.

Intuition bedient sich im Erfahrungswissen

Mit bewussten Problemlösungsaufgaben geben wir gleichzeitig eine Information an unser Unterbewusstsein, in dem unser Erfahrungswissen gespeichert ist, um auch dort einen Suchprozess zu starten. Die Zahl der unbewussten Wahrnehmungen und die bewusst wahrgenommenen Information gehen weit auseinander. Schätzwerten zufolge nennt Zeuch eine Wahrnehmung von 50 Informationseinheiten pro Sekunde bewusst und unbewusst von 11 Millionen. Daher wäre es sehr unökonomisch, die unbewusste Wahrnehmung einfach auszublenden. Spiegelneuronen agieren auf dem Prinzip der Simulation. In Interaktion mit anderen schaltet unser neurologisches System gerne auf ähnliche Muster, wie sie beim Gesprächspartner existieren.[131]

„Intuition ist ein komplexer Beurteilungsvorgang, bei dem vieldimensionale Selektionen und Interpretationen meist sehr schnell geleistet werden. Dies geschieht in der Regel ohne dass der Beurteilende weiß, wie die Beurteilung zustande kommt. Häufig ist nicht einmal bekannt, zu welcher Beurteilung man gekommen ist. Dies zeigt sich eher in Handlungswissen. Man handelt, als ob man es wüsste."[132]

In Coachingprozessen arbeite ich gerne mit meiner Intuition. Erstens halte ich für immens wichtig, welche eigenen Befindlichkeiten ich während des Coachings habe. Fühle ich mich nicht gut, formuliere ich meist meinen Zustand gegenüber meinen Klienten, die dann wiederum mehr auf ihre Gefühlslagen bei einem bestimmten Thema achtgeben.

Kurz nach einer Coachingeinheit mache ich mir Notizen, was die Essenz und Ergebnisse des Coachings waren und worauf ich beim nächsten Mal achten sollte. Ich erlebe noch einmal intensiv den Klienten oder die Klientin, als ob sie noch vor mir sitzen würden. Ähnliches erlebe ich im Vorfeld von Coachings, wenn ich mich auf das Kommen der Klienten vorbereite. Ich takte mich schon davor auf die Person ein und mir fallen Dinge auf, die womöglich zu klären sind, die bisher noch gar nicht im Prozess behandelt wurden. Diese intuitiven Fakten nehme ich immer mit in den Beratungsprozess, und es sind meist die Fragen, die dann Kernbereiche von Problemsituationen ansprechen.

Markus Hänsel untersuchte in seiner Dissertation an der Universität Heidelberg intuitive Kompetenzen im Zusammenhang mit systemischer Organisationsberatung. Er ortet folgende Formen von Intuition:

- den inneren Dialog und damit das Ich-Bild,
- diejenige, die das Gefühl der Evidenz vermittelt, das Handlungen absichert,
- diejenige, die Visionen des Zukünftigen und eine ahnende, gefühlsmäßige Sicherheit des Möglichen entstehen lässt,
- diejenige, die unmittelbar zwischen Richtig und Falsch bewertet und damit einen Zugang zu ethischem Verhalten schafft,
- diejenige, die empathisches Einfühlen in Beziehungen ermöglicht und
- diejenige, die eng mit Kreativitätstechniken verbunden ist.[133]

An der Universität in Salzburg halte ich seit mehreren Jahren Karriereseminare ab. Studierende und junge Absolventen wissen meist wenig über ihre Stärken und trauen sich nicht zu, die Gesamtheit ihrer Stärken und ihrer Persönlichkeit (über ihr Studienwissen hinausgehend) in den Zusammenhang der Berufsfindung zu stellen. Ähnliche Erfahrungen habe ich auch mit Klienten gemacht, die sich in einem Arbeitsverhältnis befanden und zu mir kamen, weil sie sich wie in einem „Hamsterrad" gefangen fühlten.

In meinen Karriereseminaren beginne ich nicht mit Bewerbungsstrategien und mit den Formen des Bewerbungsauftritts. Ich beginne bei den Persönlichkeiten meiner 14 Teilnehmerinnen. Ich arbeite mit einem 4-Punkte-Programm, das den Teilnehmern aufzeigen soll, wie wichtig es ist, dass sie ihre eigene Persönlichkeit mit ihren Wünschen und Zielen in ihrem Wertesystem kennen und sich demgemäß präsentieren. Das 4-Punkte-Programm umfasst Zielfindung, Stärkenorientierung, Intuition und Marktanalyse. Mit diesem Programm biete ich in erster Linie keinen Leitfaden, wie ich als Universitätsabgänger einen Job bekomme. Ich setze aber genau die Dinge in Gang, die Hänsel als Intuitionsfaktoren nennt: Einen inneren Dialog, ein Kohärenzgefühl, das Glauben an Zukünftiges, das intuitive Herstellen von Verifikationen, das Erkennen des Werts der Empathie und das Bereitsein, kreativ zu handeln.

In einem Intuitionsseminar, dass ich 2008 bei Regina Obermayr-Breitfuß in Linz besuchte, formulierte die Intuitionsforscherin weitere fünf Faktoren, die man im Umgang mit der Intuition beachten sollte: Der Intuition förderlich ist die Kenntnis einer Materie; sehr emotionale Menschen tun sich schwer mit Intuition, genauso wie Menschen mit einem sehr starren Weltbild. Intuition steht über Sympathie und Antipathie und ist auf die Generierung von Win-Win-Situationen aus. Des Weiteren sagt Obermayr-Breitfuß, wie in diesem Buch auch schon erwähnt, dass Intuition nicht zu erzwingen ist.

Intuition kann Eigenverantwortung bewirken

Intuitionshandhabung ist ein neuer Weg, die Eigenverantwortung der Menschen im Unternehmen möglichst weit auszudehnen. Der Gradmesser „Intuition ermöglichen" ist dabei ein interessantes Soft-Skill-Controlling-Element. Weitere, konkrete Ausführungen zur Kennzahlenverwendung für den Firmenalltag finden sich in diesem Buch im Maßnahmenteil zum Thema Führung.

Intuition zuzulassen hat im Unternehmensalltag und in der Unternehmensentwicklung mehrere positive Eigenschaften. Intuition und Stress und Angst gehen schlecht zusammen. Daher kann der Firmenchef sicher sein, wenn der Grad der Intuition im Unternehmen hoch ist, dass es auch genügend Balancefaktoren gibt. Forciert man intuitives Vorgehen im Unternehmen, wird die Kultur des Beschäftigt-Seins oder Beschäftigt-Tuns aussterben. **Wenn jeder weiß, dass Kraft und Energieschöpfen während der Arbeitszeit erlaubt, ja erwünscht ist, wird sich das auf das Verhalten der gesamten Belegschaft auswirken. Niemand, der jemanden sieht, der sich einmal für eine Weile auf einer Bank niederlässt, wird denken, dieser Mensch ist faul und tut nichts, ich hingegen muss bis zum Umfallen arbeiten. Eher wird sich ein Denken des Gönnens und der Anerkennung einstellen.**

Wer jetzt denkt, unter solchen Rahmenbedingungen möchte ich auch arbeiten, ist gut beraten, sich im Unternehmen einzubringen und am Ausbau solcher Strukturen mitzuarbeiten. Wer denkt, dort möchte ich auch arbeiten, weil ich dann so wenig wie möglich arbeiten muss, den verweise ich auf den Aufbau von Eigenverantwortung, um einen positiven Leistungswillen aufbauen zu können.

Genauso, wie man Balance in den Betrieb über Intuitionswohlwollen bekommt, entfaltet sich in einem System mit intuitiver Kraft ein kreativer Boden. Kreativitätsbedingungen ähneln Bedingungen für gute Intuition und bringen Menschen und Betrieb dazu, das Weiterentwicklungspotenzial gut auszuschöpfen. **Intuition hilft im Projektmanage-**

ment durch gefühlsmäßiges Erfassen von Funktionieren oder Nicht-funktionieren und hilft, Komplexität zu bewältigen. Sie sollte somit ebenso Bestandteil des Projektcontrollings sein wie die Einhaltung von Meilensteinen. Intuition führt zu Erfolgsattributen wie Attraktivität, Charisma, Authentizität. Unter solchen Voraussetzungen arbeitet man gerne in einem Projekt mit.

Es ist sehr verwunderlich, dass der Intuition im Berufsleben so wenig Aufmerksamkeit zugedacht wird. Komplexe, vernetzte Probleme unter instabilen Umständen werden stets verstandesgemäß aufzulösen versucht. Doch ist man geistig kaum in der Lage, diese Komplexität aufzulösen. Es ist schon schwer, in solchen Situationen einen Abstand zu den Problemen zu bekommen. Oft hilft es, sich die Probleme ganz genau anzusehen, sich ein möglichst genaues Bild von der vorliegenden Sachlage zu machen und dann das Problem eine Zeitlang beiseite zu legen. Klingt unvernünftig? Wie viele Bücher sind über das Prinzip des Loslassens geschrieben worden, und wir suchen unser Unternehmensheil noch immer in der verbissenen Verfolgung der Ausmerzung von Fehlerquellen und der Suche nach genauen, kontrollierbaren Abläufen.

Ich habe bereits Andreas Zeuch zitiert, der den Faktor des 200.000fachen des Verhältnisses der unbewussten Wahrnehmung zur bewussten Informationswahrnehmung anführt. Intuition führt uns geradewegs in unseren Unterbewusstseinspool und sucht dort in Erfahrungen, Gefühlslagen, gespiegelten Menschenbegegnungen, jeder Menge inneren Dialogen und vermutlich noch wesentlich mehr, von dem wir heute noch nichts wissen. An einem Ort oder Zeitpunkt, an dem Sie nicht mit einer Lösung Ihres Problems rechnen, taucht sie plötzlich auf. Sie empfinden das als Eingebung, als Geistesblitz. Die Intuition ermöglicht Geschäftsleuten und ihren Mitarbeitern, anderen eine Nasenlänge voraus zu sein. Die anderen wundern sich, wo diese Leute immer die guten Ideen hernehmen.

3.3.1 Intuition als Quelle der Kreativität

Es gibt empirisch nachgewiesene Merkmale intuitiver Menschen. Malcolm Westcott hat in den 1960er Jahren bereits Untersuchungen darüber angestellt, inwieweit Entscheidungsprozesse mit charakterlichen Merkmalen von intuitiven Menschen zusammenhängen. Ich möchte vorab davor warnen, diese Merkmale, etwa im Falle eines Bewerbungsverfahrens, mittels Testreihe zu ermitteln. Gerade Menschen mit intuitiven Stärken und einem bewussten Umgang mit ihrer Persönlichkeit lassen sich nicht gerne austesten. Man wird mit Testverfahren gerade diese Menschen nicht ins Unternehmen bekommen. Das persönliche, empathische Gespräch und die Erprobung von Leistungspotenzial und Charakterstärke an der Wirklichkeit und die eigene klare Stärkenkenntnis und Positionierung sollte die Messlatte in Recruitingverfahren sein.

Gerd Gigerenzer nimmt zu diesem Punkt in seinem Buch „Bauchentscheidungen" Stellung:

„Als Student war ich ein überzeugter Anhänger der Persönlichkeits- und Einstellungsforschung und musste durch bittere Erfahrung lernen, dass sie Verhalten nur selten vorhersagt. Das hat seinen guten Grund. Die Annahme fester Eigenschaften und Präferenzen vernachlässigt die adaptive Natur des Homo sapiens. (…) Nach Brunswick heißt das: Wer das Verhalten der Ehefrau verstehen will, muss herausfinden, was ihr Mann tut und umgekehrt."[134]

Nach den Ergebnissen von Westcott lässt sich der Intuitionstypus folgendermaßen charakterisieren:

- Die Person ist unkonventionell in ihrem Denken und Handeln und fühlt sich wohl damit.
- Die Person ist selbstsicher und identifiziert sich wenig mit Gruppenzugehörigkeit.
- Die Person ist offen gegenüber Unstimmigkeiten und Zweifel und formuliert diese.
- Die Person nimmt Kritik für seine oft spontanen und unkonventionellen Handlungen in Kauf.
- Die Person ist flexibel gegenüber Umweltveränderungen und reagiert mit eigener Veränderung.
- Die Person wehrt Kontrollansprüche von außen ab.[135]

Intuition und Kreativität wird ein nahes Verhältnis nachgesagt. Ein Vier-Phasen-Modell verdeutlicht den kreativen Prozess:

- **Preparation**
  Bewusstes Beschäftigen mit und Fokussieren einer Aufgabe oder eines Problems. Suche nach Informationen, die für die Lösung hilfreich sein können.

- **Inkubation**
  Ruhephase ohne bewusste oder intendierte Beschäftigung mit dem Thema, in der eine unbewusste Verarbeitung des Themas oder Problems erfolgt. Dieser Phase wird meistens die Intuition zugeordnet.

- **Illumination**
  Plötzlicher, einfallsartiger Impuls, der in der Beschäftigung mit dem Thema oder zur Lösung eines Problems einen wesentlichen Fortschritt ergibt.

- Verifizierung
Überprüfung des Ergebnisses anhand gewählter Ziel- und Erfolgs-
kriterien oder direktes Umsetzen in eine Handlung.[136]

Viele Jahre arbeitete ich, lange Zeit in Unkenntnis des 4-Phasen-Modells, an
kreativen Projekten und Texten nach ähnlichen Kriterien der Balance von Hinwendung und Abstandsgewinnung. Wenn ich zum Beispiel PR-Texte erstelle
und für Unternehmen Öffentlichkeitsarbeit mache, setze ich mich hin, sichte
die Informationen und verfasse einen Grobtext. Am nächsten Tag schaue ich
mir die Informationslage noch einmal an und verfeinere den Text. Meist fallen mir die Umarbeitungen leicht, weil ich auf einem Grundstock von Struktur
und Formulierungen aufbauen kann. Ich wende das bekannte, aber in Zeiten
des Zeitmangels immer weniger angewandte Prinzip des „Überschlafens" an.
Nach dieser Arbeit setze ich mich, wenn es die Witterung erlaubt, aufs Rad.
Eine sportliche Runde mit einem 2,5 Kilometer langen Berganstieg, die etwa
eine Stunde dauert, genügt, um die gesamte Thematik durchdacht und intuitiv
durchgegangen zu haben. Was ich nicht berücksichtigt habe, steigt in mir auf,
und ohne es mir notieren zu müssen, weiß ich die zwei, drei, vier wesentlich
noch zu verarbeitenden Stichworte noch am Schreibtisch, wenn ich wieder in der
Arbeit sitze. Der Text bekommt den letzten Schliff. Eine Unternehmensberaterin,
der ich viel in meinen Anfangsschritten zu verdanken hatte, sagte immer, wenn
sie eine wichtige Lösung brauchte oder ein komplexes Problem vor sich hatte.
„Wenn ich die fünfzehnte Länge geschwommen bin, habe ich alles beisammen
und sehe wieder alles klar vor mir."

Intuition kann man nicht erzwingen, fanatisch hinter der Intuition her-
zurennen geht nicht. Man muss die Intuition einladen, sie hereinbitten.
Man darf nichts erwarten und dennoch kann man empfangsbereit und
auch sehr konzentriert sein, und plötzlich auftauchende Inspirationen
werden einordenbar in ein Gesamtgefüge. In entspanntem Zustand ist
man in der Lage, bessere Leistungen zu erzielen. **Skifahrer am Start
scheinen oft tatsächlich zu schlafen. Sie konzentrieren sich aber voll
und ganz auf das bevorstehende Ereignis. Formel-1-Fahrer schlafen
vor der Anstrengung eines Rennens gerne noch einmal eine Weile. In**
der Ruhe liegt die Kraft, sagt ein Sprichwort.

Loslassen ist die Entspannung der anderen Art. Meistens haben wir einen
Turbo eingeschaltet, der uns zu Leistungen antreibt. Wir neigen dazu,
zuviel zu wollen. Im Kopf toben uns Tausende Gedanken herum. Wir
bekommen den Kopf nicht frei. Stattdessen wäre es angebracht, sich auf
sich selbst konzentrieren, zu entspannen, den Leistungsdruck beiseite zu
legen, ruhig zu atmen, die Augen zu schließen und zu versuchen, nichts
Besonderes zu erleben.

Hinwendung zur Intuition

Eine zeitlang habe ich in meine Karriereseminare eine Ärztin eingeladen, die auch Geomantieexpertin ist. Sie hat meine Seminarteilnehmer auf die Achtsamkeit mit sich selbst hingeführt und auf die gesundheitlichen Aspekte hingewiesen. **Zufriedenheit, ausreichend Schlaf, beglückende Beziehungen, Gelassenheit, regelmäßige Bewegung, Lachen und selbst gewählte Beschränkungen (Fasten, Luxusverzicht usw.) wirken sich nahezu uneingeschränkt positiv auf unser Immunsystem aus.**

Wir glauben oft, wir müssten alles so schnell wie möglich und das auch noch gleichzeitig erledigen. Die Italiener haben das Sprichwort: „Qui va piano, va sano e va lontano." Wer langsam geht, geht gesund und weit. Außerdem ist die Frage, ob langsam wirklich langsamer bedeutet? Langsamsein im Sinne von mit Bedacht und mit Achtsamkeit bedeutet, dass verbesserte Wahrnehmung möglich wird, wenn wir ein, zwei Gänge zurückschalten. Das Repertoire unserer Sinne erhöht sich. Ein größeres und feinfühligeres Sensorium kann entstehen. Wir nehmen auch geringfügige Änderungen in der Stimmung, in der Situation auf, Anzeichen dafür, dass womöglich Störungen vorliegen, die wir mit weniger Aufmerksamkeit außer Acht gelassen hätten. Was wiederum nicht heißt, dass wir immer alle Antennen offen halten müssen, um jede Kleinigkeit mitzubekommen, um über alles informiert zu sein, um möglichst alles unter Kontrolle zu halten.

Vielfach habe ich in meiner Laufbahn Menschen erlebt, die geglaubt haben, nur sie sind in der Lage, eine bestimmte Leistung zu erbringen. Als Führungskräfte versagen solche Menschen oft, weil sie nicht zusehen können, wie andere Menschen Arbeitsleistung erbringen, und empfinden diese als unzulänglich. Es ist für Mitarbeiter schwer, unter solcher Führung zu arbeiten und eine Balance zu finden. Ständig glauben sie, einer Kontrolle ausgesetzt zu sein, und entwickeln denkbar wenig Eigeninitiative und Selbstwert, eigenständig die Arbeiten zu erledigen. Mitarbeiter und Führungskraft sind ständig gestresst, weil keiner die Ergebnisse erzielt, die er sich vorstellt. Ich erarbeite mit Führungskräften in solchen Situationen geänderte Raumkonzepte, die die Ruhe der Führungskraft fördern und auch die Mitarbeiter in Ruhe arbeiten lassen. Diese sollten die Möglichkeit haben, selbstständig mit Fragen zum Chef zu kommen. Mit den Führungskräften arbeite ich parallel an ihrem Selbstwert, dem Drang, immer alles überprüfen zu müssen, und daran, Vertrauen in ihr eigenes System aufzubauen. Der Aufbau eines Balance-Sensoriums geht in Richtung Loslassen und nicht dahin, immer alles möglichst im Blickfeld zu haben.

Hinwendung zur Intuition forciert das Vertrauen in die eigenen positiven Kräfte. **Dort, wo die Aufmerksamkeit ist, ist auch die Energie,** sagt eines der polynesischen Huna-Prinzipien, auf die ich in der Folge noch zu sprechen kommen werde. Dinge kommen auf einmal unvermutet auf einen zu. Im Vorfeld zu meiner ersten Buchveröffentlichung, das Projekt war noch im Ideenstadium und nicht weit fortgeschritten, bekam ich eine Mailanfrage hinsichtlich einer Buchveröffentlichung von einem deutschen Verlag. Wie sich herausstellte, war eine Namensgleichheit vorgelegen und das E-Mail ist nicht wie geplant bei einer Innsbrucker Adresse, sondern bei mir in Salzburg angekommen. Ein kurzer Mailverkehr mit dem Verlag klärte das Missverständnis auf, brachte aber auch zutage, dass der Verlag Interesse auch an meiner Arbeit bekundete. Das plötzlich auftauchende Interesse an einer Buchveröffentlichung wertete ich als positives Signal, genau in diese Richtung weiter zu arbeiten, was letztlich auch von Erfolg gekrönt war.

Intuition ist nicht nur die Fähigkeit, nicht an seinen Chancen vorbeizumarschieren. **Intuition verlangt auch einen Glauben an seine eigene Vorausschau und setzt die Fähigkeit voraus, auch unangenehme Befindlichkeiten, die Unsicherheit, den Zweifel ins Haus zu lassen und sich mit diesen unangenehmen Begleiterscheinungen auseinanderzusetzen.** Man sollte auch unterscheiden können, ob Intuition vorliegt oder einfach pure Angst, etwas zuzulassen. Wer zum Beispiel seine Angst vor Prüfungen während der Studienzeit nicht zulässt und stattdessen als Intuition deutet, wird Prüfungen kaum bestehen können. Es geht schon auch um die Bereitschaft, Unangenehmes zuzulassen. Man sollte jedoch stets darauf achten, dass die allgemeine Balance nicht zu sehr ins Wanken gerät, manche umschreiben diesen Zustand mit „sich weiterhin in seiner Mitte befinden".

Es ist schwierig, die Intuition von anderen Gefühlen zu unterscheiden, Menschen, die den Job verloren haben, neigen dazu, beim nächsten Job sofort ein gutes Gefühl zu haben, dass der neue Job genau der richtige sei. Es überwiegt dabei eher die Freude, den Zustand der Arbeitslosigkeit überwunden zu haben, nicht die tatsächlich guten neuen Rahmenbedingungen und Gegebenheiten im neuen Unternehmen. Diese „falsche" Intuition kann dazu führen, dass man das eigenen Urteilsvermögen (zurecht) infrage stellt: „Dabei hatte ich so ein gutes Gefühl." Eine wahre Kunst ist es, angesichts schlechter Erfahrungen gelassen zu bleiben und das neue Unternehmen nicht in allen Details auf Herz und Nieren prüfen zu wollen und aus Angst den Job nicht anzunehmen, um ungünstige Arbeitsbedingungen nicht noch einmal geschehen zu lassen: „Wahrscheinlich ist auch da der Chef wieder so ungerecht."

Man sollte jedenfalls in sich so gefestigt sein, dass man bei der Beurteilung von Situationen sich selbst gut einschätzen kann, die anderen aufmerksam ins Visier nimmt und den neuen Gegebenheiten möglichst gelassen, selbstsicher und freundlich begegnet.

Ich habe in diesem Buch bereits von den Anfängen der Erfolgsforschung und der Arbeit des Journalisten Napoleon Hill für den Magnaten Andrew Carnegie berichtet. Im seinem Erfolgsbüchlein sind zwei von acht Erfolgsfaktoren im Umfeld der Intuition angesiedelt, nämlich die Fantasie und der Sechste Sinn. „Ihre Fantasie hält alle Chancen bereit, die Sie sich vom Leben erhoffen. Sie liefert Ihnen nicht nur Erfolg versprechende Ideen, sondern beflügelt auch das rationale Denken, mit dessen Hilfe Sie aus einem Einfall einen konkreten Erfolgsplan ableiten können."[137] Der Sechste Sinn liefert die Inspiration, wie die Ideen in der Realität umgesetzt werden können. Dass kreative Ideen und Schreibtisch schwer zueinander passen, verdeutlicht eine Zahl, die von Zukunftsinstitut Österreich in der Studie „Travel-Trends" ermittelt wurde: Lediglich sechs Prozent aller kreativen Ideen am Arbeitsplatz werden am unmittelbaren Arbeitsplatz erschaffen.[138] Man kann diese Zahl nun glauben oder nicht, die geringe Höhe der Zahl wirkt aber auf jeden Fall plausibel. Der Schluss liegt nahe, dass es jedenfalls mehr Möglichkeiten gibt, der Ideenfindung in der Arbeit Spielräume zu verschaffen und sie nicht zwingend mit dem Aufenthalt der Arbeitnehmer am Schreibtisch zu koppeln. Viele Erfindungen wurden nicht an der Arbeitsstätte gemacht. **Leute, die sich jahrelang mit einem Thema beschäftigen, kommt die entscheidende Idee unter der Dusche, bei der Fahrt im öffentlichen Verkehrsmittel oder beim Spaziergang im Wald. Menschen in kreativen Berufen haben oftmals einen Notizblock mit, um spontane Ideen dort aufzuzeichnen, wo sie sich gerade befinden.**

Unternehmern wird mitunter nachgesagt, einen bestimmten „Riecher" – man beachte die Bedeutung des Wortes Riecher als Sinneszuschreibung – für zukünftige Geschäftsentwicklungen zu haben. Diese Menschen denken zwar auch viel, verlassen sich aber nicht nur auf reines Zahlenmaterial und folgen mutig ihrem Gefühl. „Riecher" benutzen wir in unseren Breiten auch zur Beschreibung einer Vorahnung von Unfallgefahren: Wir hatten einen „Riecher" und konnten so den Unfall verhindern, indem wir blitzschnell reagierten, ohne dass wir lange überlegen mussten.

Die Huna-Prinzipien

Mit geringem Aufwand ist viel Intuition herstellbar. Intuition muss nicht erworben werden, jeder von uns besitzt Intuition, nur ist sie im Laufe der Zeit in unserer technischen und rational erklärten Welt untergetaucht und tief vergraben. Sieben Huna-Prinzipien aus der polynesischen Naturphilosophie (Tabelle 6) bilden einen Bezugspunkt für Grundeinstellungen, die dem Intuitionseinsatz dienlich sein und im Firmenkontext durchaus Anwendung finden können, um die Work-Life-Balance im Unternehmen nach vorne zu bringen.

Tabelle 6 Die sieben Huna-Prinzipien (aus dem Hawaiianischen)[139]

82	Ike	Die Welt ist so, wie du sie siehst.
83	Kala	Es gibt keine Grenzen.
84	Makia	Energie folgt der Aufmerksamkeit.
85	Manawa	Jetzt ist der Augenblick der Macht.
86	Aloha	Lieben heißt, glücklich sein mit...
87	Mana	Alle Macht kommt von innen.
88	Pono	Wirksamkeit ist das Maß der Wahrheit.

Die Huna-Prinzipien wurden vom Sprachwissenschafter Max Freedom Long in den 1920er Jahren erforscht. Er brachte Vorgangsweisen von polynesischen Naturheilern und die hawaiianische Sprache in Verbindung und filterte so sieben Prinzipien heraus, die für unser Leben wichtig sind. Obwohl ab den 1970er Jahren von der New-Age-Bewegung und Esoterikern vereinnahmt, bilden die einfachen hawaiianischen Regeln Ansatzpunkte für ein ausbalanciertes Arbeiten und Leben. Von Heilpraktikern werden die sieben Huna-Prinzipien in gesundheitsfördernde Behandlungen eingearbeitet. Prinzip Ike etwa geht in der Weltsicht vom Individuum aus und sieht die Wirklichkeitskonstruktion in diesem begründet, ganz ähnlich der wissenschaftlich-philosophischen Abhandlungen eines Heinz von Förster (vgl. Kapitel 4). Das Prinzip Makia behandle ich analog in diesem Buch in mehreren Zusammenhängen. Wer in der Lage ist, seine Wahrnehmung zu erhöhen, der läuft nicht unachtsam an Möglichkeiten vorbei. Zeit, Achtsamkeit und der Glaube an Umsetzung spielen dabei eine Rolle. Das Prinzip Mana findet sich im Abschnitt zu Selbstwert wieder. Mit „Selbstbewusstsein" haben Handlungen im Unternehmen mehr Chance auf Erfolg.

Intuition ist vielfältig nutzbar, hat aber ein erhebliches Legitimationsproblem. Entscheidungen und Prozesse im Firmenzusammenhang sollten sich begründen lassen. Wenn mehrere Personen an der Entscheidungsfindung teilnehmen, lässt sich schwerlich das Argument Intuition als einzig gültiges Entscheidungskriterium heranziehen. **Charismatischen Führungskräften wird am ehesten zugestanden, rational nicht nachzuvollziehende Entscheidungen zu treffen, die einen Vorteil nach sich ziehen und sozusagen über die Legitimation des „immer richtig Liegens" zur Tragfähigkeit der Entscheidung genügen.**

Intuition bringt außergewöhnliche Ideen. Intuition sorgt für schnelle und tragfähige innere Entscheidungen. Intuition ermöglicht den Überblick über komplexe Sachverhalte. Leistungs- und Zeitdruck sowie Angst verhindern intuitive Ideen, weil sie uns in enge Bahnen lenken und der kreativen Freiheit berauben. Es braucht wenig, um intuitive Intelligenz anzuwenden. Wir müssen nur lernen, sie ergänzend zu rationalem Denken zuzulassen. Ermöglichen wir unserer Wahrnehmung mehr Spielräume, sorgen wir für Spaß und Entspannung und geben damit der Intuition mehr Chancen. Der Einsatz der Intuition verschafft uns Vorteile im Geschäftsleben.

Der Fernsehsender Bayern alpha hat 2010 eine 13-teilige Dokumentation zu jeweils 30 Minuten unter dem Titel „Auf den Spuren der Intuition" gesendet. Eine Folge davon war zur Gänze der Intuition in der Arbeitswelt gewidmet.

In Bayern mussten in den letzten 20 Jahren viele kleine Brauereien den Betrieb einstellen. Die Privatbrauerei Peter GmbH in Unterfranken hörte vor der drohenden Schließung auf die Intuition seines Braumeisters Dieter Leipold, der schon immer ein alkoholfreies Produkt auf Bierbasis im Kopf hatte und angesichts der Notsituation mit dem Produkt „Bionade" durchstartete, die zur Kultmarke heranreift.

„In so einer Situation hast du oft Zweifel und ich hatte das Glück, dass meine Frau in dieser Phase an mich geglaubt hat. Sie hat auch immer wieder Verkostungen durchgeführt, und auch das war eine große Belastung, weil das Produkt anfangs gar nicht gut geschmeckt hat."[140]

Aber auch im Alltag und in technischen Berufen, wie in der Bauwirtschaft, spielt Intuitionseinsatz, gerade in der Führung und in der Mitarbeiterunterstützung zu Eigenverantwortlichkeit eine Rolle. Ein Grazer Bauleiter geht in seinem Statement zum Wert von Intuition auch auf eine Grundannahme der systemischen Theorie ein, dass sich Menschen nur bedingt steuern lassen. Daher ist in systemischer Führung das Prinzip von Unvorhersehbarkeit und Eigenverantwortung stark verankert (vgl. Kapitel 3.2):

„Ich habe Wirtschaftsingenieur für Bauwesen in Graz studiert, wie bei allen Ausbildungsstätten mit Fokus auf Berechenbarkeit und Planbarkeit der Zukunft. Die Praxis hat mich konfrontiert mit der brutalen Realität der Unberechenbarkeit. Intuition könnte uns in Hinblick auf die Qualitäten in der Führung, im Umgang miteinander auf der Baustelle, im Interesse der Basis helfen. 80% der Mitarbeiter verrichten ,Dienst nach Vorschrift'. Die laufen mit gedrosseltem Motor, ohne Motivation, ohne Feeling herum. Wenn sie betriebswirtschaftlich gerechnet 10% Produktivitätssteigerung erzielen können, und das ist locker drinnen, dann ist das eine Verdoppelung des Gewinns vor Steuern."

„Kybernetik ist die Lehre von der Steuermannskunst, vom Steuern von Prozessen. (…) In der Arbeitswelt hat es mit der Steuerung von Menschen zu tun. Alle lebenden Systeme haben einen inneren Drang, sich selbst zu organisieren und selbständig zu lernen. Diesen Vorteil müssen wir nutzen."[141]

Auch Naturwissenschafter kommen in der Dokumentation zum Thema Intuition immer wieder zu Wort. Den deutschen Nobelpreisträger Gerd Binnig, der sich in der Erforschung der Nanotechnologie verdient gemacht hat, habe ich in Zusammenhang mit partizipativem Führungsstil schon einmal zitiert. Er macht sich Gedanken zu verbessertem Changemanagement in Unternehmen unter Intuitionseinbeziehung:

„Ich glaube, dass man Intuition ganz gut mit einer Firma vergleichen kann. Die Sprecher oder das Management sind das, was wir Ratio nennen, unser Verstand, unser Bewusstsein. Das ist das, was nach außen wirkt und mit der Umgebung kommuniziert. Die Intuition ist eigentlich das Leben innerhalb der Firma."[142]

3.3.2 Einsatzgebiete der Intuition im Geschäftsleben

Wer viel Intuition im Unternehmen gewähren lässt, bereitet wunderbar das Feld der Work-Life-Balance mit auf. Intuition wächst am Glauben an die Kraft der einzelnen Menschen.

- **Organisationsentwicklung und Changemanagement**
  Das „Um und Auf" im Unternehmen heißt: Stillstand ist der Verlust von Marktanteilen. Alle Welt ist Bewegung, und wenn wir steuern wollen, müssen wir in Bewegung bleiben, auch wenn wir sehr achtsam sein sollten, nicht beim geringsten Anstoß alle Hebel in Bewegung zu setzen. **Gerade wenn zu viele oder auch zu wenige Informationen vorhanden sind, kann man diese Mängel durch den Einsatz von Intuition ausgleichen.** Die Bewegung im Unternehmen von innen heraus zu meistern, dazu braucht es den Intuitionseinsatz aller im Unternehmen.

- **Führung**
  Die Kunst, andere zu begeistern, einen gemeinsamen Weg zu gehen, braucht viel Einfühlungsvermögen in Organisation, Märkte und Mitarbeiter. **Bereiche, die an Komplexität nicht zu überbieten sind, sind nicht ausschließlich mit Informationsgewinnung und Meetings zu lösen. Es braucht auch einen anderen Kanal zusätzlich, und die Intuition ist so ein außergewöhnlicher Kanal, um den Überblick zu behalten und einfache Antworten und Wege zu finden, das Wesentliche herauszufiltern.**

- **Kultur**
  Sie können mit der Intuition eine Kultur der Work-Life-Balance unterstützen. Eigenverantwortung erhöhen, Unterstützung bieten, organisatorische Entwicklung anstreben und dabei eine größtmögliche Lebensqualität des Einzelnen und die Unternehmensentwicklung in einem Miteinander umsetzen. Werte wie Zeitkultur, Beziehungs-

kultur, Kommunikationskultur, Innovationskultur, Selbstwertkultur, Zuversichtskultur, Kreativitätskultur, Visionskultur werden wachsen.

- Projektumsetzung
  Intuitionseinsatz hält Sie in der Gegenwart, Sie machen im Hier und Jetzt ihre Sinne auf und lassen sich in der Gegenwart inspirieren, bauen Stress ab und mehr Ruhe auf. Wenn Intuitionen eintreten, sind sie so gut wie immer auf die Zukunft ausgerichtet, auf Ziele oder auf zukünftige Handlungsweisen. Sie können viel Zeit ersparen, sie sind enorm tragfähig, sie überzeugen uns in Sekundenschnelle und sind auf die Generierung von Win-Win-Situationen ausgerichtet.

- Viel Kraft im Unternehmen haben
  Intuition fördert die Balance im Menschen, und Kraft entsteht aus dieser Balance. Wenn diese Gleichgewichtszustände im Unternehmen dauerhaft gewährleistet sind, entsteht eine ungeheure Kraft aus dem Unternehmen mit all seinen verschiedenartigen Menschen heraus. Intuitionseinsatz und Work-Life-Balance erzeugen sich immer erneuernde hohe Energiewerte.

Intuition aus nonverbaler Kommunikation

Am Ende des umfangreichen Intuitionskapitels eine Sichtweise auf Intuition, die aus nonverbaler Kommunikation entspringt. Führungskräftetrainings werden nicht ohne Grund manchmal mit Hilfe von Pferden durchgeführt. Durch den Wegfall verbaler Kommandos ergibt sich eine Verschiebung der Wirklichkeitswahrnehmung, und eine intuitivere Kommunikation tritt an die Stelle des üblichen Handelns. Ein mehr an Miteinander wird erreicht:

„Im Arbeitsumfeld bewegen wir uns immer im Raum der Achtung, der Beachtung des Anderen, des Respekts. Die Menschen, die zu uns kommen, haben Respekt vor den Pferden, ein natürlicher intuitiver Respekt. Das Pferd könnte sie ja verletzten, das Pferd ist riesengroß und ist schwer, und wir haben es mit Leuten zu tun, die von Pferden überhaupt keine Ahnung haben, also müssen sie dem Pferd mit Respekt begegnen. Wenn sie nun dem Pferd mit Respekt begegnen, erhalten die Menschen diesen Respekt interessanterweise zurück. Wir geben Beispiele im Umgang mit den Pferden, und die Teilnehmer transformieren diese Beispiele auf die Arbeitswelt oder ihre persönliche Situation. Was uns hilft, der Intuition die Tür zu öffnen, ist, selbst einen Schritt zurückzutreten."[143]

Das Kapitel Intuition möchte ich mit der Schilderung einer eigenen Erfahrung des Intuitionseinsatzes abschließen.

Wie beginnt man so etwas Komplexes, wie ein Buch zu schreiben? Viel zu viele Informationen sind da, man kann der Fülle an existierendem Wissen niemals gerecht werden. Was wählt man aus, was schreibt man, welches Ziel verfolgt man, welche Schlüsse zieht man, welche Struktur wendet man an? Nach Napoleon Hill kann man sagen: „Alles beginnt mit einer Idee." Nach der Kreativitätsforschung kann man sagen: „Alles beginnt mit Präparation." Wenn ich in mich hineinhöre, hat der Prozess für dieses Buch, das ich 2012 mit 50 schreibe, 1977 im griechischen Mykene begonnen. Als ich in der Nähe des Löwentors auf einem Felsen stand und mir den Abendwind um die Nase wehen ließ. Damals habe ich mir gedacht: „Was für ein Lebensgefühl!" Dieser Genuss hat mich ein Leben lang nicht mehr losgelassen. Wenn ich etwas spüre, fließt etwas Lustvolles durch meinen Körper, man mag es Intuition nennen, und dann fange ich an, dem nachzugehen.

Tipps zur Förderung von Intuitionseinsatz im Unternehmen

89 Lassen Sie es zu, herkömmliche Denkmuster zu verlassen.

90 Fördern Sie die Wahrnehmungsfähigkeit aller Sinne, Entspannung und Achtsamkeit.

91 Richten Sie einen Intuitionspark am Firmengelände ein oder finanzieren Sie eine nahe gelegene Einrichtung des Firmengeländes, die alle Mitarbeiter während der Arbeitszeit nutzen können.

92 Achten Sie in Situationen des Weggehens, Loslassens und Entspannens – gerade in Pausen während der Arbeitszeit – auf Ihre Gefühle und schenken Sie diesen Gefühlen Glauben.

93 Führen Sie im Personalrecruiting keine Testverfahren durch. Führen Sie empathische Gespräche.

94 Loszulassen ist nicht einfach. Holen Sie sich externe Unterstützung.

95 Lassen Sie Mitarbeiter während der Arbeitszeit halbstündige Sporteinheiten absolvieren. Das fördert Intuition und Fitness und erhöht die interne Kommunikation.

3.4 Zeit

„John Franklin war schon zehn Jahre alt und noch immer so langsam, dass er keinen Ball fangen konnte. Er hielt für die anderen die Schnur." So beginnt 1983 der Mecklenburger Sten Nadolny seinen Roman „Die Entdeckung der Langsamkeit". Am Höhepunkt einer Wachstumsgesellschaft mit Vollbeschäftigung und wirtschaftlicher Prosperität führt Nadolny der Gesellschaft vor Augen, dass es andere Wege zur Glückseligkeit und zum Erfolg gibt, als wirtschaftlichen Ertrag um jeden Preis. John Franklin ist langsamer im Denken und im Sprechen als andere und wird daher zunächst nicht als vollwertig genommen. Nadolny verdeutlicht, zu welchen Entwicklungen der Mensch fähig ist, wenn er Unterstützung annehmen kann und an sich und an gemeinsame Zielerreichungen glaubt. „Die Langsamkeit als eine Kunst, dem Rhythmus des Lebens Sinn zu verleihen" – so heißt es im Klappentext des Buches.[144] Vor diesem Hintergrund durchlebt der Protagonist Franklin Abenteuer auf See und befehligt sechs Jahre lang die „Gefangenenkolonie" Tasmanien, die er konsequent entgegen der vorherigen Bereicherung von Eliten regiert. Mit demokratischen Mitteln und dem Prinzip Menschlichkeit tritt er gegen perfide, intrigante Machenschaften an. Franklin wird letztendlich abberufen, allerdings mit einem neu gewonnenen Vertrauen vieler Menschen: „Wenn dieses Land jemals den Weg zu Würde und guter Nachbarschaft findet, dann auf den Spuren, die der noble und geduldige Geist Eurer Exzellenz hier hinterlassen hat." Franklin antwortet in üblicher Bescheidenheit und Überzeugtheit: „Ich wollte nur, dass jeder eine Chance hat."[145] John Franklin hat um die Jahrhundertwende vom 18. zum 19. Jahrhundert tatsächlich gelebt, war hoher Offizier der britischen Marine, eine Zeitlang Gouverneur von Tasmanien und Polarforscher. Nach ihm ist ein Gebiet der Nord-West-Passage im Eismeer benannt, die Franklin-Bucht.

In diesem Kapitel geht es um den Wert Zeit als eine Konstante für Lebensqualität und den Umgang in Bezug auf Arbeit. Haben Konzepte der Entschleunigung und der Zeitverzögerung in wirtschaftlichen Prozessen etwas zu suchen? Welchen Wert stellt die Zeitverwendung für Work-Life-Balance-Orientierung dar?

Die meisten Menschen sind leistungsbereit. Sie wollen sich selbst einbringen und sich selbst verwirklichen, das treibt sie an. Dieses Verhalten passt sehr gut in unsere Zeit, in der „beschäftigt sein" als Gradmesser des Erfolges gilt. Wer nichts zu tun hat oder wer nichts tun will, ist unten durch. Zeit haben gilt als negative Qualität. Wer erfolgreich ist, hat keine Zeit, man hat Stress oder zumindest sehr viel zu tun!

Ich gehe gerne auf Reisen. Immer wieder habe ich die Gelegenheit genutzt, bis zu einer Zeitspanne von 2 Monaten wegzufahren, wobei nicht gesagt ist, dass man in drei Wochen nicht auch einen erheblichen Erholungsfaktor aufbauen kann. Wenn ich auf Reisen gehe – meine Frau denkt Gott sei Dank recht ähnlich – aktiviere ich ein Informationsreduktionsprogramm (keine Zeitung, kein TV, schon gar keinen Laptop, Mobiltelefon nur für Notfälle). So kann ich mich mit allen Sinnen dem Reisen, Land und Leuten und dem Nichtstun hingeben. Die Dinge erscheinen mir nach der Reise immer in einem anderen Licht als zuvor. Ich bin in der Lage, einen Perspektivenwechsel einzunehmen. Gleichzeitig stehe ich noch zu den Aufgaben, Tätigkeiten und Methoden, die ich vorher praktiziert habe. Nur habe ich nun mehr Kraft und eine umfassendere Sicht.

Zeit als Energiequelle

Auch im Alltag ist es wichtig, immer wieder einerseits Abstand zu gewinnen, als auch andererseits Kraft zu schöpfen. Daher sind Pausen von den Dingen, auch wenn man sie noch so gerne ausführt, wichtig. Im Schnitt haben jede Österreicherin und jeder Österreicheicher 26 Tage Urlaub, die Deutschen haben etwas mehr, nur jede und jeder Zweite nehmen ihn auch zur Gänze. Eine österreichische Ifes-Befragung 2012 ergab, dass hoher Arbeitsanfall bzw. fehlende Vertretungsmaßnahmen die Nichtausschöpfung des Gesamturlaubs begünstigen. 10% der Arbeitnehmer sagten, sie gingen ohnehin lieber arbeiten, 22% der Befragten erklärten, den Urlaub für nächstes Jahr anzusparen.[146] Gerade für Österreich als Tourismusland sind konsumierte Urlaubstage, ob durch In- oder Ausländer, volkswirtschaftlich gesehen sehr wichtig. Als eines der Top-Urlaubsländer in Europa erwirtschaftete die österreichische Tourismusbranche im Jahr 2010 eine Wertschöpfung von 42,8 Mrd. Euro, das entspricht 15,1% des österreichischen Bruttoinlandsproduktes. Fast 200.000 Menschen arbeiten im Tourismus, davon 12.500 Auszubildende.[147]

Dabei wäre Müßiggang ein probates Mittel, um neue Kräfte zu schöpfen, sagt die Autorin Gisela Dischner im Rahmen ihres Arbeitsbesuches bei den Salzburger Anstößen 2009, einer Konferenzreihe und Ethikveranstaltung der Universität Salzburg. „Entspanntes Loslassen, Fähigkeit zu zenhafter Konzentration, energiegeladenes Wahrnehmen mit allen Sinnen. Müßiggänger sind schöpferisch und denken unabhängig von ihrem Alter."[148] Mit ihren radikalen Zeitnehmbüchern hat sich die Germanistikprofessorin Dischner nicht nur Freunde gemacht. Als sie 1986 in einer Veröffentlichung die „Drei-Tage-Woche für alle" forderte, war sie massiven Anfeindungen ausgesetzt, die sie unterm Strich als weltfremde Privilegierte abstempelten.

Tatsache ist, dass der Begriff der Entschleunigung erstmals Ende der 1970er Jahre auftauchte, aber erst in den 1990er Jahren als Gegenbewegung zur immer schneller werdenden Welt zum Modewort avancierte. Ein frühes Element der Gegensteuerung zu unserer schnelllebigen Zeit haben Italiener ins Leben gerufen, als im Jahr 1986 an der Spanischen Treppe in Rom eine McDonalds-Filiale eröffnet werden sollte. Das erhitzte in Italien die Gemüter, und als Gegenbewegung wurde in den Weinbergen des Barolo in Agricola die Slow-Food-Bewegung gegründet. Eine Bewegung, die seither enorm an Zulauf gewonnen hat und in 150 Ländern existent ist.

Zwei Organisationen haben sich ganz dem Faktor Zeit verschieben, nämlich in Deutschland die Deutsche Gesellschaft für Zeitpolitik (DGfZP) und in Österreich der Verein zur Verzögerung der Zeit. Letzterer wurde vom österreichischen Universitäts-Professor Dr. Peter Heintel 1990 gegründet, der den Vorsitz 2003 an den Münchner Rechtsanwalt Erwin Heller übergab. Heintel sah in der Vereinsgründung einen Ansatz, einen reflektierten Umgang mit Zeit auf kollektiver Basis anzuregen und neue Formen des Umgangs mit dem Phänomen Zeit anzustreben. Es handelt sich weniger um einen klassischen Verein, sondern eher um ein Netzwerk von Menschen, denen der angemessene Umgang mit Zeit ein Anliegen ist. Der gemeinnützige und außerparteiliche Verein zur Verzögerung der Zeit ist angegliedert an die Fakultät für Interdisziplinäre Forschung und Fortbildung (IFF) der Universität Klagenfurt. Der Vereinsname ist durchaus provokant gemeint und will darauf hinweisen, dass wir uns oft nicht genug Zeit nehmen. „Die Mitglieder im Verein zur Verzögerung der Zeit verpflichten sich zum Innehalten, zur Aufforderung zum Nachdenken dort, wo blinder Aktionismus und partikulares Interesse Scheinlösungen produziert." (aus den Vereinsstatuten)[149]

Dem Verein gehören etwa 1000 Mitglieder an, vorwiegend aus dem deutschsprachigen Raum, aber auch aus Italien und Schweden. In den Zielsetzungen des Zeitvereins findet man auch den Balancegedanken, der durch den aufmerksameren Umgang mit Zeit entsteht. **Menschen, die in Balance sind, haben im Allgemeinen ein besseres Zeitgefühl und können auch annährend eine richtige Uhrzeit nennen, ohne die Zeit auf der Uhr oder am Mobiltelefon abzulesen.**

„In allen Lebensbereichen nehmen wir uns meist nicht mehr genug Zeit, um ‚reife‘ Entscheidungen zu treffen, müssen die destruktiven Nebenwirkungen dann ertragen und unsere Zeit häufig mit selbst verursachtem Krisenmanagement verbringen. Hier will der Verein zur Verzögerung der Zeit ein Gegengewicht setzen und das Individuum, aber auch Gruppen und Organisationen dabei unterstützen, wieder in die Zeit-Balance zu kommen." [150]

„Ich habe keine Zeit!" ist der meistverwendete Satz, mit dem wir uns als Opfer des Zeitdrucks entschuldigen. Trotz der Erfindung immer zeitsparenderer Techniken in allen Lebensbereichen (z.B. Mikrowelle, ICE, Spülmaschine oder Kopiergerät) leiden die meisten Menschen unter immer größerem Zeitmangel. **Die Beschleunigung, d.h. der Wunsch, möglichst viel in immer kürzerer Zeit immer schneller zu erreichen, hat Einzug gehalten auch in Bereiche, in denen Organismen nicht einfach gegen ihre Eigenzeit schneller „eingestellt" werden können. Die Mast des Schweines, die Reifung des Käses stehen genauso unter einem Beschleunigungsdruck wie die Kinder in der Schule oder die Entwicklungsabteilungen der Autofirmen.** Über die vielfältigen, destruktiven Auswirkungen berichten die Medien täglich. Der Glaubenssatz „schneller ist besser" wurde erfolgreich in die Köpfe der Menschen des ausgehenden 20. Jahrhunderts implantiert." [151] Man könnte im Unternehmen die Devise ausgeben **WIR HABEN ZEIT** und damit einen Paradigmenwechsel in der

Zeitkultur schaffen (vgl. dazu auch die Strategie des Salzburger Innenstadthotels Blaue Gans, S. 26).

Die Deutsche Gesellschaft für Zeitpolitik (DGfZP), das besagt schon der Titel, sieht das Thema Zeit von einer politischen, gesellschaftlichen Seite. 2005 hat sie ein Manifest herausgebracht, das mit „Zeit ist Leben" betitelt ist und Selbstbestimmung und in weiten Strecken das Thema „Arbeitszeiten" behandelt. Ganz am Ende des Manifestes gibt es einen Blick auf Zeitkompetenz. **Jeder Mensch soll in der Lage sein, Zeit als Qualität zu erkennen.** Das scheint in der heutigen hektischen Zeit bei weitem nicht der Fall zu sein: „Das Recht und die Möglichkeit der Individuen, Zeitkompetenz zu erlernen und Zeitsouveränität auszuüben, bilden die wesentliche Voraussetzung für eine wirksame ‚Gesellschaftspolitik' der Zeitgestaltung. Die Kompetenz, die wir meinen, beschränkt sich nicht auf die äußeren Bedingungen des Umgangs mit der Zeit. Sie zielt auf die Befähigung der Menschen zum ‚bewussten' Gebrauch ihrer Zeit – nach persönlichen Sinnkriterien, Interessen und Anforderungen. Das erfordert echte zeitliche Spielräume, die Individuen und Gruppen zur Reflexion und Umgestaltung der Zeitstrukturen und ihrer Rahmenbedingungen nutzen können. Was also Not tut, ist mehr ‚Zeit für Zeit', für das Lernen von individueller und kollektiver Zeitkompetenz. Dies ist besonders wichtig für Institutionen, die unseren Umgang mit Zeit beeinflussen – z. B. für schulische und universitäre Lehrpläne, für die Zeitorganisation am Arbeitsplatz, in der Öffentlichkeit und in den Medien."[152]

Zeitsouveränität

Work-Life-Balance-Konzepte basieren auf einem äußerst qualitätsbewussten Umgang mit dem Faktor Zeit als knappes Gut. Ob nun der Bereich Arbeit betroffen ist oder es um soziale Beziehungen geht oder um die Hinwendung zu denjenigen Dingen, die wir nur für uns selbst tun, immer spielt der Faktor Zeit eine wesentliche Rolle. Wenn wir Dinge machen, für die wir ausreichend Zeit haben, hat das Sinn. Dingen hinterher zu hecheln macht für uns in vielen Fällen keinen Sinn, obwohl wir uns paradoxerweise so verhalten als ob. **Ausreichend Zeit sinnerfüllt zu verbringen, zieht eine Stabilisierung und eine Ausbalancierung im Leben nach sich.**[153] Zeitkultur und Zeitwohlstand bekommen in diesem lebensphilosophischen Licht einen hohen Stellenwert, sowohl für Zufriedenheit im Leben an sich, als auch für Unternehmen, die ein Interesse daran haben, möglichst zufriedene Menschen in ihrem Betrieb zu haben, um in der vorhandenen Zeit hohen materiellen Ertrag zu erwirtschaften und gleichzeitig Lebensqualität hervorzubringen. Work-Life-Balance als Unternehmenskonzept sollte nicht danach trachten, die Arbeitszeiten möglichst gering zu halten, um Glück im Leben durch möglichst viel Freizeit zu erlangen oder möglicht schnell in Rente zu gehen, sondern eben diese Zeitqualitäten im Gesamtleben in den Mittelpunkt zu rücken.

Der Begriff des Zeitwohlstandes entsteht aus einer zeittheoretischen und -politischen Diskussion heraus und bringt Begriffe wie „Entschleunigung", „Zeitsouveränität" und „freies Wochenende" heraus. Gleichzeitig vermittelt er ein neues Verständnis von Wohlstand, welches den Faktor Zeit mit einbezieht und wesentlich zur Schonung der natürlichen Ressourcen und zu mehr Zufriedenheit der Konsumenten beitragen könnte.[154]

Es gibt erhebliche Kehrseiten der Zeitsouveränitätsmedaille. Normalarbeitszeitmuster von 9 Uhr bis 17 Uhr finden sich nur mehr bei 12% der deutschen Unternehmen, was einerseits als Errungenschaft für die Mitarbeiter in Hinblick auf ihre Work-Life-Balance gepriesen wird, wenn von maximaler freier Zeiteinteilung die Rede ist. Gleichzeitig findet mit dieser freien Zeiteinteilung auch eine bessere Anpassung an betriebliche Erfordernisse statt, die die Verfügbarkeiten des Personals erhöht und einer Balance nicht zuträglich ist. „Angestellte mit flexiblen Arbeitszeitregelungen weisen eine wachsende Diskrepanz zwischen vereinbarter und tatsächlicher Arbeitszeit auf. Zwischen 1994 und 1998 stieg beispielsweise die tatsächliche durchschnittliche Wochenarbeitszeit von 45,3 auf 46,1 Stunden, während die vertraglich vereinbarte Arbeitszeit parallel dazu von 41,2 auf 38,9 Stunden sank."[155]

Eine besondere Form der Problembehandlung, die eine unmittelbare Zeitdimension in sich birgt, ist das so genannte „Aussitzen". Einerseits eine gute Methode, um nicht immer alle Probleme sofort zu behandeln, die von einem gewissen Maß an Gelassenheit zeugt. Andererseits doch eine Strategie des Verhinderns mit erheblichen Nachteilen in der Umsetzung aktiven Verhaltens. „Unter Aussitzen versteht man gemeinhin die ungebührlich lange Nichtbehandlung eines Problems, bis dieses sich von selbst erledigt bzw. nicht mehr relevant ist. Dabei ist dieses Verhalten in der Regel intendiert und wird damit zu einer – allerdings gesellschaftlich negativ konnotierten – Problemlösungsstrategie. Aussitzen kann folglich Zeitstrategien des Nichthandelns und des Unterlassens beschreiben, um aus Problemen Nicht-Probleme werden zu lassen.[156]

Egal wie man die Zeit verwendet: Eine Steuerungsmöglichkeit über seine Zeit zu haben, scheint Befriedigung ins Leben zu bringen. Möglichst viel Zeitsouveränität im Arbeitsleben zu gewähren, ist ein Schlüssel, sowohl ein positives Gefühl der Eigenständigkeit zu erzeugen, als auch die Balancefähigkeit von Menschen zu erhöhen. Eine Steuerung alleine über flexible Arbeitszeiten greift zu kurz. Man sollte weit vorher bei der Implementierung eines Klimas der Ermutigung und der Sinnstiftung und der guten sozialen Beziehungen beginnen.

3 Neue Kulturen zum Blühen bringen

Zeitqualität ist für jeden Menschen unterschiedlich, daher sollte in Work-Life-Balance-Konzepten der Faktor Zeit Teil einer möglichst individuellen Gestaltung sein. In Mitarbeitergesprächen könnte der Themenpunkt Zeitgestaltung ein fixer Bestandteil sein.

Möchte ich heuer mehr arbeiten, weil ich nächstes Jahr eine längere Reise mache, die acht Wochen in Anspruch nimmt? Jemand möchte als Papa ein Jahr Eltern- oder Karenzzeit nehmen? Eine Mitarbeiterin engagiert sich ehrenamtlich und hat im letzten Quartal einen erhöhten Zeitbedarf und möchte Mittwochvormittag drei Monate lang für diese Organisation tätig sein? Eine andere Mitarbeiterin möchte einen Mittagsschlaf halten, weil das zu ihrem Wohlbefinden beiträgt. Eine Einheit Sport um 14 Uhr, warum nicht? Kinderbetreuung ist ein immer wiederkehrendes Thema, und das Thema der Pflege von Angehörigen wird uns in den nächsten Jahren in höherem Ausmaß beschäftigen als bisher.

Eine Fülle an individuellen Zeitmodellanforderungen wird auftauchen, wenn man dieses Thema forciert. Es bedarf einer Kultur im Unternehmen, die Gewährung von individuellen Zeitmodellen als Bereicherung empfindet und nicht den Neid der Anderen schürt. Letztendlich werden alle Mitarbeiter ein erheblich höheres Loyalitätsempfinden zum Unternehmen aufbauen, wenn eine verbesserte Zeitkultur Einzug hält.

Zeitqualität macht am Firmenausgang nicht halt. Der Begriff Freizeitstress ist ebenso bekannt wie die persönliche Bestzeit beim Halbmarathon oder die 500-Freunde-Marke bei Facebook. Viel zu viele Menschen lassen sich von der Hektik der heutigen Zeit anstecken und streben zu oft nach Höchstleistungen. Langsamkeit kann auch Luxus bedeuten. Eine Fahrradpartie entlang der Ruhr oder Paddeln an der Elbe kann erholsamer sein als der Kurztrip nach Venedig oder nach Barcelona.

Tipps für mehr Zeitqualität im Unternehmen

96 Erlauben Sie breit gestreute Zeitsouveränitäten im Unternehmen. Nehmen Sie sich in allem, was Sie tun, ausreichend Zeit.

97 Stellen Sie sich die Frage, ob alles wirklich immer so wichtig ist.

98 Schöpfen Sie alle in Ihrem Unternehmen den Urlaub aus. Ich empfehle mindestens 3 Wochen Urlaub am Stück.

99 Geben Sie im Unternehmen das Credo des Zeithabens aus.

100 Veranstalten Sie Schulungen in Zeitsouveränität (nicht in Zeitmanagement).

101 Thematisieren Sie Zeit immer in Mitarbeitergesprächen.

3.5 Gesundheit

Der Parasympathikus ist eine der drei Komponenten des vegetativen Nervensystems, das für die unwillkürliche, das heißt nicht dem Willen unterliegende Steuerung der meisten inneren Organe und des Blutkreislaufs verantwortlich ist. Er wird auch als „Ruhenerv" bezeichnet, da er dem Stoffwechsel, der Regeneration und dem Aufbau körpereigener Reserven dient. Er sorgt für Ruhe, Erholung und Schonung. Der Sympathikus hingegen bewirkt die Anregung und Leistungssteigerung des Organismus. Durch ihre gegensätzliche (antagonistische) Wirkung ermöglichen diese beiden Anteile des vegetativen Nervensystems eine feine Steuerung der Organe. Die dritte Komponente ist das Enterische Nervensystem, das der Steuerung des Magen-Darm-Traktes dient.[157]

Dieser kleine medizinische Exkurs soll uns in das Kapitel Gesundheit und Work-Life-Balance einführen. Das Beispiel der medizinischen Erklärung von Antrieben in uns verdeutlicht erneut die Komplexität der Fragestellung: Wie bekomme ich mehr Work-Life-Balance in mein Leben und in mein Unternehmen? Gesundheit spielt in unserem Leben eine immer zentralere Rolle, sie ist den meisten von uns ein hohes Gut. Gesundheit wird von den meisten aber auch als Selbstverständlichkeit angesehen. Erst wenn es mit dem Wohlbefinden nicht mehr klappt, sind wir bereit, größere Veränderungen vorzunehmen. Daher widme ich mich in diesem Kapitel der Frage des Wertes einer guten Gesundheit für die Work-Life-Balance für Mensch und für Unternehmen.

Gesundheit im Unternehmen ist ein viel untersuchtes Thema; eine Reihe großer Institutionen beschäftigen sich mit der Frage des Gesundheitsmanagements in Mitteleuropa. Dieses Kapitel gibt auch darüber einen Überblick, ausgehend von der WHO-Gesundheitscharta, bis zu den vielfältigen Aktivitäten des Gesundheitsschutzes und der Gesundheitsprävention.

Ist Work-Life-Balance ein Teilaspekt der Gesundheit? Auf persönlicher Ebene ja, denn ohne ausreichende Gesundheit wird das Leben schwer in einer guten Balance zu halten sein. Ich zeige in diesem Kapitel, dass es sinnvoll ist, betriebliche Gesundheitsförderung in das Work-Life-Balance-Konzept zu integrieren. Individualisierung von Verantwortlichkeiten im Unternehmen braucht eine neue umfassende Ansprache des Menschen, bei der die Annäherung von gesundheitlicher Seite einen sinnvollen Teil, aber nicht den Ausgangspunkt der folgenden Überlegungen darstellt: Erhöhung der Umsetzungsgrade, Optimierung des Projektmanagements, Forcierung von Employer-Branding-Maßnahmen bis hin zur Verbesserung der Krankenstandsbilanz im Unternehmen, in Zeiten rascher Fortschreitungen psychischer Erkrankungen. Die dritte Fragestellung in diesem Kapitel lautet daher: Wie können Maßnahmen der betrieblichen Gesundheitsförderung ein Work-Life-Balance-Unternehmenskonzept sinnvoll unterstützen?

Der Wert von Gesundheit

Das Körperbewusstsein hat sich in den letzten 25 Jahren in der Gesellschaft erheblich gewandelt. Der Boom der Fitnesscenter, der Aktivurlaube und etwa der Trend zu gesünderer Ernährung zeugt von wachsendem allgemeingesellschaftlichem Gesundheitsbewusstsein. Im Work-Life-Balance-Modell von Seiwert[158] ist Gesundheit einer von vier entscheidenden Faktoren zu einer ausgewogenen Balance im Leben. In mehreren Fällen sind Menschen zu mir in die Praxis gekommen, die auf Grund eines einschneidenden gesundheitlichen Problems umgedacht haben und aktiv an einer höheren Ausbalancierung im Leben zu arbeiten begonnen haben.

In einem konkreten Fall hatte ein Klient von mir, etwa 45 Jahre alt, ein Handwerker, einen schweren Arbeitsunfall. Nach seiner Genesung war er nicht mehr in der Lage, seinen Beruf in dem Maß auszuüben, wie es ihm vorher möglich war. Eine Frühpensionierung wäre möglich gewesen, das wollte mein Klient aber nicht, da er sich zu jung für die Rente fühlte. Also suchte er, nun unter dem Blickwinkel von körperlicher Beeinträchtigung, nach passenden Betätigungsfeldern, die ihn im Ergebnis weg von körperlicher Arbeit hin zu planerischen Tätigkeiten brachte. Das Know-how aus früheren Zeiten konnte er weiterhin gut einsetzen. Fazit nach der Neupositionierung: Der Klient hatte sich immer vorbildlich eingesetzt und mehr handwerkliche Arbeit gemacht als eigentlich notwendig war. Er wollte nicht als jemand dastehen, der sich um die Arbeit drückt. Letztlich hat diese Einstellung zu einem Unfall geführt. Nach der nunmehrigen Reflexionsphase achtet mein Klient penibel auf seinen allgemeinen Gesundheitszustand. Planung und Beratung stehen im Fokus seiner nunmehrigen beruflichen Tätigkeit.

Wir erleben einen Wechsel von der Industrie- zur Dienstleistungsgesellschaft, und schon steht, mit dem Übergang zur Wissensgesellschaft, der nächste Wandel ins Haus. Das hat und wird das ehemalige Verhältnis von Arbeitern und Angestellten nochmals in Richtung eines größeren Anteils an „Büroarbeit". verändern. Zukünftige Formen der Arbeitswelt werden wesentlich anders aussehen als eine derzeitige 40-Stunden-Woche im Büro, das hat auch Auswirkungen auf Gesundheitsfragen in Unternehmen.

Die betriebliche Gesundheitsvorsorge wurde in der zweiten Hälfte des 20. Jahrhunderts erheblich ausgebaut. Ausgehend von der WHO-Gesundheitsdefinition aus dem Jahr 1946, „A state of complete physical and mental wellbeing which results when disease-free people live in harmony with their environment and with another",[159] wurde die Gesundheitsverbesserung in Betrieben immer weiter vorangetrieben. Die Gesundheitsdefinition der WHO kurz nach dem Zweiten Weltkrieg liest sich erstaunlich modern und bezieht gleichberechtigt körperliches und psychisches Wohlbefinden in die Gesundheitsdefinition mit ein. Durch das verstärkte Auftreten von Erschöpfungserkrankungen wie Burn-out gewinnt diese frühe Definition an Visionskraft.

Eine Studie des österreichischen Sozialministeriums zeigt, dass 1970 die Österreicher im Schnitt noch mit rund 57 Jahren in die Invaliditätspension (Rente wegen Erwerbsminderung bzw. Frührente) gingen. 2008 war man schon mit 53 so weit. Die Studienautoren des Sozialministeriums vermuten, dass dies die Folge der stark gestiegenen Zugänge wegen psychischer Erkrankungen ist. Im Jahr 1995 gingen noch 47 Prozent aller Invaliditätspensionisten wegen Rückenleiden und ähnlichem in Pension. Dieser Anteil sank bis 2007 auf 33 Prozent. Dramatisch ist hingegen die Entwicklung der Renteneintritte wegen psychischer Erkrankungen. Sie stiegen im selben Zeitraum von elf auf 29 Prozent. Bei Frauen (38,2 Prozent) sind seelische Leiden mittlerweile die häufigste Ursache für die Zuerkennung einer Invaliditätspension in Österreich.[160] Tendenz stark steigend.

Die Bundesanstalt für Arbeitsschutz und Arbeitsmedizin errechnete für Deutschland 2001 Zahlen der Entwicklung prozentualer Anteile von körperlich bzw. psychisch bedingten Arbeitsunfähigkeitsfällen mit Ursache in der Arbeitswelt. Demnach stammten 1998 29% der Arbeitsunfähigkeitsfälle aus körperlichen Belastungen aus der Arbeit heraus und bereits 31% der Fälle im vergleichbaren Setting aus psychischen Belastungen heraus.[161] Daraus folgert der Geschäftsführer der Initiative Neue Qualität der Arbeit an der Bundesanstalt für Arbeitsschutz und Arbeitsmedizin in Dortmund, Rainer Thiehoff: „Die psychischen Belastungen am Arbeitsplatz nehmen relativ und absolut zu. Ihre Auswirkungen auf die Gesellschaft und die Unternehmen sind bereits heute auf dem Sprung, alle anderen wirtschaftlichen Belastungen hinsichtlich Sicherheit und Gesundheit in den Schatten zu stellen."[162]

Weiters erstaunt in der 1946er Definition die Einbeziehung des Auskommens der Menschen untereinander und der Einflüsse des Umfeldes. In die betriebliche Gesundheitsvorsorge modernen Zuschnitts fließen die sozialen Interaktionen zwar ein, bilden als bedingungsbezogene Ebenen einer Verhältnisprävention aber eher Nebenschauplätze. **Umso mehr sollte die Thematik des sozialen Umganges miteinander und deren Steuerung durch Führungskräfte im Segment der Work-Life-Balance-Unternehmenskonzepte Platz finden.** „Gesundheit wird von Menschen in ihrer alltäglichen Umwelt geschaffen und gelebt: dort, wo sie spielen, lernen, arbeiten und lieben. Gesundheit entsteht dadurch, dass man sich um sich selbst und für andere sorgt, dass man in die Lage versetzt ist, selber Entscheidungen zu fällen und eine Kontrolle über die eigenen Lebensumstände auszuüben, sowie dadurch, dass die Gesellschaft, in der man lebt,

Bedingungen herstellt, die all ihren Bürgern Gesundheit ermöglichen. Füreinander Sorge zu tragen, Ganzheitlichkeit und ökologisches Denken sind Kernelemente bei der Entwicklung von Strategien zur Gesundheitsförderung."[163] „Das Verständnis von Gesundheit und Krankheit hat sich in den vergangenen Jahren und Jahrzehnten massiv verändert – und ist auch weiterhin in dem Maß im Wandel begriffen, in dem sich gesellschaftliche Bedingungen verändern. Verstand man lange Zeit Gesundheit in erster Linie als die bloße Abwesenheit von Krankheit, so hat sich spätestens seit der Einigung auf die Ottawa Charta im Rahmen der Weltgesundheitsorganisation WHO Mitte der 80er Jahre ein neues Verständnis durchgesetzt: Gesundheit soll, so sehen es GesundheitspolitikerInnen und Gesundheitsförderungs-Fachleute, positiv definiert werden: nämlich als ein umfassendes körperliches, seelisches und soziales Wohlbefinden."[164]

Hatte sich die betriebliche Gesundheitsförderung bis in die 1980er Jahre hinein auf die Verhinderung von Arbeitsunfällen konzentriert (betrieblicher Arbeitsschutz), folgte eine Konzentration auf die Schaffung bzw. Erhaltung gesundheitsförderlicher Arbeitsbedingungen und Kompetenzen. Die moderne betriebliche Gesundheitsförderung ist dazu übergegangen, den Menschen nicht mehr als schutzbedürftiges Wesen, sondern als autonom handelndes Subjekt zu betrachten.[165]

Mit dem salutogenetischen Gesundheitsverständnis der Ausführungen von Aaron Antonovsky (vgl. Kapitel 1) wurde in der westlichen Hemisphäre ein Paradigmenwechsel im Gesundheitsverständnis eingeleitet. Das Konzept hebt die Komplementarität („Dichotomie") zwischen Krankheit und Gesundheit auf und kehrt die Frage der Schulmedizin, welche organischen Defekte vorliegen und wie sie behoben werden können, um zur Frage: „Warum bleiben Menschen trotz der Vielzahl der auf sie einwirkenden Belastungen gesund bzw. warum gelingt dies einigen besser als anderen?" Antonovsky ordnet Anforderungen und Ressourcen im Leben einem Kohärenzgefühl zu, dem „Sense of Coherence".[166]

Diesen „Sense of Coherence" (SOC) hat Antonovsky als zentralen Faktor für unsere Gesundheit identifiziert. In der deutschsprachigen Literatur wird der Begriff meist mit „Kohärenzgefühl", seltener mit „Kohärenzsinn" oder „Kohärenzempfinden" übersetzt. Der SOC setzt sich nach Antonovsky aus drei Komponenten zusammen:

- Verstehbarkeit (Comprehensibility)
- Gefühl von Bedeutsamkeit oder Sinnhaftigkeit (Meaningfulness)
- Handhabbarkeit (Manageability).

In dem Salutogenese-Modell nach Antonovsky gibt es keine Dichotomie von Gesundheit und Krankheit, sondern ein Kontinuum zwischen den Polen Krankheit und Gesundheit. Dabei versteht er Gesundheit dynamisch als ständigen Entstehungsprozess. Er prägt das Bild von einem Menschen, der im Fluss des Lebens zu schwimmen hat.[167]

Die Sicht auf die individuelle Verhaltensebene von Menschen in Unternehmen wird neuerdings auch in der betrieblichen Gesundheitsvorsorge durch eine Miteinbeziehung der Sicht auf das ganze Arbeitssystem und auf Organisationsfragen ergänzt, man spricht von der Verhältnisprävention. Köper führt aus, dass bisher die Verhaltensprävention zumindest in Deutschland stark forciert wurde. **Gesundheit ist aber nicht nur über die Verhaltensänderung der Betroffenen, sondern vor allem auch durch die Veränderung von Arbeitsverhältnissen, also situativen und organisatorischen Aspekten zu erreichen. Stressmanagementseminare ohne die Verminderung der situativen Stressoren am Arbeitsplatz führen in der Regel nicht zu nachhaltigen Ergebnissen.**[168]

In meiner Praxis habe ich oftmals zu hören bekommen, dass das Verhalten von Führungspersonen oder Kollegen Anlass für dauerhaftes heftiges Unwohlsein beim einen Klienten sorgte. Beispielsweise muss ein Verhalten der systematischen Geringschätzung aufhören, damit Stresspegel der betroffenen Personen absinken können und normale Belastungen am Arbeitsplatz als normal empfunden werden können. Ob eine Auflösung solcher Szenarien durch betriebliche Gesundheitsprogramme bewirkt werden kann, halte ich für überdenkenswert. **In Unternehmen sind positive Anreizsysteme zu installieren, die erheblich über die Einbeziehung des Themas Gesundheit hinausgehen und bei persönlichen Befindlichkeiten im gesamten Lebenszusammenhang und bei Betriebskulturen ansetzen.** Mit Stressseminaren ist da meist nichts bewegt. Vielmehr ist die Chance der Frustrationssteigerung sehr hoch, da Seminarteilnehmer zur Kenntnis gelangen können, dass es zwar generell Abhilfe gäbe, es aber in ihrer Situation kein Entrinnen gibt. Ziele, Grundhaltungen und Handlungsweisen sind so abzustimmen, dass Zuversicht in positives Handeln entsteht, der Einsatz von Coachingmethoden ist erforderlich.

In Deutschland und Österreich arbeitet die betriebliche Gesundheitsförderung derzeit im Wesentlichen auf der Basis der Luxemburger Deklaration, erstmals erschienen im Jahr 1997 und zwischenzeitlich bis 2007 zweimal überarbeitet. Die Luxemburger Deklaration zur betrieblichen Gesundheitsförderung in der Europäischen Union sieht eine Verbesserung der Arbeitsorganisation und der Arbeitsbedingungen in Betrieben vor, fördert eine aktive Mitarbeiterbeteiligung und soll persönliche Kompetenzen stärken.

Die Herausforderungen für die Arbeitswelt im 21. Jahrhundert werden in der Luxemburger Deklaration folgendermaßen beschrieben:

„Der traditionelle Arbeitsschutz hat durch die Verringerung von Arbeitsunfällen und die Prävention von Berufskrankheiten entscheidend zur Verbesserung der Gesundheit am Arbeitsplatz beigetragen. Dennoch reichen seine Mittel offensichtlich nicht, um den weiten Spektren der (...) Probleme zu begegnen. Unternehmen, die Gesundheit an ihren Arbeitsplätzen fördern, senken damit krankheitsbedingte Kosten und steigern ihre Produktivität. Dies ist das Ergebnis einer gesünderen Belegschaft mit höherer Motivation, besserer Arbeitsmoral und besserem Arbeitsklima. BGF ist eine moderne Unternehmensstrategie und zielt darauf ab, Krankheiten am Arbeitsplatz vorzubeugen (einschließlich arbeitsbedingter Erkrankungen, Arbeitsunfälle, Berufskrankheiten und Stress), Gesundheitspotenziale zu stärken und das Wohlbefinden am Arbeitsplatz zu verbessern."[169]

Organisationen zur Förderung der betrieblichen Gesundheit

Die Träger der Österreichischen Betrieblichen Gesundheitsförderung sind das Bundesministerium für Gesundheit, der Hauptverband der Sozialversicherungsträger und der Fonds gesundes Österreich. Letzterer gilt als Lobbyorganisation der Gesundheitsförderung in Österreich. Er wurde 1988 von engagierten Gesundheitspolitikerinnen und Gesundheitspolitikern, damals als „Forum Gesundes Österreich", gegründet. Die Organisation wurde speziell für Gesundheitsförderung eingerichtet und übernahm Aufgaben als Informations- und Koordinationsplattform. Heute wickelt sie unter anderem die Finanzierung und Bezuschussung von Projekten der betrieblichen Gesundheitsförderung ab. Hauptzugangskriterium zu Förderungssummen ist ein Projektvolumen in Höhe von 10.000 €, bzw. in Fällen der BGF 5.000 €. Die Bewilligungsverfahren nehmen erhebliche Zeitdauern in Anspruch, sodass eher größere Betriebe und auch öffentliche Stellen die dafür notwendigen Zertifizierungen absolvieren. Es wird mit der Unterzeichnung einer Charta gearbeitet, die als Absichtserklärung eines Unternehmens gilt, sich den Grundsätzen der Betrieblichen Gesundheitsförderung nach der Luxemburger Deklaration zu verschreiben und die Unternehmenspolitik an diesen Prinzipien zu orientieren. Jeweils für drei Jahre wird ein Gütesiegel verliehen, das bis 2014 in Österreich etwa 100 Betriebe tragen.[170]

Zum Wert von Zertifizierungen kann man geteilter Meinung sein. Ich habe Unternehmen gesehen, die sich in hingebungsvoller Arbeit einem Miteinander im Unternehmen in der Praxis gewidmet haben und nachhaltig wirkende Erfolge auf mehreren Ebenen erzielt haben. Für solche Unternehmen ist eine öffentliche Auszeichnung ein weiterer sichtbarer Lohn für erfolgreiche Arbeit. Ich kenne aber auch Unternehmen, die Verleihungen von Gesundheitspreisen als Marketingmaßnahme anstreben und die Erreichung von Zertifizierungen aus PR-technischen Gründen als Unternehmensziel festschreiben. Solche Motivlagen führen nicht zu authentischen Darstellungen von tatsächlichen Anforderungs- und Zufriedenheitslagen der Menschen im Betrieb. Somit können Preise für betriebliche Gesundheitsförderung auch ein Feigenblatt bedeuten, mit dem man zeigt, dass man etwas für die Mitarbeiter tut, ohne tatsächlich viel zu tun. Viel Aufwand verpufft mit einer Fülle an Maßnahmen, ohne dass tatsächlich etwas für die Zukunft gewonnnen wurde. Mitarbeiter werden befragungsresistent, betrachten die Erreichungen der Zertifizierungsgrundlagen als notwendiges Übel und versuchen so schnell wie möglich, die alte Ordnung in der neuen Verpackung wieder herzustellen.

Das European Network for Health Promotion (ENWHP) und das Deutsche Netzwerk für betriebliche Gesundheitsförderung (DNBGF) ziehen folgendermaßen Bilanz: „Gesunde Beschäftigte – Gesunde Betriebe – Gesunde Gesellschaft: Das Deutsche Netzwerk für Betriebliche Gesundheitsförderung DNBGF. 25 Jahre nach Verabschiedung der Ottawa Charta zur Gesundheitsförderung wird allgemein anerkannt, dass sowohl Arbeitgeber als auch Arbeitnehmer von Maßnahmen zur Gesundheitsförderung profitieren. Die betriebliche Gesundheitsförderung (BGF) in Deutschland kann eine durchaus beeindruckende Bilanz vorweisen: Es existiert ein breites Know-how zur Umsetzung von BGF in der betrieblichen Praxis. Gleichzeitig ist noch viel zu tun: Zwar wächst die Zahl der in der BGF aktiven Unternehmen. Dennoch haben sich längst nicht alle Unternehmen auf den Weg zu einem gesunden Unternehmen gemacht."[171]

Das Deutsche Netzwerk für Gesundheitsförderung wurde 2002 gegründet, ist ein Teil der Initiative Gesundheit und Arbeit (iga) und arbeitet eng mit dem europäischen Netzwerk zusammen. Das DNBGF wird von den vier Verbänden der Initiative Gesundheit und Arbeit (iga), dem AOK-Bundesverband, dem BKK Bundesverband, der Deutschen Gesetzlichen Unfallversicherung und dem Verband der Ersatzkassen e.V. (vdek) getragen. Unterstützt wird das DNBGF von der Arbeitsgruppe BGF im Bundesministerium für Arbeit und Soziales. Das Netzwerk besteht aus sechs Foren zu den zentralen Bereichen der Arbeitswelt – „Großunternehmen", „Kleine und Mittelständische Unternehmen (KMU)", „Öffentlicher Dienst", „Gesundheitswesen und Wohlfahrtspflege", „Arbeitsmarktintegration und Gesundheitsförderung" sowie „Bildung und Erziehung". Geleitet und organisiert werden die Foren von Koordinatorenteams mit Unterstützung der DNBGF-Geschäftsstelle in Essen. Die Koordinatoren der Foren tauschen sich über spezifische Herausforderungen, Rahmenbedingungen, Strategien und Praxisbeispiele zur erfolgreichen Implementierung von BGF aus. Zugleich stellt diese Arbeitsweise sicher, dass grundsätzliche Erkenntnisse und Methoden in die Arbeit aller Foren einfließen können. Sie entwickeln Ziele, Vorgehensweisen und Instrumente für nachhaltige Gesundheitsförderung, organisieren Workshops, formulieren Handlungshilfen und Qualitätsstandards, sammeln Beispiele guter Praxis und erschließen neue Wege zur Ansprache von Betrieben mit erkennbaren Defiziten.

Das DNBGF bilanziert in ihrer Online-Broschüre folgendermaßen:

„Ein Blick auf die ‚Haben-Seite' verdeutlicht, warum von einer positiven Bilanz der BGF und insbesondere des DNBGF gesprochen werden kann: Der Abbau vermeidbarer physischer Fehlbelastungen und Gesundheitsrisiken steht bereits auf der Agenda vieler Unternehmen und Organisationen. Schlüssige Konzepte zur BGF werden immer seltener als potenzielle Störungen der betrieblichen Abläufe gesehen, sondern stoßen auf wachsende Nachfrage. Durch zahlreiche Beispiele guter Praxis ist die Funktionalität von BGF zu den verschiedensten Themen und in nahezu allen Branchen und Betriebstypen belegt, und immer mehr Arbeitgeber beginnen damit, auf ein umfassendes betriebliches Gesundheitsmanagement zu setzen, statt mit einzelnen Interventionen auf akute Probleme zu reagieren. Wenn trotz dieser Erfolge die Soll-Seite – und damit das Aufgabenspektrum des DNBGF – nicht kleiner wird, liegt das an zwei Faktoren: Der eine ist die schiere Größe und Vielfältigkeit der Unternehmenslandschaft: Die Zielgruppe umfasst mehr als zwei Millionen Betriebe und Institutionen. Besonders kleine und mittlere Unternehmen sind teilweise schwer erreichbar und mit geringeren Ressourcen in Sachen Arbeits- und Gesundheitsschutz ausgestattet. Noch wichtiger ist allerdings der zweite Faktor. Der kontinuierliche Wandel in der Arbeitswelt und in den gesellschaftlichen Rahmenbedingungen erlaubt keine endgültigen Lösungen. So ist die Zahl der psychischen Erkrankungen seit der Gründung des DNBGF stark angestiegen und der Umgang mit zunehmenden psychischen Belastungen stellt eine der größten Herausforderungen dar."[172]

Dem DNBGF ist der Wissenstransfer in die Betriebe hinein ein starkes Anliegen. Er ist vernetzt mit der Initiative Neue Qualität der Arbeit und dem Deutschen Unternehmenspreis der Gesundheit. Speziell für das Thema psychische Fitness am Arbeitsplatz wurde kürzlich ein eigenes Portal eingerichtet, www.psyGA-transfer.de:

„Mit dem neuen Portal www.psyGA-transfer.de steht Unternehmen, Beschäftigten und Gesundheitsförderern eine einzigartige, dialogorientierte Wissensbasis rund ums Themenfeld ‚psychische Gesundheit am Arbeitsplatz' zur Verfügung. Das Internetangebot ist eines der wichtigsten Instrumente des gleichnamigen Projekts, bei dem unter Federführung des BKK Bundesverbands 16 Kooperationspartner daran arbeiten, Unternehmen aller Größen und Branchen über Strategien zur Förderung der psychischen Gesundheit zu informieren und sie handlungsfähig zu machen. Nutzer der Seite finden neben praktischen und Hintergrundinformationen Selbsttests für Mitarbeiterinnen, Mitarbeiter und Führungskräfte, Praxisbeispiele und Instrumente zur Unterstützung der Arbeit im Betrieb."[173]

Für die Gesundheitsförderung Schweiz wurde 1998 die Stiftung 19 auf Basis des Krankenversicherungsgesetzes 1996 Art. 19 und 20 ins Leben gerufen. Ihr Tätigkeitsprogramm bis 2002 wies drei Schwerpunkte auf: „Bewegung, Ernährung, Entspannung", „Gesundheit und Arbeit" sowie „Jugendliche und junge Erwachsene". Am 1. Januar 2002 startete die Stiftung mit neuem Namen und neuem Logo. Aus der Stiftung 19, Schweizerische Stiftung für Gesundheitsförderung wurde „Gesundheitsförderung Schweiz". 2007 war Startjahr der Umsetzung einer langfristigen Strategie mit erneut drei Kernthemen: Gesundheitsförderung und Prävention stärken; Gesundes Körpergewicht; Psychische Gesundheit – Stress mit Fokus auf betriebliche Gesundheitsförderung. Der Schweizer Bundesrat verabschiedete schließlich im Jahr 2009 das Präventionsgesetz.

Die Gesundheitsprävention vereint wie in Österreich und Deutschland die wichtigen Träger der Gesundheitsmaßnahmen in Politik und Administration, in der Schweiz sind das Bund, Kantone, Versicherer, Suva-Unfallversicherung sowie Ärzte- und Wissenschaft.[174]

Die Beweggründe zur betrieblichen Gesundheitsförderung entspringen verschiedenen Blickwinkeln: Der Staat hat die Aufgabe, die Volksgesundheit im Auge zu behalten, Betriebe trachten danach, möglichst fitte und produktive Mitarbeiter zu haben, um hohen Ertrag zu erwirtschaften, und Privatpersonen haben ein Interesse an einem gesunden, beschwerdefreien langen Leben. Alle haben Gesundheitsförderung im Auge, die Motivlagen sind allerdings höchst unterschiedlich. Aus diesem Wissen heraus lassen sich Wirtschaftlichkeitsrechnungen, Maßnahmengestaltung und Engagement von verschiedenen Akteuren nachzeichnen und beurteilen.[175]

„Die Frage nach dem wirtschaftlichen Nutzen hat immer zwei Dimensionen: eine einzel- und eine gesamtwirtschaftliche. Die einzelwirtschaftliche Perspektive bestimmt das Handeln der Menschen direkt, die gesamtwirtschaftliche Sicht spiegelt indirekt ordnungspolitische Regelungen und Systeme auf der Ebene gesellschaftlicher und politischer Entscheidungsträger. Das gesamtwirtschaftlich beobachtbare Verhalten ist häufig eine indirekte Erklärung dafür, dass irgendetwas auf der Ebene der einzelwirtschaftlich Handelnden nicht stimmt, also Fehlsteuerungen vorliegen."[176]

Geht man in der heutigen Zeit davon aus, dass wir nicht zur Vollbeschäftigung der 1970er und 1980er Jahre zurückkehren werden, ist die Investition in die Gesundheit von Arbeitskräften durch den Staat im Bereich der Sozialversicherungsträger durchaus ambivalent zu sehen. Im Durchschnitt stünden bei weniger Gesundheitsförderung immer noch genügend gesunde Arbeitskräfte zur Verfügung und im Bereich der Arbeitslosen wäre vermutlich eine höhere Zahl an gesundheitlich beeinträchtigten Menschen zu finden. „Der Anreiz für den Staat, aus (gesamt-)wirtschaftlichen Gründen die Prävention zu fördern, ist dementsprechend gering."[177]

In einzelnen Berufen mag diese Bilanz aber vielleicht ganz anders aussehen.

Der Gesundheitsmarkt

Auch das Interesse der Krankenkassen und der Anbieter von Gesundheitsdienstleistungen ist gespalten. Einerseits sollen ihre Leistungen bezahlbar
sein, andererseits besteht ein Interesse an hohem Ertrag durch möglichst
viele Behandlungen. „Umsatzrückgänge der jeweils ‚eigenen' Kranken-
kasse oder Berufsgenossenschaft auf Grund von Präventionsfolgen dürf-
ten sicherlich von den Geschäftsführern oder Verwaltungsspitzen nicht
so gerne gesehen werden."[178]

Der Gesundheitsmarkt ist, wie der Name schon sagt, auch ein Markt, und
zwar einer, der durch und durch ökonomisiert ist. Die Krankheit Krebs ist
so gesehen ein Geschäft. Wer verdient am meisten im Gesundheitsmarkt?
„Wer heute Geld machen will, investiert nicht mehr in Drogen, sondern
in Psychopharmaka", sagt pointiert der Heidelberger Arzt und systemische
Psychotherapeut Arnold Retzer.[179] Wer hat etwas davon, wenn die Menschen gesünder werden? Gesundheit ist in weiten Strecken ein industri-
eller Gesundheitsmarkt mit Institutionen, die von großen Einheiten wie
Pharmafirmen, Sozialversicherungsträgern, Ärztekammern geprägt sind.
Das Bedürfnis nach Handeln in einer individuellen Zugangsweise mit
der Stärkung des Einzelnen, wie Work-Life-Balance es vorsieht, scheint
schwer kompatibel zu sein mit vorgefertigten großen Systemen. Unter
diesen Gesichtspunkten der gar nicht so motiviert klingenden Antriebs-
lagen von Staat und Kassen lesen sich Initiativ- und Präventionsberichte
über psychisch kranke Mitarbeiter und deren (angeschlagene) Führungskräfte nicht euphorisch.

Dem Präventionsbericht 2009 des DNBGF sind Schwerpunkte der betrieblichen Gesundheitsförderungen zu entnehmen und die Größenordnung
von etwa 5.000 Betrieben, die bundesweit in Deutschland mit verschiedenen Maßnahmen erreicht werden. Betriebliche Gesundheitsförderung
wächst: „Wer sich am Arbeitsplatz wohl fühlt, erkrankt seltener. Intensiv
engagieren sich die gesetzlichen Krankenkassen deshalb seit vielen Jahren
in der betrieblichen Gesundheitsförderung (BGF). **Mit dem GKV-Wettbe-
werbsstärkungsgesetz wurde die BGF 2007 zu einer Pflichtleistung der
Krankenkassen aufgewertet.** Der Präventionsbericht dokumentiert für
2008 über 3.400 Projekte, rund 14 Prozent mehr als noch im Berichtsvor-
jahr. Auch die Anzahl der teilnehmenden Betriebe konnte von 3.888 auf
4.788 gesteigert werden. Rund 820.000 Arbeitnehmerinnen und Arbeitnehmer nutzten die Angebote, ein Zuwachs um 30 Prozent. Hoch im
Kurs standen Maßnahmen, die darauf abzielten, körperliche Belastungen
zu vermeiden oder zu reduzieren. Weitere Themen waren gesundheits-

bewusste Mitarbeiterführung, Stressmanagement, ausgewogene Ernährung und die Vermeidung von Suchtmittelkonsum."[180]

Persönliche und Firmen-Gesundheitsziele im Zusammenhang

Auch Einzelpersonen könnten ein höheres Gesundheitsbewusstsein haben. Offensichtlich halten sich die Arbeitnehmer für robust genug, überbordenden Nikotingenuss, Fettleibigkeit und Arbeiten bis zum Umfallen über längere Zeiträume auszuhalten. Gesundheit wird gerne bis zur Grenze und darüber ausgereizt. „Im Ergebnis ist festzuhalten, dass der Anreiz für präventionsförderliches Verhalten generell sehr gering ist. Daher ist es wahrscheinlich kein Zufall, dass hauptsächlich die Unternehmen als Träger übrig bleiben, die über ein nennenswertes Interesse an Präventionsmaßnahmen verfügen (sollten)."[181] Work-Life-Balance-Konzepte in Unternehmen setzen daher an ganz anderen Hebeln an. **Durch das gleichberechtigte, systemische Erfassen von persönlichen und Firmenzielen fühlen sich Mitarbeiter angesprochen, mehr an Eigenverantwortlichkeit in die Arbeit hinein zu nehmen. Unternehmen sind somit in der Lage, für Einzelpersonen Sinn zu stiften, Unternehmen wirken darin stabilisierend für den Gesamtlebenszusammenhang von Menschen. Gesundheit wird als Nebeneffekt gefördert, weil reflektiertes Gesundheitsverhalten im Rahmen einer verantwortlichen Work-Life-Balance für die Menschen Sinn macht.**

Ein Unternehmen mit etwa 30 Mitarbeitern ist 2009 an mich herangetreten, Näheres zum Thema Work-Life-Balance-Konzept zu erfahren. Der erste Kontakt wurde über einen Mitarbeiter des Unternehmens geknüpft. Üblicherweise haben Work-Life-Balance-Konzeptarbeiten im Unternehmen nur Sinn, wenn die Firmenleitung hohes Interesse zeigt, bottom-up geht die Implementierung von Work-Life-Balance-Systemen so gut wie gar nicht. Die Sichtweise des sich wirtschaftlich Lohnens ist eine unumgehbare Komponente in diesem Prozess und braucht die uneingeschränkte Zustimmung der Firmenleitung. In diesem Fall wurde ein Vortrag von mir für Geschäftsführung und Mitarbeiter vereinbart, um Gespräche mit der Geschäftsführung in Gang zu setzen. Nach dem Vortrag kam es tatsächlich zu mehreren Strategiegesprächen zwischen dem Geschäftsführer und mir. Das Unternehmen war in den letzten Jahren kontinuierlich gewachsen und alte Strukturen passten zunehmend nicht mehr zu den nunmehrigen Anforderungen. Organisationsentwicklung sollte stattfinden.

Hauptanliegen der Geschäftsführung war die Organisationsentwicklung einer Abteilung des Unternehmens. Es gab den Fall eines schwer erkrankten Mitarbeiters und es sollte ein Weg gefunden werden, wie der Mitarbeiter wieder zurück in die Arbeit kommen konnte, um dem Unternehmen langfristig erhalten zu bleiben. Der Arbeitnehmer war seit langen Jahren im Unternehmen und war seit geraumer Zeit in die Projektentwicklung eingebunden. Durch den langen krankheitsbedingten Ausfall litt die kleine Abteilung, in der er arbeitete, als Ganzes. Die Abteilung sollte wieder in Schwung kommen.

Im Zuge von weiteren Strategiegesprächen stellte sich heraus, dass die gesamte Arbeitsweise und Struktur der Abteilung dauerhaft zu Unstimmigkeiten führte. Einmal wurden bereits Mitarbeiter ausgewechselt, um eine Beruhigung der Situation herbeizuführen, was nicht gelang. Es war anzunehmen, dass der Mitarbeiter, der schwer erkrankt war, ebenfalls unter den Arbeitsbedingungen litt. Die Abteilung wurde daraufhin geteilt, damit der erkrankte Mitarbeiter seine Projekte, die ohnehin in Kürze ausliefen, nach seiner Rückkehr alleine weiter bearbeiten konnte. Der Rest der Abteilung musste ab sofort keine Vertretungstätigkeit für die Projekte des erkrankten Mitarbeiters leisten. Arbeitsgruppen zur Neupositionierung der Abteilung wurden gebildet. Der erkrankte Mitarbeiter kam an den Arbeitsplatz zurück, der nun auch räumlich von der ursprünglichen Abteilung getrennt war. Gespräche zwischen Mitarbeiter und Geschäftsführer hatten ergeben, dass der Mitarbeiter froh war, dass Bewegung in die Organisationsstruktur gekommen war und er aktuell in geänderter Struktur- und Raumsituation arbeiten konnte. Als langfristige Perspektive wurde ein Wechsel in eine ihm aus früheren Zeiten bekannte Abteilung mit einem eigenständigen Verantwortungsbereich angedacht und mittlerweile vollzogen. Die neue Aufgabe beinhaltet wesentlich weniger Entwicklungs- und Projektarbeit. Dem Mitarbeiter geht es gesundheitlich wieder gut und er arbeitet weiterhin für das Unternehmen. Auch die ursprüngliche Entwicklungsabteilung hat seither deutlich an Fahrt aufgenommen.

Mitarbeiter der Abteilung hatten einander vielschichtig blockiert. Die Folge war, dass Mitarbeiter der Abteilung das Dienstverhältnis gekündigt hatten, der erwähnte Mitarbeiter erkrankte schwer. Mehrere Maßnahmen mussten eingeleitet werden, um die Abteilung wieder rund laufen zu lassen. Gespräche zwischen Geschäftsführung und erkranktem Mitarbeiter machten eine Neupositionierung des erkrankten Mitarbeiters möglich, wobei die Gespräche dafür noch in der Krankenstandszeit des Mitarbeiters stattfanden. Ein Neustart der ganzen Abteilung konnte beginnen. Gefruchtet hat ein individuell angepasster Mix aus Coaching- und Organisationsentwicklungsstrategien. Methoden der betrieblichen Gesundheitsförderung wurden von der Geschäftsleitung nicht herangezogen.

Der Unternehmer investiert in Maßnahmen, die ihm über kurz oder lang einen gesteigerten Ertrag bringen. Folgende effektive Maßnahmen der Steigerung der Gesundheit der Belegschaft sollen dazu beitragen: Rückgang des Krankenstands und der Fehlzeiten, Verringerung der Fluktuation, Steigerung der Produkt- und Dienstleistungsqualität, Verbesserung des Images und der Corporate Identity, Verbesserung der innerbetrieblichen Koordination, Sicherstellung der Verfügbarkeit qualifizierten Personals.[182] Aber:

**Wie berechnet man den Nutzen von Investitionen
in das Wohlbefinden der Mitarbeiter?**

Kommt man bei Fragen des Wohlbefindens aller im Betrieb Tätigen, vom kleinen Angestellten bis zur Chefin, mit Berechnungen und Kennzahlensystemen einen Schritt weiter? Braucht es vielmehr nicht Überlegungen der Verhältnismäßigkeit und des verantwortungsvollen Empfindens für sich und andere? Wie ermittelt man dafür Qualitätskriterien? Mit Hilfe von Kennzahlen der Gesundheitsprävention begebe ich mich auf Spurensuche.

In der Gesundheitsprävention gibt es Berechnungen zu Gesundheitseinbußen. Geht es um die Volksgesundheit, wird meist mit allgemeinen Behandlungskosten für die Menschen gerechnet. Der einzelne rechnet meist mit Verdienstentgang im Krankheitsfall. Doch kann man auch Chancenentgang beziffern? Noch schwieriger wird die Messung von entgangener Lebensqualität: „Leid und Schmerz in Geld auszudrücken, wird zwar immer wieder versucht, ist aber wegen subjektiver Bewertungsprobleme bis heute nicht überzeugend gelungen."[183] Wenn wir von Antonovskys Salutogenesebegriff ausgehen, müssen wir fragen, was uns prinzipiell gesund hält – im physischen, aber auch im psychischen Sinne. Leben wir genug nach unseren Werten, haben wir uns eine Arbeit gesucht, die äußerlich viel Prestige abwirft, uns innerlich aber auffrisst? Haben wir einen guten Arbeitgeber, der uns flexibel die Kinderbetreuung managen lässt, aber einen Vorgesetzten oder eine Kollegin, die wenig wertschätzend agieren und uns das Leben schwer machen? Wann reagieren wir? **Welches „Controllingsystem" wenden wir an, um gegensteuernde Maßnahmen zu ergreifen, um nicht einen Bandscheibenvorfall zu erleiden, einen Herzinfarkt zu bekommen oder ins Burn-out zu trudeln?**

Betriebe ermitteln Kennzahlen meist auf der Basis mehrerer Berechnungsmodelle: Produktionsausfälle, nicht erbrachte Dienstleistungen, Wiederherstellungskosten der Arbeitsfähigkeit, Maßzahlen für Entgeltfortzahlungen oder Arbeitsunfälle. Eine Aufstellung von Demmer aus dem Jahr 1992 zeigt direkte, indirekte und nicht monetarisierbare Kosten- und Nutzeneffekte (Tabelle 7).

In der betriebswirtschaftlichen Kostenrechnung sind Ausfallszahlen allerdings nicht gleich Ausfallszahlen. **Oftmals kann die Produktion oder die Dienstleistung trotz krankheitsbedingtem Ausfall durch die Kollegenschaft abgefangen werden. Krankheit in gewissem Umfang ist bei der Personalkalkulation praktisch einberechnet.** Im Sinne eines Work-Life-Balance-Gedankens muss man allerdings die Frage stellen, wie weit man an der Vertretungsschraube drehen kann. Inwieweit tragen permanent wiederkehrende Ausfälle zu Leistungs- und Motivationsminderung bei? Ich verweise hier auf die Darstellung der positiven Wirkung von

Tabelle 7 Kosten- und Nutzenaspekte betrieblicher Gesundheitsförderung (nach Demmer)[184]

102 Gesundheitskosten

Kosten	Nutzen
direkt	
Interventionsausgaben, z.B.: • Untersuchungskosten • Verlorene Arbeitsstunden • Evaluierungskosten, z.B. für Begleitforschung	Ersparnisse infolge verbesserter Gesundheit und des Rückganges von: • Arbeitsunfähigkeit • Individuellen Risikofaktoren • Arbeitsunfällen/Berufskrankheiten • Absentismus
indirekt	
• Kosten für Planungs- und Durchführungspersonal • Gemeinkosten, etwa für die Nutzung betrieblicher Einrichtungen, Geräte • Negative Nebeneffekte, wie z.T. steigende Arbeitsunfähigkeit auf Grund von Krankheitsfrüherkennungen, Unfällen beim Fitnesssport • Volkswirtschaftlich: steigende Gesundheits-/Krankheitskosten aufgrund erhöhter Lebenserwartung	• Sinkende Gesundheitsvorsorge- und Krankenversicherungskosten • Erhöhte Produktivität • Erhöhte Lebenserwartung
nicht monetarisierbar	
• (Zeitweise) Befindensbeeinträchtigungen z.B. im Rahmen von Raucherentwöhnungsprogrammen oder Ernährungsumstellung	• Verbesserte(s)/gesteigerte (s) Wohlbefinden • Arbeitsmoral/Motivation • Arbeitszufriedenheit • Betriebsklima • Kommunikation • Kompetenzen zur Stressbewältigung

Puffern auf die Balancefähigkeit von Menschen im Modell des Spezialfahrrades von Michael Kastner (vgl. Kapitel 2).

„So lassen unsichere Arbeitsbedingungen oder zu intensive Beanspruchung der Mitarbeiter das Risiko von Betriebsstörungen ansteigen, ohne dass bereits ein messbarer Ausfall zu verzeichnen wäre. Stress im Unternehmen verschlechtert die Abläufe und Prozesse, die Gesamtperformance sinkt."[185]

„Nimmt die Störungssicherheit durch betriebliche Gesundheitsprävention zu, so kann auf Teile dieser Produktionspuffer verzichtet werden oder die Produktion wird ausgeweitet", konstatiert Thiehoff.[186] Den volkswirtschaftlichen Schaden unter Einrechnung aller direkten und indirekten Kosten durch Arbeitsunfähigkeit der deutschen Erwerbstätigen beziffert Thiehoff mit einer stattlichen Zahl von 92 Mrd. Euro. Der Anteil der Kosten für psychische Erkrankungen an diesem Betrag steigt in den letzten Jahren rapide an.[187] Thiehoff hat auf der Basis des Modells der Balanced Scorecard (BSC) von Kaplan und Norton ein Verfahren der effizienzgesteuerten Präventionsprogramme (EPP) entwickelt: „In dieses Präventionssteuerungsverfahren sind die verschiedenen Unternehmensschichten der BSC integriert (Wirtschaftlichkeits-, Wettbewerbs-, Mitarbeiter- und Kundensicht), genauso wie die Idee der lernenden Organisation. Das Unternehmen macht kontinuierlich Erfahrungen mit Akzeptanz und Effizienz der getroffenen Maßnahmenauswahl."[188]

In einem sehr umfassenden Kennzahlensystem aus monetären und nichtmonetären Bewertungen werden die Segmente Arbeitsbedingungen, Gesundheitskompetenzen, Arbeitsmotivation, Qualität, Produktivität, Produktionsausfälle, Personalpuffer und Imagefragen nach Wichtigkeitseinschätzung abgebildet. Eine Bewertung der Qualität der Segmente nach einer Skala von 1 bis 5 wird vorgenommen, womit sich eine „Nutzwertsumme" und ein „multidimensionaler Zielerfüllungsgrad ermitteln lässt. Diese beiden Werte lassen als Controllingelement Steuerungen zu.[189] „Dadurch kann ein Präventionsbudget bestimmt und fortlaufend in seine wirkungsvollste Verwendung gesteuert werden. Die betriebswirtschaftliche Einbindung mit Hilfe der BSC schafft erst die Voraussetzungen dafür, dass die Balancierungsprozesse zwischen Lebens- und Arbeitswelt gesundheitlich und wirtschaftlich gestaltet werden können."[190]

Man möchte mit Zahlen belegen, dass Systeme beherrschbar sind, die bei so vielen Soft-Faktoren aber tatsächlich nicht beherrschbar sind; deshalb wird hier das Modell von Thiehoff nicht weiter erläutert. Es braucht andere Ansätze grundsätzlicher Steuerung, die Unternehmenskulturen, Vertrauen und Visionen eines wertschätzenden Miteinanders im Blickfeld haben und unter systemischer Sichtweise viel Unternehmenstätigkeit auf einer hohen Verantwortlichkeit der Mitarbeiter geschehen lassen.

Die innere Uhr

Millionen an Gesundheits- und Lifestyle-Ratgebern sind in den letzten Jahren erschienen. Einerseits tun wir so, als ob wir alle immer mit unendlich viel Gesundheit ausgestattet wären, andererseits scheint die Angst, doch etwas falsch zu machen, immens groß zu sein. Wir lesen Lifestyle-Beiträge und Ratgeber eher zur Gewissensberuhigung und meist ohne nennenswerte nachhaltige Veränderung unserer Lebensgewohnheiten, obwohl sich in den letzten 20 Jahren einiges getan hat im Umgang mit dem eigenen Körper. Bioprodukte haben in unseren Breiten einen rasanten Aufstieg erlebt. Die klassische Schulmedizin wird zunehmend durch Mittel der Homöopathie und Formen der chinesischen Medizin vervollständigt. Und noch ein Zweig der Medizin ist in den letzten Jahren vermehrt wahrgenommen worden: die Chronomedizin.

„Zu den faszinierenden neuen Befunden gehört die Erkenntnis, das ein wesentlicher Teil unseres Innenlebens rhythmisch ist", stellt die Wissenschaftsjournalistin Jennifer Ackerman fest, die mit ihrem Buch „Sex Sleep Eat Drink Dream 2007 einen Sachbuchbestseller in den USA auf den Markt brachte.[191] Die Chronomedizin beschäftigt sich mit der medizinischen Analyse, Diagnose und den medizinischen und therapeutischen Anwendungen hinsichtlich der zeitlichen Struktur des Menschen. Die Wechselwirkungen zwischen dem physischen Organismus und zeitlichen Faktoren sollen Einblicke in die Gesundheitsstruktur unseres Daseins schaffen.

Uns soll in diesem Buch in einem Work-Life-Balance-Zusammenhang weniger interessieren, dass zum Beispiel Herzinfarkte eher in den Morgenstunden auftreten. **Es geht darum, dass wir wissen, dass sich in unserem Körper rhythmische Vorgänge abspielen, auf die wir mehr hören sollten als bisher. Wir sollten mehr mit unserem Rhythmus im Einklang leben.** Rhythmische Vorgänge unserer Organe und unseres Gefühlslebens sind nicht zu verwechseln mit dem Begriff des Biorhythmus, der in den 70er und 80er Jahren des 20. Jahrhunderts aufgetaucht ist. Dieser diente eher als Spielerei, um vor den neu aufgetauchten Computerprogrammen die Scheu zu verlieren. Diese in Sinuswellen dargestellten Schemata verschwanden nach einigen Jahren auf den Computerbildschirmen genauso wie auf Milchpaketen, auf denen Biorhythmusinformationen ebenfalls zu finden waren. Doch jedenfalls weiß man seit dieser Zeit, dass sich die Leistungsfähigkeit des Menschen je nach Tageszeit erheblich unterscheiden kann.

Die Chronomedizin ist dem Begriff der „inneren Uhr" zuordnen: „Chronomedizin als Forschungsfeld ist nicht neu, führte aber lange Zeit ein Schattendasein. Dabei spielt das Wissen um Zeit in der Medizin eine herausragende Rolle. Während Botaniker bereits früh viel über Rhythmen bei Pflanzen wussten – Carl von Linné beschrieb bereits um 1745 die so genannte Blumenuhr –, entwickelte sich die humane Chronobiologie und -medizin erst deutlich später. Eine Wiege war seit den sechziger Jahren das Max-Planck-Institut für Verhaltensphysiologie im bayerischen Erling-Andechs unter der Leitung von Jürgen Aschoff (1913-1998)."[192]

Aschoff begann 1966, gesunde Probanden wochenlang in einem Bunker vom Tageslicht und allen äußeren Zeitfaktoren abzuschirmen. Unter gesundheitlicher Betreuung wurden mittels Fragebögen und einfacher medizinischer Untersuchungen wie Körpertemperatur- und Blutdruckmessungen erste wissenschaftlich belegte Erkenntnisse über die innere

Uhr des Menschen dokumentiert. „Als Quintessenz ergab sich ein 25-Stunden-Rhythmus mit einem Verhältnis von einem Drittel schlafen zu zwei Dritteln wachen. Die Wissenschaftler wiesen so nach, dass es im Organismus eigene innere Uhren gibt, die uns auch unter völligem Fehlen äußerer Einflüsse takten."[193]

An der Universitätsklinik in Frankfurt wurde 2010 das erste chronomedizinische Institut Deutschlands gegründet. Schwerpunkt ist die Erforschung des so genannten „Chronotypus". Man weiß mittlerweile, dass sich im Schlaf Puls und Atmung auf einem Verhältnis von 4:1 einpendeln. Außerdem arbeiten bestimmte Organe in einer speziellen Rhythmik, viele Aspekte warten aber noch auf ihre Erforschung.

„Alle Menschen reagieren zwar ähnlich auf die großen Zeitgeber Licht, Dunkelheit, Nahrungsaufnahme, Jahreszeiten, auf Lebensphasen wie Pubertät, Wechseljahre, Senium. Jeder Mensch hat aber auch einen eigenen Chronotyp. Die bekannteste Unterscheidung betrifft die ‚Lerchen und Eulen'. Die meisten Menschen sind Lerchen, sind also morgens fit und abends müde. Bei Eulen ist die ganze Rhythmik nach hinten verschoben, sie wollen morgens länger schlafen, werden erst später am Tag fit, können dafür aber auch spät abends bis nachts noch sehr aktiv sein."[194]

Da könnte noch viel Erkenntnis auf uns zukommen, wenn wir Chronotypen mit Work-Life-Balance-Anforderungen vergleichen. Man denke an die Leistungsanforderungen in der Schule, die noch weitgehend ein gleichzeitiges Lernen aller zu vorgegebenen Zeiten durchführt. Eigene Erfahrungen der unpassenden Zeit der Wissensvermittlung kennen wir alle genauso, wie unpassende Zeiten für bestimmte Arbeitsschritte in unserem Job. **Es wird nachzuweisen sein, dass bestimmte Chronotypen bestimmte Rahmenbedingungen brauchen, um hohe Leistungen erbringen zu können.** Werden diese unterschiedliche Muster bei verschiedenen Menschen aufweisen? Zu vermuten wäre es. und abgesehen von wissenschaftlichen Messungen hatten die Menschen immer schon ihr Gefühl, das in vielen Fällen sagt: „Ich fühle mich nicht wohl, weil irgendwie lebe ich gegen meinen Strich."

Eigenverantwortung und Führungsachtsamkeit sind gefragt beim wirksamen Einsatz des sehr feinfühligen Themas der Chronomedizin und der rhythmischen Abläufe im Körper der Menschen. Chronomedizinische Gründe dürfen natürlich nicht missbraucht werden, um Dinge nun nicht (termingerecht) zu erledigen. Auch unter den Frühstartern am Morgen sind nicht nur Lerchen am Werk. **Diejenigen, die die Arbeit so früh wie möglich hinter sich bringen wollen, fangen lieber bald am Morgen an, egal, was ihr körperlicher Rhythmus dazu sagt.**

Vielleicht eröffnen sich durch chronomedizinische Ansätze in punkto Erkenntnisse bei Schlafstörungen auch neue Sichtweisen. **Der Drittelwert**

Schlaf unseres 24-Stunden-Tages, wie bei den ersten chronomedizinischen Untersuchungen der 1960er Jahre beschrieben, ist für viele Menschen in der westlichen Hemisphäre Utopie. Schlechter Schlaf kann mittlerweile als eine der Volkskrankheiten bezeichnet werden.

Auch zum Mittagsschlaf gibt es schon Untersuchungen: „Zwischen 14 Uhr und 16 Uhr haben die meisten Menschen ein physiologisches Tief, um diese Zeit sinkt – genau wie 12 Stunden früher und später in der Nachtmitte – die Körperkerntemperatur um bis zu 1,5 Grad ab, wir werden müde, empfindlich, und sollten uns dann tatsächlich für zwanzig bis dreißig Minuten hinlegen und ein Nickerchen machen. (...) Menschen, die mittags zwanzig Minuten nickerten, hatten nach fünf Jahren im Schnitt 37 Prozent weniger Herzinfarkte, als diejenigen, die das Mittagstief ignorierten und weiterarbeiteten."[195]

„Der menschliche Körper verfügt über ein ganzes Arsenal an inneren Uhren, die unser Leben messen. Diese Zeitmesser ticken in einer ‚Master'-Uhr im Gehirn und in den einzelnen Zellen in all unseren Geweben und beeinflussen einfach alles, von dem Zeitpunkt, an dem wir morgens gewöhnlich aufwachen, bis zu der Konzentration, mit der wir nachmittags lesen, und unserer Schnelligkeit beim Joggen am Abend, ja selbst die Kraft unseres Händeschüttelns auf einer abendlichen Party. Gewöhnlich sind wir uns der inneren Rhythmen nicht bewusst, die von diesen Uhren erzeugt werden, und spüren sie nur dann, wenn wir sie aus dem Tritt bringen, beispielsweise bei Schichtarbeit, beim Jetlag oder bei der Umstellung von der Sommer- auf die Winterzeit." Dem kann hinzugefügt werden, dass ein permanentes Leben gegen den inneren Zeitstrich nicht leistungsfördernd ist: „Wenn Sie Ihre Handlungen zeitlich so abstimmen, dass sie mit diesen Rhythmen einhergehen, können Sie ihre Leistungsfähigkeit bei einer Konferenz maximieren."[196]

Das Beispiel Konferenz sollte auch auf andere Aufgabenbereiche im Job anwendbar sein. Jedenfalls spricht es dafür, dass nicht rigide Kontrolle und Gleichgestaltung den beruflichen Alltag der Menschen bestimmen sollten, sondern ein hohes Maß an eigenverantwortlicher Arbeitseinteilung. Wenn jemand einen Mittagsschlaf braucht, sollte er die Gelegenheit dazu erhalten. Wenn sich jemand 10 Minuten auf eine Bank ins Freie zur Entspannung und zur Inspiration setzen möchte, dann sollte er das tun können. Vorbei sollten die Zeiten sein, dass man permanent geschäftig sein musste oder so tun musste, geschäftig zu sein, um als produktiv zu gelten. Mehr Sein als Schein täte der Arbeitskraftbewertung gut.

Vor etwa 20 Jahren ist der Spruch sehr geläufig gewesen: Geht nicht, gibt's nicht. Er bedeutete, dass es für alle Anforderungen im Geschäftsleben auch eine Lösung gibt, und nur wer solche Lösungen immer und innerhalb kürzester Zeit herstellen konnte, war der Marktführer. Das hat eine Superanforderungsmachinerie in Gang gesetzt. Multitasking ist quasi als Qualitätssiegel über Nacht in unseren Sprachgebrauch und in unseren Arbeitsstil hineingebrochen. Wer nicht viele Sachen gleichzeitig erledigen kann, ist erledigt. Man kann den Broker an der Börse als Bild vor sich haben, mit zwei Mobiltelefonen gleichzeitig am Ohr, die Daten am Bildschirm im Auge und die allgemeinen Anzeigen auch, in einer Unterhaltung mit einem Kollegen. Soll man das für produktiv halten, praktisch als Ziel für Superproduktivität, oder sind solche Leute zu bedauern, weil sie, Raubbau an der eigenen Gesundheit betreibend, sich nicht mehr spüren können, und, alles Effizienzkriterien unterwerfend, immer nur das wichtigste erledigen, dabei nur mehr Geld im Auge habend und wie eine Maschine funktionierend? Auf jeden Fall ist es eine ziemlich eingeschränkte Lebenswahrnehmung, auf Dauer vermutlich extrem ungesund und wer weiß, ob nicht auch nicht optimal leistungsfähig. **Wenn man nicht mehr sagen kann, dass etwas nicht mehr geht, muss man das Unmögliche möglich machen, was auf die Dauer im Sinne einer Balance im Leben meistens schief geht und schwerwiegende Auswirkungen auf die Befindlichkeit und damit auf die langfristig hohe Leistungsfähigkeit hat.**

Leistung an sich ist ja nichts Schlechtes, es kommt darauf an, wie sehr man den Bogen spannt und ab wann der Bogen überspannt wird. Selbststeuerung trägt zu unserem Wohlbefinden bei und auch Selbstbegrenzung. Eine schwierige Aufgabe, wenn die Motivation (des Geldverdienens) da ist und es um hohe Leistungsanforderungen geht. Wer kann da schon nein sagen? Sollte man aber. „Es ist für jeden einzelnen genau zu überlegen, was kann ich selbst schaffen? Dass ich selbst Regie führen kann und Herr im eigenen Seelenhaus bleiben kann und dann ist jede Herausforderung ein Glücksfaktor."[197]

Ein Beispiel des Burn-outs durch Freude an der Arbeit zeigt der Fall der deutschen Schauspielerin und Kabarettistin Sissi Perlinger, ausgestattet mit dem Grimme-Preis, die, während ich dieses Buch schreibe, mit ihrem Programm „Gönn' dir ne Auszeit" unterwegs ist und darin die Erfahrungen eines gesundheitlichen Zusammenbruchs in Form eines Hörsturzes verarbeitet. „Gönn Dir ne Auszeit habe ich mein Programm genannt, weil wir alle viel zu viel arbeiten. Wenn man, so wie ich, auch in anderen Ländern lebt, sieht man, dass die Menschen manchmal auch ihr Leben genießen. Hier wird nur geschuftet, und wenn man einmal frei hat, wird darüber geredet, was man in der Karriere noch besser machen könnte. Mein Leben ist lange so verlaufen und ich habe mir dadurch einen bösen Tinnitus eingehandelt, den ich nach drei Jahren erst wieder losgeworden bin. Diese Odyssee beschreibt mein Programm und auch mein Buch."

Als Generalweg für die neue Sissi Perlinger sieht sie die Ausgewogenheit von „Auszeiten und Applauszeiten". „In meiner Show spreche ich darüber, dass ich mir einmal nur beruflichen Erfolg gewünscht habe und diese Ziele haben sich alle materialisiert und plötzlich war ich nur noch am Schuften. Ich hatte drei Jobs gleichzeitig, und das ist keine gute Idee. Wenn ich mir heute was wünsche, ist das Glück, Kreativität und dass ich den Zustand, den ich jetzt habe, so lange wie möglich genießen kann, als Skurril-Entertainerin auf der ganzen Welt spielen zu können." [198]

Über das Phänomen Stress und seine Auswirkungen wurde in den letzten 20 Jahren viel berichtet. Schlagzeilen in der Presse sind aufgetaucht wie „Stress im Job. Jeder Dritte fühlt sich krank", „Arbeit schlägt oft auf die Psyche", „Allzeit bereit für die Firma", „Chronischer Stress als Begleiter", „Erste Anzeichen sollte man ernst nehmen" und, und, und…

Unser persönlicher Energielevel

„Stress ist uns allen in dieser schnelllebigen Zeit vertraut. Stress ist jedoch nicht nur negativ zu sehen. Der Begründer der modernen Stressforschung Hans Seyle unterscheidet zwischen Eustress und Disstress. Wenn ein Mensch unter Eustress steht, so wirkt sich das positiv auf seine subjektive Befindlichkeit, auf sein Problemlösungsverhalten, auf seine Leistungs- und Konzentrationsfähigkeit, seine Lebensfreude sowie auch auf seine sexuelle Lust aus." [199]

Zuständig für die Abläufe im Körper sind die so genannten Neurotransmitter, Botenstoffe, die über Synapsen Informationen von einer Nervenzelle zur anderen übertragen. Heute kennt zum Beispiel eine breitere Öffentlichkeit die Neurotransmitter Dopamin oder Seratonin, die auch als Glückshormone bekannt sind. **Im positiven Stress kommt es zu einer höheren Durchblutung des Gehirns, die Synapsen werden vermehrt.** Bei Disstress tritt eine Überforderung des Systems auf, was in der Wirkung die Bewältigung von Aufgaben verschlechtert und statt des Hochgefühls im Eustress Lustlosigkeit und Versagensängste produziert. Im chronischen Disstress wird ein weiteres Transmittersystem zugeschaltet, das vom Gehirn über die Hirnanhangdrüse zur Nebenniere wirkt und dort eine Cortisolausschüttung veranlasst. Dies ist ein Kompensationsmechanismus, der für einige Zeit das System aufrechterhält, wodurch es jedoch auch zu negativen Veränderungen kommt. Die länger dauernde Erhöhung des Cortisolspiegels bedeutet eine zunehmende Verminderung der Gehirndurchblutung, eine Abnahme der Schaltstellen und eine Zurückbildung der Nervenfortsätze. [200]

Erschöpfungszustände treten ein, die auf Dauer zu Erschöpfungsdepressionen und zum Auftauchen des so genannten Burn-out-Syndroms führen können. Auch körperliche Krankheitsbilder können dann entstehen. Der Körper gibt praktisch an der schwächsten Stelle nach und signalisiert durch den Ausbruch einer Krankheit, dass womöglich das Gesamtsystem überfordert ist.

Gemeinsam mit einem Kollegen, Gottfried Jakober, Geschäftsführer des Salzburger Kuratoriums für psychische Gesundheit, entwickelte ich ein Work-Life-Balance-Seminar mit dem Titel „Handeln, bevor die Batterien leer sind", das wir in den Jahren 2010 und 2011 im Wesentlichen für Unternehmer aus dem Bundesland Salzburg einsetzten. Die Seminare wurden in Kooperation mit der Salzburger Wirtschaftskammer, der Arbeitgebervertretung mit Pflichtmitgliedschaft im Land Salzburg, veranstaltet.

Zu Beginn der Work-Life-Balance-Seminare führten wir eine einfache Ist-Analyse durch. Wir haben die Seminarteilnehmer ersucht, sich entlang einer gedachten Skala von 0 bis 100 einzuordnen. Die erste Frage lautete: „Wie hoch ist ihr derzeitiger Energielevel im Allgemeinen?" Die Teilnehmer stellten sich ganz unterschiedlich auf der Linie auf. Erstaunlich war auch die Ehrlichkeit der meisten Teilnehmer, die sich in vielen Fällen sehr ganz deutlich ganz oben und auch vor allem ganz unten positionierten. Der Wert 0 ganz unten an der Linie gab die gänzliche Energielosigkeit an, der Wert 100 absolut volle Akkus. Das Ergebnis hielten wir auf einer Flipchart-Grafik fest.

In einer Zusatzfrage überprüften wir vergangene Energiewerte der Teilnehmer: „Wenn Sie sich zurückerinnern, welchen Wert haben Sie minimal erreicht, als sie sich sehr leer fühlten?

Wir fragten nun die TeilnehmerInnen, welchen Punkt der Grafik sie als denjenigen ansähen, ab dem es höchste Zeit wäre, gegenzusteuern, der „Alarmstufe-Rot-Punkt" sozusagen. Zum Abschluss erfragten wir von den Teilnehmern noch den Punkt auf der Skala, der eine ausgewogene Balance und genügend Energie für gute Leistungen darstellt.

Das nicht wissenschaftlich fundierte, aber sehr augenscheinliche Ergebnis war eine Grafik, die in mehreren Seminaren etwa dieselben Ergebnisse brachte, bei der die Alarmstufe-Rot-Linie bei einem Wert von 25 bis 30 ansetzte und die gute Energielinie bei einem Wert von 75 begann (Bild 7). Im Seminar hatten wir etliche Teilnehmer, die sich jenseits, also unterhalb des Wertes von 30 aktuell und in vergangenen Zeiten befanden. Eine Befragung über das Befinden in dieser Situation brachte stets einheitliche Aussagen. Die Teilnehmer hätten in diesen Situationen kaum bemerkt bzw. wahrhaben wollen, wie schlecht ihr Energiezustand war. Einmal unter den Wert von 50 auf der Skala gefallen, war es für viele Teilnehmer äußerst mühsam, den Energielevel wieder nach oben zu bringen. Schilderungen von schweren Burn-out-Zeiten mit langwierigen Behandlungs- und Auszeiten wurden uns vermittelt. Wie bei einer Autobatterie war es sehr schwer, einen Entladungszustand ins Positive umzudrehen.

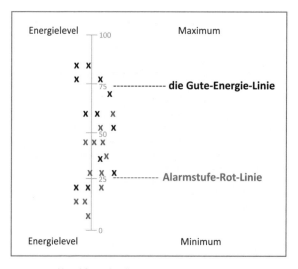

X = Zustand bei Abfrage aktuell
X = jemals empfundener schlechter Energiezustand

Bild 7 Die Energietafel

Ins Work-Life-Balance-Unternehmenskonzept kann man Mechanismen integrieren, die den Chefs und den Mitarbeitern in regelmäßigen Abständen ihre Energiezustände vor Augen führen. Weil sich Menschen im Unternehmen im Allgemeinen fitter fühlen als sie tatsächlich sind, empfiehlt es sich, zur Teilnahme an solchen Gesprächen, Reflexionseinheiten, Coachings usw. eine Verpflichtung auszusprechen. Mitarbeiter und Chefs sollten nicht im gleichen Seminar den „Batteriecheck" durchführen, um Ehrlichkeit in der Situation zu gewinnen.

Wir bemerken oftmals nicht, welch schlechte Energiebilanz wir aufweisen. Oft wird eine „Augen zu und durch"-Mentalität an den Tag gelegt, die mitunter für längere Zeit anhält, wenn sie nicht überhaupt zum Dauerzustand mutiert. Das Risiko von Überforderungszuständen, die sich nachhaltig festsetzen können und bei Unterschreitung einer kritischen Marke ernsthafte gesundheitliche Probleme hervorrufen, sollte klein gehalten werden. Wirtschaftlichem Schaden wird so vorgebeugt.

Der Beobachtung durch die Führungskraft und einem reflektierten Einschätzungsvermögen der Mitarbeiter im Sinne von Work-Life-Balance-Anwendungen kommt bei der Beurteilung der Arbeitskraftzustände eine besondere Rolle zu. Mir sind keine Systeme bekannt, diese Zustände über Kennzahlensysteme in Erfahrung zu bringen.

Tipps für mehr Achtsamkeit auf gesundheitliche Befindlichkeiten

103 Achten Sie auf Ihren persönlichen Energielevel und den Ihrer Mitarbeiter.

104 Gönnen Sie sich und ihren Mitarbeitern Energiereflexions- und Energieaufladeeinheiten.

105 Beachten Sie Erkenntnisse der Chronomedizin und lassen Sie es so weit wie möglich im Ermessensspielraum der Mitarbeiter, die Arbeitszeiten individuell festzulegen.

106 Bieten Sie im Unternehmen Gesundheitsprogramme an.

3.6 Das Glück

In meine Praxis kommen gut ausgebildete Menschen, die viel erreicht haben im Leben und trotzdem von hohen Unzufriedenheiten geplagt werden. Es ist nicht immer leicht, dauerhaft eine exponierte Position im Arbeitsleben einzunehmen und diese auf hohem Niveau zu erhalten. Nichts ist so sicher wie die Veränderung. Das erfordert ständige Bewertung eigenen Tuns und der Rahmenbedingungen und es erfordert vor allem Aufmerksamkeit und Zeit. Von solchen Faktoren hängt Glück ab.

In meiner Tätigkeit als Work-Life-Balance-Berater für Unternehmen bin ich immer wieder auf Menschen getroffen, die die viele Zeit in der Arbeit eher unglücklich verbrachten, ab und zu bin ich auch auf dramatische Lebenssituationen gestoßen. Leute haben mir von ihrem Unglück erzählt. Dabei haben sich für mich sehr viele Sichtweisen auf das Unglück der Leute ergeben.

In jungen Jahren nach dem Studium, obwohl ich vor dem Studium bereits einige Jahre berufstätig war, habe ich eine Sozialberatung in Salzburg geleitet und sehr viele Menschen beraten, die am Existenzminimum lebten und sich oft in äußerst schwierigen Lebenssituationen befanden. Zum Teil wussten die Leute um zehn Uhr am Vormittag nicht, wo sie die nächste Nacht verbringen sollten. Diese Menschen zeigten sich, obwohl oder gerade weil existenzgefährdet, in weiten Strecken sehr dankbar für sehr wenig Hilfeleistung.

Was Glück und was Unglück ist, relativiert sich also unter verschiedenen Rahmenbedingungen.

Im Berufsalltag können jederzeit Situationen auftauchen, die uns glücklich oder unglücklich machen. Kann ich darauf vertrauen, dass mein heutiger Tag von glücklichen Ereignissen geprägt ist? Muss ich damit rechnen, dass heute wieder alles schief laufen wird? Geht es im Unternehmen (auch) darum, die Menschen glücklich zu machen?

In diesem Kapitel wollen wir das Glück unter die Lupe nehmen und von mehreren Seiten betrachten. Ich werde mich dem Glück von der medizinisch-therapeutischen Seite nähern und von der philosophischen.

Eine Mitarbeiterin in gehobener Position in einem österreichischen Wissenschaftsbetrieb kam recht unglücklich zu mir. Sie hatte gerade das jährliche Mitarbeitergespräch mit ihrem Chef hinter sich. Ein erfolgreiches, sehr arbeitsames Jahr war abgelaufen. Sie hatte einen beruflichen Aufstieg mitgemacht und war sich der Wertschätzung ihrer Leistungen durch den Chef sicher.

Beim Gespräch kamen beiderseits Aktivitäten der vollen Zufriedenheit zur Sprache. Meine Klientin brachte im Zuge des Gesprächs auch einige Kritikpunkte zur Sprache. Sie war sich sicher, dass der Chef auch an Qualitätsverbesserungen interessiert war. Überstunden, bei einer von beiden Seiten vereinbarten 30-Stunden-Woche, ließen sich nicht ohne Qualitätsverlust abbauen, auch waren aus Sicht meiner Klientin Qualitätsmängel in der übergreifenden Forschungs- und Lehrtätigkeit in der Kollegenschaft ein neu aufgetauchtes Thema.

Der Vorgesetzte hielt viel von den fachlichen Fähigkeiten meiner Klientin. Gleichzeitig war der Chef dabei, ein System mit jungen Mitarbeitern aufzubauen, und zwar mit denjenigen Mitarbeitern, die aus Sicht meiner Klientin in der Arbeit Qualitätsmängel aufwiesen. In organisatorischen Fragen und Fragen der Umsetzung von Lehre und Forschung teilten sie widerspruchslos die Cheflinie und trugen sie mit.

Nun war meine Klientin durchaus keine streitlustige und schwer konsensfähige Person, im Gegenteil und wie gesagt, der Chef schätzte ihre Leistungen auch sehr. Offenbar stellte der Chef die reibungslose Durchführung seiner Linie aber über das Aufzeigen von Qualitätsmängeln. Im Mitarbeitergespräch ignorierte der Chef die Anliegen seiner Mitarbeiterin und verschärfte am Ende des Gesprächs durch die überraschende Übergabe eines zusätzlichen Projekts die prekäre Lage meiner Klientin. In kühler Atmosphäre wurde das Gespräch beendet.

Meine Klientin fühlte sich nicht wertgeschätzt, obwohl sie vor gar nicht so langer Zeit eine firmeninterne Auszeichnung für ihre Tätigkeit bekommen hatte und sich der Unterstützung des Chefs immer sicher war. Nach dem Gespräch war dieses Vertrauensverhältnis arg beeinträchtigt. Doppelte Frustration kam auf, als sie mit mehr Arbeit aus dem Mitarbeitergespräch herausging, als sie – bereits überlastet – hineingegangen war. Sie musste schließlich zur Kenntnis nehmen, dass sie mit ihrem Qualitätsanspruch in diesem systemischen Zusammenhang wenig Chancen haben würde, ihre erfolgreiche Arbeit fortzusetzen, weder vom Anspruch her, noch von der zur Verfügung stehenden Zeit, und auch nicht mehr aus Sicht eines wohlwollenden Klimas durch den Vorgesetzten.

Erste Gedanken an Kündigung und Jobwechsel kamen auf. Nach der Aufbereitung des Szenarios hatte sich die Situation insofern stabilisiert, dass eine Weiterarbeit in derselben Abteilung für meine Klientin grundsätzlich möglich war. Sie verstand den Ablauf der Geschehnisse nun besser und nahm eine Neubewertung ihrer Situation vor. Sie wollte eine geänderte Schwerpunktsetzung vornehmen, die sie mehr in die Nähe einer anderen Führungskraft brachte. Vom bisherigen Chef wollte sie möglicht großen Abstand erreichen. Sie hielt strikt am bisher vereinbarten Arbeitsausmaß von 30 Stunden fest und verlagerte nach und nach insgesamt drei Viertel des bisherigen Arbeitsaufwandes in andere Zuständigkeitsbereiche. Ab dem Mitarbeitergespräch war das positive Arbeitsklima schließlich auf einen Schlag erheblich gestört gewesen, was für beide Seiten weitreichende Konsequenzen hatte. Angesichts vorliegender organisatorischer Spielräume, die die Mitarbeiterin nutzen konnte, wurde aber eine Zusammenarbeit grundsätzlich weiterhin möglich.

Der deutsche Philosoph Wilhelm Schmid hat mit zahlreichen Veröffentlichungen zum Thema Glück in den letzten beiden Jahrzehnten viele Facetten des Begriffs beschrieben. „Zufallsglück" ist etwas, das die Menschen ein Leben lang begleitet. „Menschen wünschen sich etwas, das ihnen unvermutet zufällt und günstig für sie ausfällt."[201] Schmid sagt, man solle sich nicht auf Zufälle verlassen, wenn es so etwas überhaupt gibt, und sollte mit Aufmerksamkeit und Gespür in vermeintlichen Zufällen Chancen erkennen und handeln. Schmid zitiert den von Seneca inspirierten Satz: „Luck is where opportunity meets preparation." – auf Deutsch sinngemäß etwa „Glück ist, wenn Gelegenheit auf gute Vorbereitung trifft." „Wohlfühlglück" ist ein sehr moderner Glückbegriff. Wir freuen uns, dass es uns gut geht, wir sind gesund, wir haben Spaß, wir leben lustvoll und haben Erfolg, wir sehen unser Leben positiv, es geht uns gut. **Das Problem ist, dass höhere Glücksgefühle nie lange anhalten, es gibt eigentlich nur Glücksmomente, die hin und wieder auftauchen.**[202] Wir neigen dazu, eine Anhäufung solcher Glücksmomente anzustreben. Hat man früher eher noch bescheiden Glück genossen, geht es heute schon eher um die Zurschaustellung von Grücksgraden, ohne die man in seinem Umfeld bereits als Loser abgestempelt wird. Wir bauen damit Erwartungshaltungen an unser Glück auf, die schwer zu erfüllen sind. **Wir warten sozusagen schon auf das Glück, bis es endlich da ist, um es dann rasch abzuhaken, um das nächste, etwas größere Glück in Empfang zu nehmen.** Denn immer der gleiche gute Wein schmeckt auch nicht mehr. Schmid konstatiert: **„Der moderne Begriff von Glück ist ein solcher Maßstab, der Menschen systematisch ins Unglück treibt."**[203]

Hingegen sind diejenigen in der Lage, Glück in sich sehr gut aufzunehmen und nachhaltig zu nutzen, die „das Glück der Fülle" erreichen. Es bezieht immer auch das nicht vorhersehbar Negative mit ein und ist demnach von einer entsprechenden reflektierten geistigen Haltung der Menschen abhängig. „Dieses Glück ist umfassender und dauerhafter als das Zufallsglück und das Wohlfühlglück; es ist das eigentlich philosophische Glück, nicht abhängig von günstigen oder ungünstigen Zufällen, von den monetären Schwankungen zwischen Wohlgefühl und Unwohlsein, vielmehr die immer aufs Neue zu findende Balance in aller Polarität des Lebens."[204]

Der Neurologe und Psychotherapeut und Leiter der psychosomatischen Abteilung der Universitätsklinik für Psychiatrie und Psychotherapie in Salzburg Manfred Stelzig wundert sich über das Glücksverständnis der heutigen Zeit. Er erlebt viele kranke Menschen in seiner täglichen Praxis als Arzt. In seinem Buch „Keine Angst vor dem Glück" geht er auf Ursachenforschung: „Noch nie ist es uns objektiv gesehen so gut gegangen wie heute: steigende Lebenserwartung, hoher Lebensstandard, viel Freizeit und alles, was die Spaßgesellschaft sonst noch an netten Dingen zu bieten hat. Trotzdem ist die subjektive Befindlichkeit der Mehrheit so schlecht wie noch nie – Stress, Angst, Depression, Panikattacken. Wir sind psychisch krank! Wie kann das sein?"[205]

Glück liegt in einer Vielfalt, in bewältigbaren Anforderungen und eher in Begrenztheit als in Ausuferung: „Es ist schön, in mehreren Bereichen kompetent zu sein, vielfach eingeladen zu werden, etwas zu sagen, da kommt man sich sehr wertgeschätzt vor und da kommen schon Glücksgefühle auf. An sich ist Glück aber damit zu sehen, sich selbst begrenzen. Ich schaue in meinen Seminaren genau darauf, wie viel die Leute Multitasking betreiben und wie sehr sie selbst Regie führen oder von anderen geleitet werden (...). Wie sehr kann ich Herr im eigenen Seelenhaus bleiben."[206]

Glück ist sehr individuell und scheint mitunter sich selbst zu steuern. Es ist eine schwierige Aufgabe, in der Fülle an Möglichkeiten immer selbst „richtig" zu entscheiden. „Herausforderung ist schon auch ein Glücksfaktor. Allerdings sehen wir auf der einen Seite die Überforderung, das Burnout, und auf der anderen Seite gibt es das Bore-out, die Überforderung durch Langeweile. Irgendwo dazwischen liegt das Glück."[207]

Glück hat jedenfalls nur bedingt mit materiellem Reichtum zu tun, da stimmt Stelzig mit dem französischen Autor und Psychotherapeuten Francois Lelord überein, der in Frankreich, trotz hohem materiellem Wohlstand der Gesamtbevölkerung, eine sehr hohe Dichte an Psychotherapeuten sieht, was seiner Ansicht nach einen Rückschluss auf die Glücklichkeit der Franzosen zulässt. Auch der Philosoph Schmid stellt der Jagd nach materiellem Wohlstand kein gutes Zeugnis aus: „Durch die Fixierung auf die Befriedigung momentaner Bedürfnisse wird die Arbeit über sich hinaus für andere wie auch für kommende Generationen fragwürdig. Wie sonst wäre zu erklären, dass materieller Wohlstand eine solche Erfahrung von Sinnlosigkeit erzeugt? Daher wird inmitten der modernen Zeit verstärkt nach Sinn gefragt."[208] Viel Potenzial liegt brach. Sinnstiftende Unternehmen können Balancen in Mitarbeitern erzeugen, die mit neuer Ausgeglichenheit und Motivation wiederum die Unternehmen voranbringen.[209]

Was ist Glück?

Stelzig nimmt eine grobe Bezifferung von Einkommensrahmen und Glück vor: Bis zu einem Monatseinkommen von 1.500 € klagen die Leute sehr über Einkommensschwachheit. Ab einer Grenze von 5.000 € an monatlichem Einkommen ist keine relevante Glückssteigerung mehr durch zusätzliches Einkommen zu erzielen.

Lelord schickt seinen Protagonisten Hector auf die Reise um die ganze Welt, um Kriterien für das Glück ausfindig zu machen, und stellt schließlich dreiundzwanzig Thesen zum Glücklichwerden auf (Tabelle 8).

Herr Rossi ist eine Zeichentrickfigur des Italienischen Trickfilmers Bruno Bozzetto. Bozzetto wurde mit Kurzfilmen in den 1960er und 1970er Jahren bekannt, vor allem mit dem Vierteiler „Herr Rossi sucht das Glück". Es geht um den unglücklichen Industriearbeiter Rossi, der von seinem Chef gepeinigt wird und Trost in seinem einzigen Freund, dem Hund Gastone findet. Einige Geschichten finden in besonderen Freizeitsituationen statt (am Strand oder beim Skilaufen), in denen Herr Rossi sich gerne mit anderen vergleicht und dabei meist schlecht aussieht. Darüber hinaus stößt Herr Rossi in seiner Sehnsucht nach dem Individuellen bei seinen Aktivitäten immer wieder auf Phänomene des Massenkonsums. Eines Tages bekommt Herr Rossi von einer Fee eine Trillerpfeife geschenkt, die es ihm und seinem Hund Gastone erlaubt, Zeitreisen anzustellen. In jeder Epoche stießen die beiden aber auf massive Probleme, sodass sie wieder gerne in den Alltag zurückkehrten.

In der deutschen Textfassung der Titelmelodie heißt es unter anderem:

Ja Herr Rossi möchte noch mehr,
so ein Auto macht was her,
auch mal Sekt statt immer Milch.
Mal wie Reiche sich benehmen,
In der Spielbank Geld ausgeben.
Was noch, was noch, was noch?
Andre können alles haben,
können sich an Feinstem laben,
und von eben diesen Gaben
möcht' Herr Rossi auch was haben![211]

Tabelle 8 23 Thesen zum Glücklichwerden (nach Lelord)[210]

Glücklich werden
107 I. Vergleiche anzustellen ist ein gutes Mittel, sich sein Glück zu vermiesen.
108 II. Glück kommt oft überraschend.
109 III. Viele Leute sehen ihr Glück nur in der Zukunft.
110 IV. Viele Leute denken, dass Glück bedeutet, reicher oder mächtiger zu sein.
111 V. Manchmal bedeutet Glück, etwas nicht zu begreifen.
112 VI. Glück, das ist eine gute Wanderung inmitten schöner unbekannter Berge.
113 VII. Es ist ein Irrtum zu glauben, Glück wäre das Ziel.
114 VIII. Glück ist, mit den Menschen zusammen zu sein, die man liebt.
115 IX. Glück ist, wenn es der Familie an nichts mangelt.
116 X. Glück ist, wenn man eine Beschäftigung hat, die man liebt.
117 XI. Glück ist, wenn man ein Haus und einen Garten hat.
118 XII. Glück ist schwieriger in einem Land, das von schlechten Leuten regiert wird.
119 XIII. Glück ist, wenn man spürt, dass man den anderen nützlich ist.
120 XIV. Glück ist, wenn man dafür geliebt wird, wie man eben ist.
121 XV. Glück ist, wenn man sich rundherum lebendig fühlt.
122 XVI. Glück ist, wenn man richtig feiert.
123 XVII. Glück ist, wenn man an das Glück der Leute denkt, die man liebt.
124 XVIII. Glück ist, wenn man der Meinung anderer Leute nicht zuviel Gewicht beimisst.
125 XIX. Sonne und Meer sind ein Glück für alle Menschen.
126 XX. Glück ist eine Sichtweise auf die Dinge.
127 XXI. Rivalität ist ein schlimmes Gift für das Glück.
128 XXII. Frauen achten mehr auf das Glück der anderen als Männer.
129 XXIII. Bedeutet Glück, dass man sich um das Glück der anderen kümmert?

In der von mir schon zuvor beschriebenen und zitierten Radiosendung Fair Play, die ich einmal im Monat gestalte und zu der ich Menschen einlade, mit denen ich live on Air eine Stunde zum Thema sozial nachhaltiges Wirtschaften plaudere, bringen die Gäste immer selbst die Musiktitel mit, die während der Sendung gespielt werden. Musik ist Emotion und zeigt eine Seite der Gäste, die in Worten kaum auszudrücken wäre, außerdem kann Musik in Genre oder Titel und Text auch thematisch gut passen, was im Falle von Manfred Stelzig mit dem ersten Musiktitel der

Beatles mit „I want to hold your Hand" der Fall war: „Glück ist sehr stark durch Beziehungen, durch Freundschaften und Liebe bestimmt, und das drückt sich in vielen Songs der Beatles aus, und darum sind sie mir auch so wichtig. Dieses Halten und den Anderen spüren ist eines der wichtigsten Dinge, was Glück bedeutet."[212]

Der Verfall der Sinne in unserer technischen Welt schreitet fort, anstatt aufmerksam zu sehen, zu hören und zu riechen verbringen wir Stunden vor dem Bildschirm und essen Fastfood. Wir bewegen uns in Summe viel zu wenig und kommen nicht mehr dazu, unsere Natur in uns aufzunehmen. Es ist an der Zeit, unseren Sinnen wieder mehr Platz einzuräumen, um mehr Sinn in unser Leben zu bringen. Liebe, Freunde, Kinder, die Region, in der wir zu Hause sind, Geselligkeit und unsere Arbeit sollen dominante Standbeine der Sinnerschaffung werden. Sich die Freiheit zu nehmen, wieder mit sich selbst in Kontakt zu kommen und zu entscheiden, auf welches Ziel man zugehen möchte. Perspektiven machen Sinn. Visionen führen zu Aufgaben, die man gerne erledigt.[213]

Es gibt auch Glücksmessungen, die abseits von klassischen Bewertungen als Erfolgsmesser schlechthin durchgeführt werden: das Bruttonationalglück im kleinen, materiell armen Himalajastaat Bhutan und der Happy Planet Index.

Bhutan geht den Weg einer Selbstbeschränkung. Bewusste Steuerung und Begrenzung der Einfuhren und der Tourismusströme. Keine Überschwemmung mit Gütern der modernen Zivilisation, für die das Land und die Menschen nicht gerüstet wären. Der Ausdruck Bruttonationalglück geht auf eine Antwort des Königs von Bhutan 1979 an einen indischen Journalisten zurück, der ihn nach dem Bruttonationalprodukt seines Landes fragte und dann eben die Antwort nach der anders gearteten Erfolgsmessung von Bhutan erhielt, die sich nicht nur dem Wirtschaftswachstum, sondern in erster Linie dem Buddhismus und der landeseigenen Kultur verpflichtet fühle.

Mittlerweile sind in den letzten Jahren auch in westlichen Industrieländern Bestrebungen im Gange, den Wohlstand nicht mehr nur in Wirtschaftsdaten zu messen. Eine dieser Messgrößen ist der Happy Planet Index (HPI).

Dieser Index versucht ein Maß für die ökologische Effizienz und die Erzeugung von Zufriedenheit in einem bestimmten Land anzugeben. Dazu werden Werte für Lebenszufriedenheit, Lebenserwartung und ökologischen Fußabdruck kombiniert. Der Happy Planet Index wurde erstmals im Juli 2006 von der New Economics Foundation in Zusammenarbeit mit Friends of the Earth Großbritannien publiziert. Dieser Zufriedenheitsbericht sieht Länder wie Kolumbien und Costa Rica weit vorne, in Europa führt Malta die Bestenliste an. Österreich würde in der Asienwertung gerade einmal Platz 14 hinter der Mongolei und in der Afrikawertung Platz 6 hinter Mauritius belegen. Von den G8-Ländern erreicht Italien die höchste HPI-Wertung auf Platz 66, gefolgt von Deutschland auf Platz 81 und Japan, mit Platz 95 gerade noch unter den Top 100 der Weltwertung.

Der HPI scheint für uns Mitteleuropäer ein verzerrtes Glücksbild zu sein, da wir, von unserem Glücksbegriff ausgehend, mit hoher Genügsamkeit und dem in Einklang mit der Natur leben nur wenig anfangen können. Dazu sagt Stelzig:

„Wenn ein Mensch sich nur in seiner Haut wohlfühlen soll, weil er mit der Natur verbunden ist und weil er in einem Land lebt, wo die Sonne warm ist und man barfuss herumlaufen kann und auch sonst nicht besonders irritiert ist durch Computer, Fernsehen und Elektrizität usw., dann kann man leicht glücklich sein. Aber wir wollen uns ja nicht reduzieren auf einen Lendenschurz und barfuss herumlaufen, sondern wir wollen das Glück in unserer Gesellschaft mit all den vielfältigen, wunderbaren Möglichkeiten erkennen und erleben und das in unserer Gesellschaft zum Blühen bringen."[214]

Letztendlich kann nur derjenige auf sein Glück vertrauen, der stark in seinem Inneren gefestigt ist. Eine differenzierte Sichtweise von Glück, das auch einmal nicht so „schönes Wetter" mit einschließt, dürfte Erfolg versprechend sein. Jeder ist für sein Glück selbst verantwortlich. Das heißt nicht, dass der Weg zum Glück über egoistisches Handeln verläuft. Um die eigenen Bedürfnisse wissen, Ziele verfolgen und die Arbeit in seine Lebensplanung so mit einzubeziehen, dass nicht rein materielle Vergleichswerte den Erfolg ausmachen, ist in unserer modernen Zeit notwendiger denn je.

Tipps zum Glück

130 Bewerten sie Ihre persönliche Situation hinsichtlich der eigenen Ziele.

131 Entscheiden Sie, wie Sie mit ausreichend Zeit handeln können.

132 Vertrauen Sie auf Ihre Handlungsfähigkeit und die daraus resultierenden Wirkungen.

133 Wenn Sie nicht handeln können, nehmen Sie Zustände gelassener.

134 Suchen Sie nicht permanent nach dem Glück.

135 Loben Sie die Ist-Situation, anstatt immer Mehrleistungen für die Zukunft zu fordern.

3.7 Empathie, Kommunikation und Kooperation

Willkommen in der Welt der Soft Skills. Nicht nur fachliche Kompetenz ist für eine erfolgreiche Unternehmensführung gefragt. Soft-Skill-Kompetenz ist notwendig, um hohe Leistungsfähigkeit im Betrieb zu erzielen. Fachliche Kompetenz ist **das Fundament**, Empathie-, Kommunikations- und Kooperationsfähigkeit sind **der Schlüssel** zum Unternehmenserfolg. Gute Kommunikation, ob nun im Privatleben oder im Job, ist von unschätzbaren Wert. Die meisten Leute glauben, Kommunikation sei eine Selbstverständlichkeit. Wir reden miteinander, daher kommunizieren wir, und dann ist es das auch schon. Eben nicht. Ehen werden geschieden, weil schlecht kommuniziert wird. Konflikte am Arbeitsplatz entstehen täglich, weil Kommunikationsregeln nicht eingehalten werden. Zielsetzungen kommen bei den Mitarbeitern nicht an, Mängel in den Soft Skills lassen Gespräche scheitern, Mitarbeiter werden mit Informationen überschüttet und ringen verzweifelt nach Struktur. Ängste entstehen, weil Prozesse und Innovationsprojekte intransparent gestaltet sind, Führung geschieht unvermittelt über Zuruf. Intrigen blühen, weil Kompetenzen nicht ausreichend festgelegt, bekannt und genutzt werden und, und, und...

Mit der vermehrten Anwendung von Soft Skills wird der Grad der Reflexionsstärke im Unternehmen erhöht. Ziele können besser formuliert werden, eigene Stärken werden erkannt, die Mitarbeiter im Unternehmen bleiben mehr bei sich selbst. Die Fähigkeit zur strukturierten Selbstreflexion und Selbsteinschätzung bildet einen Bezugspunkt zur verbesserten Aufgabengestaltung im beruflichen Umfeld, persönliche USPs (Unique Selling Propositions, einzigartige Verkaufsargumente) werden kreiert, die für Innovationsprozesse im Unternehmen eingebracht werden können. Das Fördern und Kommunizieren des Wissens der einzelnen Beschäftigten im Unternehmen und der Einsatz von beziehungsfördernden Maßnahmen erhöht die Stärke im Betrieb, Dinge in die Realität umzusetzen. Die authentische, zielgerichtete Einbringung der persönlichen Leistungsfähigkeit nutzt dem Unternehmen. Zutrauen und Mut in die eigenen bisherigen und neuen Fähigkeiten können wachsen. Das Selbstvertrauen wächst nicht nur auf persönlicher Ebene, auch Projekte gewinnen an Kraft, die Zuversicht auf das, was im Unternehmen möglich ist, steigt.

In diesem Abschnitt zeige ich auf, dass eine intakte Beziehungsarbeit im Unternehmen ein gewaltiges Potenzial in sich birgt. Ich zeige anhand von Beispielen, dass hohe Reibungsverluste auftreten, wenn unzulänglich miteinander umgegangen wird, und umgekehrt hohe Motivationsgrade entstehen, wenn ein beziehungsorientierter, wertschätzender Umgang im Unternehmen gepflegt wird. Ich gehe der Frage nach, welche Basis gute Kommunikation und Kooperation haben und welche Grundvoraussetzungen im Unternehmen vorhanden sein müssen, um hervorragende Beziehungen möglich zu machen. Beziehungsgestaltung passiert nicht automatisch, sie muss aktiv gestaltet werden. Beziehungsfouls müssen geahndet werden. Jeder einzelne Mitarbeiter muss mit Kompetenzen ausgestattet sein, die ihm bewusst machen, dass er zusätzlich zu den fachlichen Kompetenzen methodische und soziale Fähigkeiten besitzt und diese auch zur Anwendung bringen soll. Zudem besitzen alle Mitarbeiter ein ausgeprägtes Wertesystem, vor dessen Hintergrund der Einsatz der Fähigkeiten gesehen und genutzt werden sollte.

Ich zeige in diesem Abschnitt weiters, dass Soft-Skill-Einsatz und Work-Life-Balance harmonieren. Je höher die Kultur der sozialen Fähigkeiten und Werte, desto größer ist die Chance auf Balance auf persönlicher und unternehmerischer Ebene.

Bewusstsein für Wirkung eigener Kommunikation

Adäquater Kommunikation und Beziehungsgestaltung in der täglichen Arbeit (und auch im Privatleben) sollte man sich ständig bewusst sein. Ein Beispiel verdeutlicht an dieser Stelle, was etwa unbedachter E-Mail-Verkehr anrichten kann, denn das neue, umfassende Kommunikationsmittel E-Mail eignet sich hervorragend, sehr rasch sehr heftige Konflikte anzuzetteln.

Ein Kunde bedankte sich via E-Mail bei einem Mitarbeiter eines Betriebes für die rasche und unkonventionelle Abwicklung einer Dienstleistung. Der Mitarbeiter freute sich, bedankte sich ebenfalls via E-Mail beim Kunden für das positive Feedback und schickte dieses in cc seinem obersten Chef, mit dem freudigen Gedanken, den obersten Chef wissen zu lassen, dass die Arbeit gutes Feedback produziert hat.

Vom unmittelbaren Vorgesetzten kam daraufhin auch via E-Mail eine Beschwerde beim Mitarbeiter an. Bemängelt wurde, dass sich in der Dankesmail an den Kunden Fehler befunden hatten. Im Antwortmail hatte sich ein Satzzeichenfehler eingeschlichen und ein Buchstabensturz. Eine höhere Aufmerksamkeit und höheres Qualitätsbewusstsein wurde vom Vorgesetzten beim Mitarbeiter eingefordert. Das Lob des Kunden wurde mit keinem Wort thematisiert. Gleichzeitig mit der Vorgesetztenbeschwerde kam eine Dienstanweisung, individuelle E-Mails auf Kundenfeedback in Hinkunft zu unterlassen und stattdessen ein vorgefertigtes Antwortmail, zu finden in der Beilage, zu versenden.

Der Mitarbeiter war in hohem Maße verärgert. Ein verkehrtes Satzzeichen und ein Buchstabensturz zählen mehr als positives Kundenfeedback. Zusätzlich ging

Spontaneität im Kundenverkehr mit der Einführung einer Standardisierungs-maßnahme, über Mitarbeiterköpfe hinweg erstellt, verloren.

Der unmittelbare Vorgesetzte war nicht erfreut, weil dieser vom obersten Chef über die fehlerhafte E-Mail in Kenntnis gesetzt wurde, mit der Aufforderung, Kundenfeedback in Hinkunft standardisiert abzuwickeln, um Fehler zu vermeiden und die Dienstleistungsqualität so zu steigern. Darüber hinaus war der Vorgesetzte verärgert, weil die ursprüngliche E-Mail an den Kunden in cc nur an den obersten Chef und nicht an ihn gleichzeitig gegangen war.

Gesamteffekt des positiven Kundenfeedbacks war eine desaströse Wirkung auf die Beziehung zwischen Chef und Mitarbeiter, weil auf mehreren Ebenen unbedachtes Kommunikationsverhalten an den Tag gelegt wurde. Offensichtlich gab es keine fest vereinbarten Regeln, wie hierarchieübergreifend in welchen Angelegenheiten kommuniziert wird. Es bestand auch Unklarheit über Qualitätserfordernisse im Unternehmen. Darf eine knappe E-Mail – wie allgemein eher üblich – orthographische Fehler enthalten? Der Chef, vielleicht gerade mit wichtigen Verhandlungen beschäftigt, sieht einen Fehler und ärgert sich, weil die Mitarbeiter nicht einmal eine E-Mail fehlerfrei verfassen können, und handelt emotional gesteuert und unbedacht.

Richtig wäre in erster Linie ein wertschätzender Umgang über Hierarchieebenen hinweg. Ein Dank des oberen Chefs an den unmittelbaren Vorgesetzten, dass gut gearbeitet wird, mit der Bitte, dem Mitarbeiter persönlich die Freude über die gelungene Dienstleistungsabwicklung auszurichten, wäre angebracht gewesen:

„Wir freuen uns über positives Kundenfeedback." Die Frage eines fehlerfreien E-Mail-Verkehrs sollte richtigerweise, unter Beiziehung mehrerer Anlassfälle, in einer Teamsitzung zur Qualitätsverbesserung erörtert werden. Was für ein Unterschied für die Motivationslage in der weiteren Arbeit im Unternehmen!

Die Kombination aus falschem Kommunikationsverhalten und eine Grundhaltung der Geringschätzung und der Kontrolle bilden oftmals den Hintergrund für dramatische Entwicklungen im Unternehmen, wie sie täglich vorkommen. Solche Beispiele vernichten in Summe ein positives Klima des Vertrauens und forcieren ein Klima des Misstrauens und des Ja-nichts-falsch-Machens. Starre anstatt innovative Bewegung tritt ein.

Im Jahr 2012 lief beim deutschen Fernsehsender RTL (und 2013 im ORF) eine mehrteilige Doku-Soap mit dem Titel „Undercover Boss".

Es ging darum, dass Firmenleiter oder Mitarbeiter der Vorstandsetage in Verkleidung in die Rolle eines einfachen Mitarbeiters oder Praktikanten schlüpften, um Abläufe und Handlungsweisen im Unternehmen von einem authentischeren, anderen Blickwinkel kennen zu lernen. Die Chefs waren jeweils eine Woche an verschiedenen Stellen in ihren zum Teil sehr großen Betrieben mit Niederlassungen im gesamten deutschen Bundesgebiet. Die Filmarbeiten wurden mit dem Hinweis auf eine Dokumentation über Praktikanten im Betrieb erklärt. Die Methodik kann man als umstritten ansehen. Der Prozess der Durchführung war „undercover", somit natürlich nicht transparent für die Mitarbeiter und hätte von ihnen durchaus als „Ausspionieren" eingestuft werden können, dem war aber nicht so. Jedenfalls war allen Mitarbeitern sichtlich unangenehm, dass sie zur Auflösung des Szenarios in die Firmenzentrale geholt und sie über die Ursache vorerst in Unkenntnis gelassen wurden. Die Auflösung der Situationen war in den meisten Fällen von großer Erleichterung und ungewöhnlicher Herzlichkeit geprägt.

Verblüffend war, wie schnell, nach einem Arbeitstag, ein empathischer Funke von den Mitarbeitern auf die Bosse übergesprungen war und umgekehrt. Die Bosse waren überaus erstaunt über die fleißige, zuverlässige und eigenverantwortlich geführte Arbeit, die in den unteren Etagen geleistet wurde, und über die Kollegialität der besuchten Mitarbeiter. Die Firmenchefs bedankten sich bei der Auflösung bei den Mitarbeitern mit einem großzügigen Geschenk, das in einigen Fällen sehr privat ausfiel, weil im Laufe des ersten und einzigen Arbeitstags auch private Gespräche über Heirat von Töchtern, verpasste Reisen, unbezahlte Rechnungen usw. geführt wurden und so der Chef von Wünschen erfuhr, die sonst nicht zur Sprache gekommen wären. Mehr als über das großzügige Geschenk freuten sich die Mitarbeiter aber über das ehrliche Lob, dass sie durchwegs von den Chefs zugesprochen bekamen. Das Lob kam deshalb so gut an, weil ihnen der Chef direkt bei der Arbeit zugesehen hatte und somit das Feedback große Ehrlichkeit aufwies. Die Mitarbeiter waren zum Teil den Tränen nahe, dass der Chef ihre Leistung schätzte. Von der Chefseite wurden in Windeseile Missstände im Sinne der Arbeitnehmer nach Rückkehr in die Chefetage geändert. Teams wurden aufgestockt, Dienstpläne wurden neu geschrieben oder teurere Arbeitsausrüstung angeschafft. Für den Zuschauer entstanden berührende Bilder einer Gemeinsamkeit von Führungskräften und Mitarbeitern, da waren „Menschen" bei der Arbeit anzutreffen.

Work-Life-Balance-Konzepte können in Betrieben in Echtsituationen, ohne „Undercover"-Aktionen solche Naheverhältnisse zustande bringen. Darauf können ganze Employer-Branding-Kampagnen aufgebaut werden.

3.7.1 Die 4 Dimensionen der Kompetenz

In meinen Karriereseminaren und Coachings setze ich oft das Instrument der Stärkenanalyse ein. Die meisten meiner Klienten suchen ihre Stärken in ihrer fachlichen Ausbildung und sind sich in vielen Fällen nicht bewusst, dass sie erheblich mehr Stärken haben, als sie es selbst sehen. Gemeinsam begeben wir uns auf die Suche.

Bei der Entwicklung von Suchstrategien nach Stärken habe ich mich bei Produktstärkeanalysen und Werbestrategien schlau gemacht. Ich habe beruflich auch einige Jahre PR-Arbeit geleistet und kannte mich aus in der Thematik, wie man Dienstleistungen und seine Produkte an die Frau und an den Mann bringt. Dienstleistungen und Produkte haben Qualitäten, sie können technische Leistungen vollbringen, sie schmecken gut, sie informieren uns und sie bringen uns von A nach B. Aber nicht nur das fachliche Know-how zählt. In vielen Fällen kaufen wir Produkte und fragen Dienstleistungen nach, weil diese eine zusätzliche Bedeutung für uns haben, sie repräsentieren Werte, die uns gefallen, und sie haben eine soziale Funktion. „Amore, motore, Agip" hieß es einmal in einem Werbeslogan der italienischen Mineralölfirma. Wer weiß von uns schon, welches Benzin technisch besser ist? Die Werbung packt die Menschen bei der Emotion. Die Firma Agip hat uns genauso mit den „Italienischen Momenten" – um einen ihrer anderen Produktslogans heranzuziehen – erreicht. Nicht nur die Benzinqualität entscheidet. Diese Qualität muss selbstverständlich stimmen, aber erreicht werden wir über die Emotionen. Umgelegt auf persönliche Stärken heißt das, dass wir vor allem unser Wertesystem und unser soziales Können anschauen sollten, wenn wir von unseren Stärken sprechen wollen. Das heißt im nächsten Schritt aber auch, dass kommunikative Fähigkeiten, Kooperationskompetenz und Empathiefähigkeit eng mit den Komponenten methodischen Könnens, sozialen Eigenschaften und unserem Wertesystem verbunden sind.

Unsere persönliche Kompetenz umfasst damit vier Dimensionen: fachliche Kompetenz, methodische Kompetenz, soziale Kompetenz und Wertekompetenz (Bild 8).

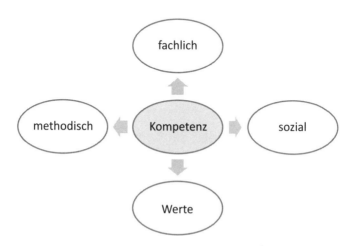

Bild 8 Dimensionen unserer Kompetenzen (in Anlehnung an das 4D-Brandingmodell von Thomas Gad)[215]

„Große Marken müssen die Menschen berühren",[216] schreibt Richard Branson, Ballonfahrer und sehr erfolgreicher Unternehmer, im Vorwort des Buches „4D-Branding – Die vier Dimensionen erfolgreichen Marken-managements" vom schwedischen Erfolgsautor, Marketing-Kommuni-kator und Brandingspezialisten Thomas Gad. „Beim vierdimensionalen Branding geht es um den Aufbau und Erhalt von Beziehungen. Beziehun-gen sind der Schlüssel zum geschäftlichen Erfolg. Beziehungen schweißen uns zusammen."[217]

Warum sollten wir beim Verkauf von Produkten an die Kunden andere Überlegungen anstellen als beim Verkauf von Arbeitsstellen?

„Marken werden heute um eine Beziehung herum und nicht mehr um ein Produkt herum aufgebaut."[218]

Employer Branding

Mit der Einführung des Themas Verkaufsstrategie bin ich nun schon fast beim nächsten Thema und dem nächsten Kapitel angelangt, der Marken-führung der Arbeitgebermarke, dem Employer Branding. In diesem Kapi-tel ist der Unternehmerblick aber nicht nach außen gerichtet, sondern noch nach innen. Ich muss meine „Marke" nach innen leben, um sie nach außen authentisch vermarkten zu können. „Je persönlicher die Beziehung (Anm.: in diesem Fall zu den Kunden) ist, desto besser, Top-Marken berüh-ren eine persönliche Seite in uns. Sie geben uns das Gefühl, besser, anders, größer, kleiner, glücklicher, bequemer, wärmer, zuversichtlicher zu sein. Sie erreichen Bereiche im Menschen, von denen andere Marken nur träu-men können."[219] Binnen weniget Absätze erklärt der 1999 von der Queen geadelte Branson für das Produkt- und Dienstleistungsbranding das, was man im Unternehmen in Führungsverhalten und Personalpolitik beher-zigen sollte, die Mitarbeiter in ihren Emotionen zu erreichen und darauf den Betriebserfolg aufzubauen. Dazu ist gute Kommunikationsfähigkeit, Empathievermögen und Kooperationskompetenz vonnöten.

3.7.2 Die gute Kommunikation

Wer von guter Kommunikation spricht, der muss auch von Werten und Umgangsformen sprechen. Wer glaubt, Mitarbeiter seien seine Unterge-benen, die dafür bezahlt werden, das auszuführen, was angeschafft wird, wird kaum eine gute Kommunikation und Kooperation erreichen. Kom-munikationsschulungen gehören zu den meistgebuchten Seminaren in Unternehmen, trotzdem funktioniert es oft nicht mit der Kommunika-tion. Es fehlt an einer adäquaten Grundeinstellung. Im Unternehmen ist ein System zu schaffen, in dem Kooperation und Kommunikation auf hohem Niveau funktionieren, das Balance und Wohlbefinden schafft und nicht jeden Tag Unfrieden und Konflikte.

Die Grundlage jeder guten Interaktion ist Empathie, die Fähigkeit, sich in andere Menschen hineinzudenken, das „Einfühlungsvermögen". Empathie hat eine Bedeutungsähnlichkeit zu Sympathie, also dem gegenseitigen Mögen und Wertschätzen. Empathie zielt ab auf Gedanken, Emotionen, Verhaltensweisen und auf Absichten im gegenseitigen Umgang miteinander. Empathie heißt mitfühlen, spüren, was andere fühlen. Einen wesentlichen Beitrag zur Erlangung von Empathiefähigkeit bilden genau die Grundlagen, die uns auch als Grundlagen für Intuitionsfähigkeit dienen. Offen sein für alle Sinneswahrnehmungen, Ruhe und Zeit, Ausgeglichenheit, Wertschätzung uns und anderen gegenüber (vgl. Kapitel 3.3).

„Geräusche, die wir wahrnehmen, haben mit Emotionen, mit Gefühlen zu tun, die durch das kinästhetische Nervensystem gespürt werden, nicht kognitiv. Das ist fundamental. Diese Art der Erfahrung erlaubt dem Intuitiven, sich zu entwickeln. (…) Empathie ist die Grundlage für intuitives Verhalten."[220]

Es gibt auch Erklärungsansätze naturwissenschaftlicher Art, was Empathie ist und wie sie entsteht und welche Hintergründe entscheidend wirken: „Was biologisch und genetisch angelegt ist, ist die Fähigkeit zur Empathie. Wir haben Spiegelnervenzellen bereits bei der Geburt. Das System ist aber nicht fertig entwickelt. Es muss sich durch Erfahrung in der Welt entwickeln."[221]

Empathie ist nicht zu verwechseln mit den etwas „süßlichen" Angeboten mancher Menschen, ob man „darüber sprechen möchte", und gegenüber denen sich ein unangenehmes Gefühl aufbaut, man hätte einen Superempathiker vor sich, bei dem man in eine therapeutische Sitzung gehen muss. **Man muss nicht über alles sprechen, wenn die Gefühlslagen auf beiden Seiten übereinstimmen und beide Seiten diesen Zustand spüren. Das erspart eine Menge Zeit und Kopfarbeit.**

Tabelle 9 Die fünf Axiome der Kommunikationstheorie (nach Paul Watzlawick)[222]

136	I. In einer sozialen Situation kann man nicht nicht kommunizieren.
137	II. Jede Kommunikation hat einen Inhalts- und einen Beziehungsaspekt.
138	III. Die Natur einer Beziehung ist durch die Interpunktionen der Kommunikationsabläufe seitens der Partner bedingt.
139	IV. Menschliche Kommunikation bedient sich digitaler und analoger Modalitäten.
140	V. Zwischenmenschliche Kommunikationsabläufe sind entweder symmetrisch oder asymmetrisch/komplementär.

Paul Watzlawicks pragmatische Axiome sind in der Kommunikationstheorie eine Instanz. Es sind fünf einfache Gesetze, die die wichtigsten Kommunikationgrundlagen erfassen. Der gebürtige Österreicher Watzlawick hat sehr früh den Weg in die USA gefunden und an der Kalifornischen Universität in Palo Alto seine Theorien entwickelt.

Die fünf in Tabelle 9 aufgeführten Axiome sind für das Verständnis von Kommunikation essenziell und als handlungsanleitend zu verstehen – fünf wichtige Regeln, die für jede Kommunikationssituation relevant sind.

Man kann nicht nicht kommunizieren.

Sie stehen im Aufzug, jemand steigt zu. Da passiert etwas, auch wenn kein Gespräch in Gang kommt. Wo blickt man hin in einem engen Raum, mit einem Partner auf diesem engen Raum, den man sich nicht ausgesucht hat, auf seine Schuhspitzen? Lächelt man am Ende den Aufzugspartner beim Aussteigen an? Kommunikation passiert, man spürt es.

Die Beziehung macht die Bedeutung aus.

Axiom 2 besagt, dass Kommunikation nicht nur einen Inhaltsaspekt hat, sondern auch einen Beziehungsaspekt, und dieser legt die Bedeutung des Inhalts fest. „Der Ton macht die Musik" oder „Wie man in den Wald hineinruft, so schallt es heraus" sind Redewendungen, die man kennt, und genau auf diesen hochbedeutsamen Beziehungsaspekt der Kommunikation abzielen. Alles, was gesagt wird, hat einen Beziehungsaspekt, und der ist höher zu bewerten als der Inhalt einer Botschaft. Hinter der tatsächlichen Kommunikation liegt ein weites Land, das gepflegt werden will. Hat man tragfähige Beziehungen langfristig aufgebaut, vertragen sie in der Eile Hingesagtes, das beim Empfänger auch einmal in den falschen Hals kommen kann. Treffen unbedachte Aussagen auf belastete Beziehungen, kann eine Äußerung das berühmte Fass zusätzlich füllen oder dieses damit zum Überlaufen bringen. Und nicht nur das gesprochene Wort hat einen Beziehungsaspekt. Es braucht eine reflektierte Umgangsweise im E-Mail-Verkehr. Schriftlich verfasste Formulierungen besitzen diesen Beziehungsaspekt auch und lassen zusätzlich mit wenigen anonymen Mausklicks gleich eine Reihe anderer Menschen an der konfliktträchtigen Situation teilhaben, was den Konflikt in der Regel verschärft: „Habe ich Ihnen nicht schon mehrfach mitgeteilt, Sie sollen die Unterlagen besser prüfen", und das cc an mehrere Kollegen geschickt, wirkt enorm demotivierend und schürt den Ärger des in dieser Weise Getadelten. Da tritt der Informationswert der Nachricht völlig in den Hintergrund.

Kommunikation verläuft in Kreisen.

Kommunikation verläuft nicht nach dem Prinzip von Ursache und Wirkung, Kommunikation verläuft in Kreisen. Somit ist es oft schwer für die Beteiligten, Konflikte in ihren Ursachen aufzuspüren, und beide Konfliktparteien setzen für sich den Beginn des Problems in der Kommunikation des Anderen. Das ist die Aussage von Axiom 3. Damit besteht eine Querverbindung zu zirkulären systemischen Denkprozessen. In der Systemik wird empfohlen, nicht in Ursache und Wirkung zu denken, sondern in Verhaltensweisen und zwar derart, dass man auch das eigene Verhalten in einer bestimmten Situationsbewertung mit einbezieht.

Körpersprache sticht mündliche Aussage.

Axiom 4 bezieht sich auf die Beziehung zwischen verbalen Äußerungen (digitale Kommunikation) und unsere nonverbale Kommunikation (analoge Kommunikation). Kommunikation wird wesentlich durch Körpersprache unterstützt. Stimmen Körpersprache und Gesprächsinhalt überein, empfinden wir die Kommunikation als glaubwürdig. Stimmen beide Aspekte nicht überein, wobei Körpersprache immer das Gesprochene übertrumpft, empfinden wir das Gespräch als eher irritierend und wir haben ein komisches Gefühl. Es gilt, dass gute tragfähige Beziehungen aus ehrlichem, authentischem Verhalten gespeist werden. Sich zu verstellen und als Wolf im Schafspelz zu agieren, entlarvt in den meisten Fällen die unbewusst ablaufende Körpersprache. Ist die Beziehung angeknackst oder gestört, hilft der Rückzug auf die anonymere E-Mail-Ebene nichts, in den meisten Fällen verschlimmert sich die Situation durch den schriftlichen Austausch. Wenn ich persönlich das Gefühl habe, dass ich durch einen E-Mail-Text in Ärger gerate, greife ich zum Telefon und frage den Absender ruhig und höflich, wie die Botschaft zu verstehen ist. Oft stellt sich heraus, dass mein Ärger unbegründet war und lediglich ein Produkt meiner Interpretation.

Kommunikation spiegelt Hierarchien.

Das fünfte Axiom bezieht die Stellung der Personen mit ein. Gibt es eine hierarchische Beziehung oder stehen die Partner auf einer Ebene? Das Beispiel der zwei badenden Geschäftsleute – herrlich von Loriot in seinem bekannten Cartoon in Szene gesetzt – bezieht sich auf dieses Axiom. Um Höflichkeit nach außen bemüht, aber im Inneren vom Ärger angetrieben, schleppt sich eine Unterhaltung in einer Hotelbadewanne zwischen den unbekleideten Herren Müller-Lüdenscheidt und Dr. Klöbner „symmetrisch" ihrem Ende entgegen.[223]

Als Beispiel für asymmetrische oder komplementäre Kommunikation wird gerne das Arzt-Patienten-Gespräch herangezogen, obwohl seit der vom Psychotherapeuten Carl Rogers ins Spiel gebrachten personenzentrierten Gesprächsführung in den 1960er Jahren zunehmend auch in therapeutisch-medizinischen Settings das Gespräch auf Augenhöhe (symmetrisch) favorisiert wird.

Der in der Zwischenüberschrift verwendete Begriff „Hierarchien" bezeichnet nicht automatisch organisatorische Hierarchien, es kann sich zum Beispiel genauso gut um Alters- bzw. Erfahrungshierarchien, Wissenshierarchien, Hierarchien unterschiedlicher rhetorischer Fähigkeiten oder Hierarchien der besseren Beziehungen zu anderen Menschen handeln.

Personenzentrierte Gesprächsführung

Kommunikation, so könnte man sagen, scheint sich an der Oberfläche abzuspielen, sie hat aber wie ein Eisberg die größte Ausdehnung unter der Wasseroberfläche. Daher eingangs meine Mahnung, Kommunikationsverhalten nicht auf die leichte Schulter zu nehmen und anzunehmen, dass gute Kommunikation jeder beherrscht, nur weil er in der Lage ist zu kommunizieren. Gute Kommunikation erfordert stets besonnenes Vorgehen auf der schon vorher aufgebauten Grundlage von tragfähigen Beziehungen. Geht man davon aus, dass sich zwei Menschen mit Charakter und Anstand treffen, in der Lage sind, Kommunikationskompetenz an den Tag zu legen, und willens sind, ein konstruktives Gespräch zu führen, so können ein paar freundliche Worte und Gesten das Feld aufbereiten, auf dem wir uns fortan mit gutem Gefühl bewegen. Auf dem Empathiefeld lassen sich leicht Informationen austauschen. Auf entsprechendem Informationsgrad, bei dem auch noch das Gesprächsziel abgestimmt ist, können Argumente ausgetauscht werden. Bestenfalls gehen beide Gesprächspartner mit mehr Wissen, einem Konsens und entsprechenden Handlungsanleitungen auseinander. Es ist natürlich undenkbar, dass man in jedem Gespräch immer wieder die kommunikationstheoretischen Eckpunkte der guten Kommunikation durchgeht. Das Wissen um die Grundregeln des guten Gesprächs, der guten Kommunikation, der gute Wille und das Gespür für eine gute Beziehung erleichtern im Kommunikationssystem aber viel und wirken sich positiv auf Work-Life-Balancen der Gesprächspartner aus, wie sich auch eine gute Work-Life-Balance auf das Gelingen von guter Kommunikation auswirkt. **Wertschätzung wird in einem guten Gespräch aufgebaut und bleibt, auch wenn man in einer Sache einmal nicht einig ist und der Argumentationsaustausch nicht zum Konsens geführt hat. Wichtig ist die gegenseitige Achtung und** die Kommunikationskompetenz, die weitere Kooperationen möglich macht. Eine Vertrauensbasis wird geschaffen und verstärkt.

Die personenzentrierte Gesprächsführung wurde in den 1960er Jahren von Psychotherapeuten entwickelt. Es ging darum, vergleichbar dem fünften Axiom von Paul Watzlawick, eine Gesprächsführung zu entwickeln, die Therapeut und Patient auf Augenhöhe kommunizieren ließ und den Patienten nicht mehr als Befehlsempfänger des Arztes sah. Allen voran erkannte Carl Rogers, wie wichtig in einem Behandlungsprozess funktionierende zwischenmenschliche Beziehung ist. Ein Teil des Behandlungserfolges liegt darin, dem Patienten auf Augenhöhe zu begegnen, der sich dadurch wertgeschätzt fühlt und diese Kommunikation als Muster in seine Alltagwelt übernehmen kann. Die Kommunikation beinhaltet immer ein erhebliches Maß an Empathie. **Unter der Voraussetzung, dass eine vertrauliche, hilfreiche Atmosphäre geboten werden kann, die durch Ausstrahlung von eigener Transparenz oder Echtheit, positiver Wertschätzung und dem Entgegenbringen von empathischem Verständnis einer Person charakterisiert ist, bewegt sich jede Person, die diese Atmosphäre auch wahrnimmt, fortlaufend auf einen Zustand hin, der von Empathie, Wertschätzung und Authentizität geprägt ist.**[224] Tabelle 10 dokumentiert die wesentlichen Regeln empathischer Kommunikation.

Tabelle 10 Gesprächsfördernde Interventionen

141	Den Gesprächspartner wichtig nehmen: In diesem Moment bekommt mein Gegenüber die volle Aufmerksamkeit. Telefon wird abgeschaltet.
142	Nicht besiegen, gemeinsam gewinnen steht im Vordergrund: Wille zum Konsens. Wovon können wir beide profitieren?
143	Stille im Gespräch ertragen: Manchmal brauchen wir Zeit, um nachzudenken. Man kann auch sagen, dass man darüber ein wenig nachdenken muss. Man kann auch „laut" denken.
144	Aussagen machen: Fakten von persönlichen Meinungen klar trennen.
145	Person direkt ansprechen: Erhöht die Aufmerksamkeit und bringt Wertschätzung.
146	Humor bewahren: Auch ernste Firmengespräche dürfen Sympathie und Freundlichkeit enthalten. Nicht knallharte Gespräche sind erfolgreiche Gespräche.
147	Fragen stellen: Fragen fördern die Beziehung.
148	Zuhören und aktiv zuhören: Zuhören wird geschätzt. Zuhören können ist eine Kunst. Nachfragen, ob ich etwas richtig so verstanden habe, wird als aktives Zuhören bezeichnet.
149	Bildhafte Sprache: Beispiel, Gleichnisse, Methaphern ermöglichen einen Perspektivenwechsel und erhöhen die Verständlichkeit.

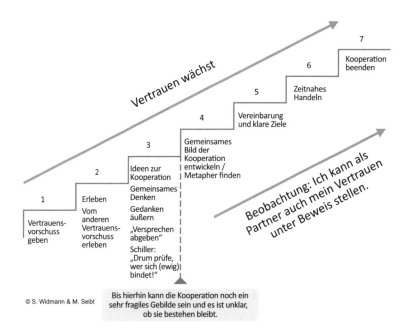

Bild 9 gezeigt. Legende im Bild:

7 Kooperation beenden

6 Zeitnahes Handeln

5 Vereinbarung und klare Ziele

4 Gemeinsames Bild der Kooperation entwickeln / Metapher finden

3 Ideen zur Kooperation | Gemeinsames Denken

2 Erleben Vom anderen Vertrauensvorschuss erleben | Gedanken äußern | „Versprechen abgeben" | Schiller: „Drum prüfe, wer sich (ewig)I bindet!"

1 Vertrauensvorschuss geben

Vertrauen wächst

Beobachtung: Ich kann als Partner auch mein Vertrauen unter Beweis stellen.

© S. Widmann & M. Seibt

Bis hierhin kann die Kooperation noch ein sehr fragiles Gebilde sein und es ist unklar, ob sie bestehen bleibt.

Bild 9 Die sieben Schritte einer gelungen Kooperation (nach Seibt und Widmann)[226]

Für die Herstellung von Work-Life-Balance sollte man immer darauf achten, im Unternehmen genügend Empathiepotenzial zu haben, einen hohen Wertschätzungsgrad aufzuweisen und diese Kultur aktiv (zum Beispiel durch Lob, Beziehungsförderung oder den Vorzug von Verhaltensformen des Gönnens vor Konkurrenzdenken) auf Führungsebene zu unterstützen, um die Authentizität aller Mitarbeiter hoch zu halten.

Den Wert der guten Kommunikation für gelungene Kooperationen formulieren Martin Seibt und Stefanie Widmann in ihrem Buch „Kooperation". Kooperation ist ein Miteinander zweier Personen oder Institutionen mit einem gemeinsamen Ziel, ist durchaus komplex und hat einen gemeinsamen Nutzen für die Kooperationspartner, gemeinsamer Mehrwert wird geschaffen. Gute Kooperation benötigt den Wert „Vertrauen" als Ausgangsbasis.[225]

Die wesentliche Erkenntnis des idealtypischen 7-Stufen-Modells von Widmann und Seibt ist, dass es fünf Stufen braucht, und damit ein erhebliches Zeit- und Energie- und Kommunikationspotenzial, um in eine gute Kooperation in Form eines zeitnahen Handelns zu kommen. **Bereits ganz am Anfang braucht es Vertrauen, um sich auf eine Kooperation einlassen zu können.** Auf guter Kommunikation aufgebaut sind alle weiteren Stufen der Kooperation: Gemeinsames Denken, Entwicklung gemeinsamer Bilder und die Vereinbarung klarer Ziele und von Aufgaben und Kompetenzen der Kooperationspartner. Zeitnahes Handeln wird möglich, wirtschaftlicher und/oder ideeller Erfolg kann eingefahren werden.

Eine zentrale Erkenntnis aus meinen Karrierecoachings liegt darin, dass Erfolg durch die Fähigkeit zu Kommunikation und Kooperationsfähigkeit herzustellen ist und dass dieser Erfolg gleichzeitig Balancewirkung erzeugt. Im Gegensatz dazu verursachen Kommunikationsschwächen Situationen, die langwierige Konfliktpotenziale in sich bergen. Meist auf schwachen Führungen und Machtvakuen aufgebaut, öffnen sie ungewollter Begleitmusik Tür und Tor.

Der Einsatz von Empathiefähigkeit, Selbstreflexion und Kommunikationskompetenz (Soft Skills) ist für eine erfolgreiche Karriereentwicklung mindestens genauso wichtig wie fachliches Know-how (Hard Skills) und erzeugt in uns darüber hinaus Wohlbefinden. **Der Einsatz von Soft Skills macht uns attraktiv für Zusammenarbeit, verleiht unseren Handlungen Sinn, macht uns stark und resilient und kreiert Lebensqualität in Form von Work-Life-Balance.**

Tipps für verstärkten Einsatz von Soft Skills im Unternehmen

150 Nehmen sie alle Mitarbeiter in ihrem 4D-Stärkenprofil wahr.

151 Fordern sie das Wissen der Mitarbeiter über deren eigene 4D-Stärken.

152 Verstärken Sie die Soft-Skills-Ressourcen im Unternehmen.

153 Kommunizieren Sie viel auf persönlicher Ebene.

154 Seien Sie menschlich.

155 Fördern Sie Kulturen der Menschlichkeit im Unternehmen.

156 Sanktionieren Sie Kommunikations- und Emotionsfouls.

157 Bürokratisieren Sie Kommunikation im Unternehmen nicht.

158 Fördern Sie die guten Beziehungen im Unternehmen.

159 Bieten Sie den Menschen im Unternehmen die Sicherheit, mit Freude in Wahlmöglichkeiten nach vorne denken zu können.

160 Loben Sie Mitarbeiter, zeigen Sie in angemessener, ehrlicher Weise, dass Sie stolz auf sie sind.

161 Tun Sie alles im Unternehmen unter dem Gesichtspunkt, den Selbstwert Ihrer Mitarbeiter zu erhöhen. Sie werden den Unterschied bemerken.

3.8 Das Kommunizieren der Arbeitgebermarke: Employer Branding

Im Kommunikationskapitel zuvor kamen der Unternehmer Richard Branson und der Brandexperte Thomas Gad zu Wort, die in der Produkt- und Dienstleistungsvermarktung auf die Kraft der Emotion setzen. Die Kunden müssen beim Kauf der Produkte ein gutes Gefühl empfinden; für ein Unternehmen gilt es, zum Kunden ein spezielles Gefühl aufzubauen, das dieser beim Kauf einer anderen Marke nicht entwickelt – das ist Kundenbindung. In diesem Abschnitt geht es genau um dieses Thema: den Zusammenhang von Work-Life-Balance und Employer-Branding-Effekten.

Ein Work-Life-Balance-Unternehmenskonzept sollte die Strategie der emotionalen Ansprache beherzigen. Wenn interne Prozesse der Emotionsgewinnung der Mitarbeiter in Abstimmung mit den Unternehmenszielen gelingen, kann man mit der Kommunikation nach außen beginnen. Zufriedene, eigenverantwortlich agierende Mitarbeiter, die Freude an der Weiterentwicklung des Unternehmens haben, schaffen einen guten Ruf als Arbeitgeber und bringen langfristige Loyalitäten mit sich. Somit hat man im Unternehmen den positiven Inneneffekt des Retainments, also dass Mitarbeiter dem Unternehmen lange die Treue halten, und als positive Außeneffekte einen besseren Stand im Recruiting und als gute Arbeitgebermarke auch die Sympathien der Kunden.

Unternehmen sollten sich in bewährter Public-Relations-Manier fragen, wer sie sind, was sie machen und wer die Nutznießer ihrer Aktivitäten sind. Was haben Kunden, Eigentümer/Geschäftsführung und Mitarbeiter davon? Der Abgleich dieser Grundfragen mit Work-Life-Balance-Faktoren, die individuell für jedes Unternehmen zu erarbeiten sind, ergibt ein Maßnahmenprogramm nach innen, was im Rahmen von Work-Life-Balance-Orientierung zu tun ist, und gleichzeitig Faktoren für die Außendarstellung im Zuge einer Employer-Branding-Strategie.

Ich neige dazu, in PR-Fragen authentisch Menschen zu Wort kommen zu lassen. So gesehen sollten Mitarbeiter vor den Vorhang geholt werden. Was macht sie im Unternehmen speziell zufrieden? Was unterstützt die Balance der Mitarbeiter? Bereits mit der Beantwortung dieser beiden Fragen lässt sich ein Bild von einem Unternehmen erstellen, das im Allgemeinen abweicht von den gängigen Philosophien, die meist einen ähnlichen Wortlaut aufweisen wie: „Unser Unternehmen setzt sich für einen verantwortungsvollen Umgang mit unseren natürlichen Lebensgrundlagen ein und steht für einen sozialen Zusammenhalt im Unternehmen und in der Gesellschaft." Oder: „Bei unserem Unternehmen stehen die Mitarbeiter im Vordergrund. Wir legen viel Wert auf Mitarbeitermotivation und Zufriedenheit. Wir bieten unseren Mitarbeitern eine Vielzahl an Anreizen, um einen guten Ausgleich zwischen Fordern und Fördern zu schaffen." Oder, in einer dritten Variante: „Unsere Mission: Wir sorgen für Komfort und den Profit unserer Kunden. Unsere Werte: Wir sind ein zukunftsorientiertes und motiviertes Team von Know-how-Trägern. Als Team und in professionellen Netzwerken meistern wir die größten Herausforderungen." Mit Work-Life-Balance-Ansprache haben diese allgemeinen, austauschbaren Floskeln nichts zu tun. Wenn es darum geht, wirklich die Emotionen der eigenen und der zukünftigen Mitarbeiter zu treffen, braucht es ausführlichere, authentischere, profiliertere Präsentationen, vielleicht sogar ganze Geschichten, die Inhalte der Work-Life-Balance der Mitarbeiter und der Unternehmenskultur besser vermitteln können.

Unternehmen sollten im Umgang mit Social-Media-Instrumenten in Hinblick auf Employer Branding mit Bedacht vorgehen. **Manche Unternehmen sind sehr marktschreierisch unterwegs. Das kommt nicht gut an. Die Unternehmen sollten aufhören, ins Netz zu brüllen.** „Zuhören und lernen. Gut geführte Social-Media-Plattformen gründen auf langfristiger Beziehungsarbeit – genauso wie im Offline-Leben etwa unter Freunden. Es geht um Zuhören, um Benehmen und Respekt, um Dialog und Informationsaustausch auf Augenhöhe, um Auseinandersetzungen miteinander, darum, Nutzen zu stiften. Und genau das stellt nicht wenige Marketing- und Kommunikationsabteilungen von Unternehmen vor gewaltige Herausforderungen – wenn sie diese überhaupt schon erkannt haben."[227] Social-Media-Firmenaktivitäten gelten darüber hinaus als überschätzt und gleichen die Hinwendung auf gezielte Wertevermittlung der Unternehmen nicht aus.

Beispielhaft bietet Tabelle 11 ein paar Mitarbeiter- und Führungskräfteaussagen, die ich in meiner Praxis als Beitrag für gute Unternehmensführung gehört habe.

Im Sommer 2011 wurde von der deutschen Managementberatungsfirma Brand-Trust eine Studie zum Thema Employer Branding erstellt. 1.500 Arbeitnehmer und Bewerber sowie 150 Personalverantwortliche deutscher Unternehmen wurden befragt. Ergebnis der Studie: Der Bekanntheitsgrad eines Unternehmen wird hinsichtlich Personalrekrutierung überschätzt, die Arbeitgeberqualität gibt den Ausschlag. Dabei spielt ein Werteabgleich bzw. eine Wertekonformität in der Bewerbung eine große Rolle: „**Nicht die fachliche Qualifikation, sondern die Übereinstimmung der persönlichen Werte mit denen des Arbeitgebers spielt für die Mehrheit der Bewerber eine zentrale Rolle bei der Entscheidung für den Arbeitsplatz. Der Werteabgleich von Arbeitnehmern und der Arbeitgebermarke mindert darüber hinaus das Risiko von Reputationsschädigung für Unternehmen.**"[228] Nur bei einer hohen Werteübereinstim-

Tabelle 11 Positive Mitarbeiteraussagen zum Unternehmen im
Work-Life-Balance-Kontext

162	Bei uns im Unternehmen werde ich gehört. Ich habe das Gefühl, dass meine Meinung und meine neuen Ideen ankommen.
163	Ich habe mich im Unternehmen weiterentwickelt. Ich habe als Auszubildende begonnen. Nun bin ich mit 25 Jahren Leiterin der Serviceabteilung. Mein Chef hat mir viel Vertrauensvorschuss gegeben. Intern wurde mein Aufstieg mit persönlichem Wohlwollen und vielen Weiterbildungen, fachlich und persönlichkeitsbildend, begleitet.
164	Bei uns zählt das Miteinander.
165	Wir geben den Mitarbeitern ausreichend Zeit für die Arbeitsabwicklung.
166	Ausreichende Erholungsgrade unserer Mitarbeiter sind uns wichtig.
167	3 Wochen Urlaub am Stück unterstützen wir.
168	Immer wieder kurze Pausen zur Regeneration am Arbeitsplatz sehen wir gerne. Jeder teilt sich seinen Leistungseinsatz selbst ein.
169	Unsere Führungskräfte sind charakterstark. Sie unterstützen die Mitarbeiter und sehen persönliche Ziele und Unternehmensziele gleichermaßen.
170	Wir verwirklichen viel.

mung erhöhen sich Loyalitäten im Unternehmen, bei Wertediskrepanz schwindet das Commitment erheblich, und drei Viertel der Arbeitnehmer kritisiert nach dieser Studie aktiv im Umfeld und in der Familie das eigene Unternehmen. „Die Unternehmenskultur und Corporate Identity sind eng miteinander verbunden. Die Unternehmenskultur ist eher ein Ausdruck von Werten, Normen, Leitphilosophie und Denkweisen, die sich im organisatorischen Alltag in allen Bereichen des Unternehmens manifestieren. Jede Aktivität in einem Unternehmen wird durch seine Kultur gefärbt und beeinflusst. Folglich ist die Steuerung der Unternehmenskultur eine effiziente Weise, das Verhalten von einzelnen Mitarbeitern zu beeinflussen: Diejenigen, denen die Kultur der Firma gefällt, leisten mehr und sind zufriedener. Dies hat auch auf das Ansehen der Firma im sozialen Umfeld eine positive Wirkung."[229]

Inwiefern die Unternehmenswerte tatsächlich bekannt waren und inwieweit die Mitarbeiter ihre eigenen Werte verinnerlicht hatten, ist der Studie nicht zu entnehmen, die Tendenz spricht aber ohnehin klare Worte. Deutschen Personalern wird in Hinblick auf den Werteabgleich im Recruiting kein gutes Zeugnis ausgestellt: „Zwar geben 85% der befragten Personalverantwortlichen an, die Werte und Einstellungen eines Bewerbers hinsichtlich der Wertepassung zu prüfen, doch der Detailblick zeigt, dass damit nicht der Bezug zu den spezifischen Unternehmenswerten gemeint ist. Vielmehr werden darunter eher allgemeine Eignungen/Werte verstanden wie Offenheit, Loyalität oder Leistungsorientierung."[230] Auf den Homepages der meisten Unternehmen findet man daher übereinstimmende, untereinander austauschbare Wertekommunikation.

Ein besseres Beispiel ist in der Vorgehensweise der Dessau-Roßlauer Pharmafirma IDT Biologika GMBH zu sehen, deren Personalchef sagt: **„Als mittelständisches Familienunternehmen können wir gegenüber Großunternehmen punkten, indem wir gute und persönliche Vorstellungsgespräche führen. Hierbei binden wir Führungskräfte ein, die ihre persönliche Motivation für ihre Tätigkeit bei der IDT Biologika darlegen."**[231]

Das österreichische Institut Career's Best Recruiters hat 2010 unter wissenschaftlicher Begleitung der Wirtschaftsuniversität Wien insgesamt 1.000 österreichische und deutsche Unternehmen auf ihre Employer-Branding-Qualitäten getestet. Außerdem wurden Mystery-Jobber ausgeschickt, um Beurteilungen von Bewerbungsgesprächen vorzunehmen. Auch wurden 4.000 Initiativbewerbungen einer Analyse unterzogen. Als Employer-Branding-Standards wurden 67 Kriterien aufgestellt, die in die Bereiche Homepage, Social-Media-Aktivitäten, Messetätigkeit und die Bewerbungsresonanz bei den Mystery-Jobbern eingeteilt waren. In einem Bundesländervergleich von Employer-Branding-Aktivitäten kam es zu einem Erfüllungswert von 24% bis 32% hinsichtlich der Kriterienerreichung der vollen 67 Kriterien. Ein Branchenvergleich Österreich sah Unternehmensberatungen, Banken und Finanzdienstleister bei einem Wert von mehr als 40%, eine ganze Reihe an Branchen, darunter die der Nahrungsmittel- und Konsumgüterhersteller, die Branche Bau und Holz, der öffentliche Dienst oder etwa Medien/Werbung/Telekommunikation kamen auf jeweils unter 25%. In Deutschland lagen die Werte im Schnitt um 10% höher. Die Mystery-Jobber kamen mitunter mit Erfahrungen über recht eigentümliche Bewerbungsgespräche ins Institut zurück, Initiativbewerbungen wurden in Deutschland lediglich knapp zu über 50% und in Österreich zu knapp unter 50% bearbeitet.[232]

Employer Branding ist eine wichtige Investition, unabhängig von der Wirtschaftslage. Unternehmen, die in einer Konjunkturflaute Employer-

---

Tipps zur Feststellung von Work-Life-Balance-Qualitäten im Unternehmen und deren Präsentation nach innen und außen

171 Beschreiben Sie die Beziehungsqualität am Arbeitsplatz.

172 Beschreiben Sie Zufriedenheitslagen am Arbeitsplatz und im Unternehmen generell.

173 Teilen Sie Überlegungen zur Work-Life-Balance im Unternehmen mit.

174 Erreichen Sie Mitarbeiter in ihren Emotionen und teilen Sie Ergebnisse der Öffentlichkeit mit.

Branding-Programme stoppen, haben es nachweislich schwerer, in Zeiten der Konjunktur gutes Personal zu finden.[233] Es gibt also viel Luft nach oben, sowohl was die Anzahl der Employer-Branding-Aktivitäten betrifft, als auch bezüglich der Qualität dieser Aktivitäten.

Die Einbeziehung des Themas Work-Life-Balance ins Employer Branding ist völliges Neuland. Dabei würde sich, wie vielerorts hörbar, die Beachtung der emotionalen Kräfte im Unternehmen deutlich lohnen.

3.9 Innovationen, Projektmanagement und Change

In den vorangegangenen Abschnitten habe ich gezeigt, dass der Einsatz von Soft Skills, wie Empathiefähigkeit, Kommunikations- und Kooperationskompetenzen, die Leistungsfähigkeit der Unternehmen geradezu pulverisieren kann. Aufbauend auf dem Erkenntnisbild eines zukunfts- und handlungsorientierten Miteinanders werden individuelle Ressourcen verstärkt einsetzbar. Unter guter Führung und Achtsamkeit auf Work-Life-Balance kann die Arbeit an der Zukunft äußerst lustvoll gestaltet werden. Freude an der Arbeit erhöht die Realisierungsgrade. In diesem letzten Abschnitt des ersten Teils des Buches über nutzbringende Faktoren des Work-Life-Balance-Einsatzes im Unternehmen blicke ich auf die Innovationsfähigkeit im Unternehmen, die durch die Berücksichtigung der Work-Life-Balance-Prinzipien einen gesteigerten Ertrag im Unternehmen mit sich bringen. Für komplexe interdisziplinäre Fragestellungen im Unternehmen ist eine gehörige Portion Fantasie, Kreativität, aber auch Prozesskompetenz vonnöten. Sind Ideen vorhanden, wohin die Reise geht, liegt das Augenmerk darauf, Projekte zu formulieren, zu planen und durchzuführen und zu Ende zu bringen.

Anhand eines von mir begleiteten Prozesses der Fusionierung zweier Unternehmensabteilungen gehe ich in diesem Kapitel auf Work-Life-Balance-orientiertes Innovationsprojektmanagement ein. Dabei dient Projektmanagement als Steuerungskonzept, um weitreichende Entscheidungen im Unternehmen systematisch zu bewältigen. Die Neu- und Umgestaltung komplexer Systeme bedingt einen komplexen Ablauf und eine Abstimmung vieler Tätigkeiten in der Planung und der Realisierung solcher Systeme. Je mehr man diese Projekte in Hinblick auf Genauigkeit, Zielgerichtetheit und Transparenz abwickelt, desto höher ist die Chance, dass die Projekte gelingen. Viele Projekte werden auf den Weg gebracht, aber nur wenige werden tatsächlich abgeschlossen. **Legt man für das Projektmanagement nicht nur technische und methodische Fähig-**

keiten zugrunde, sondern beachtet stark soziale Kompetenzen, Kreativitäts- und Intuitionsfähigkeiten und Verhaltensgrundsätze, dann gewinnt man im Projektmanagement das Vertrauen der Menschen, die am Projekt mitarbeiten und die von den Auswirkungen des Projektes betroffen sind.

„Einerseits überträgt sich die Komplexität des Objekts in allen Lebensphasen auf die durchzuführenden Aktivitäten, andererseits wird sie durch die Tatsache erhöht, dass sehr viele Personen, mit sehr unterschiedlichen Denkweisen, Fachausbildungen und Interessen beteiligt sind. Diese Komplexität stellt besondere Anforderungen an die Organisation, Planung, Überwachung und Steuerung derartiger Vorhaben."[234]

Im Falle der erwähnten Fusionierung sollten zwei bisher autonom agierende Abteilungen eines Dienstleistungszentrums mit etwa gesamt 20 Mitarbeitern zu einer Abteilung zusammengefasst werden und die Dienstleistungen wesentlich verzahnter angeboten werden als bisher. Die einzelnen Arbeitsbereiche sollten sich im Dienstleistungsangebot stark verändern, sodass zu erwarten war, dass bisherige Arbeitsplätze nicht mehr in der Form vorzufinden waren wie bisher. Das sorgte für Unruhe in der Belegschaft. Gerade in der größeren Abteilung, die nun als neuen Gesamtchef den Leiter der bisher kleineren Abteilung erhalten sollte.

Das neue Zentrum sollte in einem Verbund mit bereits bestehenden weiteren Abteilungen des Mutterunternehmens auftreten und verfolgte folgende Zielsetzungen: In puncto Kundenorientierung rasches Handeln ermöglichen, Wirtschaftlichkeits- und Effizienzverbesserung gewährleisten sowie einen hohen Grad an Eigenverantwortung der Mitarbeiter hervorbringen. Selbständiges Arbeiten der Mitarbeiter war zwar auch bisher gegeben, allerdings gab es erheblich divergierende Sichtweisen über die Zukunft der anzubietenden Dienstleistung, die in der bisher größeren Abteilung ständig zu Zerreißproben mit der Leitung geführt hatten. Eine saubere Projektplanung und eine transparente Kommunikationspolitik halfen, Interesse in der Führungsetage und bei den Mitarbeitern zu wecken. Die systematische Vorgangsweise, die Zieldefinition und die Erklärung des Prozesses dahin wirkten positiv. Ein verbessertes Kundenangebot und exaktere Definierung einzelner Arbeitsplätze weckten zusätzlich das Interesse.

Hätte man in dieser Phase ein Modell der Chefetage ohne große Mitarbeiterbeteiligung durchgezogen, hätte man das vorhandene hohe Kritikpotenzial nicht in den Griff bekommen. Die fusionierte Abteilung hätte von Anfang an auf wackeligen Beinen gestanden. Innovationen wären als feindliche Neuerungen von erheblichen Teilen der Belegschaft torpediert worden. „In einem Projekt ist meist eine intensive fachübergreifende Zusammenarbeit in neuartigen Aufgaben notwendig und es ergeben sich dabei Konflikte sowohl im sachlichen Bereich (entstanden aus unterschiedlichen Betrachtungsweisen der Beteiligten) als auch im Führungsbereich. Wollte man die Lösung solcher Konflikte der herkömmlichen Linienorganisation übertragen, müsste zur Konfliktbeseitigung durch Führungsentscheide auf eine hohe Hierarchiestufe zurückgegriffen werden."[235]

Somit wurde für das Projekt die Maxime aufgestellt, dass zwar nicht alle, aber möglichst viele Mitarbeiter des zukünftigen Zentrums auch an der Planung beteiligt werden sollten. Klare Rahmenrichtlinien hinsichtlich Zielrahmen und Prozessgestaltung wurden festgelegt, um das Projekt nicht Grundsatzdiskussionen auszusetzen; Ideen schwirrten sehr viele herum. Gleichzeitig sollte das Innovationspotenzial der Mitarbeiter genutzt werden. Die Legitimation des neuen Konstruktes durch unmittelbare Mitarbeitereinbindung in der Planungsphase wurde erhöht, Effekte der späteren Legitimation des neuen Systems sollten sich einstellen.

Es wurde streng nach klassischem Projektmanagement vorgegangen: Problemanalyse, konzeptionelle Grundlegung, detaillierte Gestaltung, Realisationsphase und Abschlussphase.[236] Je länger das Projekt dauerte, desto klarer wurde, dass der Erfolg des Projekts auf eine auf Lernen ausgerichtete Entscheidungsprozedur hinauslaufen würde. Die neuen Erkenntnisse in verschiedenen Projektgruppen wirkten sich dabei so positiv aus, dass bisher als sehr streitbar geltende Mitarbeiter begannen, mit großem Eifer am neuen Werk zu arbeiten. Für die Mitarbeit in Projektgruppen wurden als „problematisch" geltende Mitarbeiter nicht vom Projektprozess ausgeschlossen. Gerade in ihrer Mitwirkung sollte der Schlüssel zum Erfolg liegen. Das Wecken ihrer Begeisterung für ein – von ihnen mitgestaltetes – Arbeitsfeld führte zum Erfolg. Aufbruchstimmung stellte sich ein. Unerlässlich waren eine Startveranstaltung zur Information, was geplant sei, und dreißigminütige Einzelgespräche des Projektleiters mit jedem einzelnen Projektmitarbeiter im Vorfeld, bei dem Ziele, Funktionen, Arbeitserfordernisse und Ergebnisverwertung besprochen wurden. In den einzelnen Projektgruppen wurden immer wieder Erklärungen, was genau geplant sei, besonders wichtig genommen.

Die Projektmitarbeiter wussten immer worum es ging und hatten so den Kopf frei, konstruktiv zu arbeiten, ständig mit einem Gefühl, dass ihr Beitrag einen wichtigen Teil zum Gesamtergebnis beitragen könnte und sie immer wieder über die Verwertung ihrer Beiträge im Gesamtergebnis Bescheid bekämen. Der Paradigmenwechsel in der Stimmung der Belegschaft von äußerst kritisch hin zu sehr konstruktiv beeindruckte sowohl die Mitarbeiter selbst, als auch die Geschäftsleitung. Unter dem spürbaren Aspekt des Miteinanders konnten weitere Projektrahmenbedingungen sehr leicht ausgehandelt werden. Allseits herrschte eine positive, arbeitsreiche, energiegeladene Stimmung, die bis zum Ende anhielt. Das Zentrum nahm termingerecht nach etwa 15-monatigen Planungsarbeiten die Tätigkeit auf. Für die neuen Arbeitsstellen wurden Präferenzen der Mitarbeiter abgefragt, und die neuen Jobs konnten auf Basis dieser Prioritäten gut zugeteilt werden. „Veränderungen im System (etwa in einem Team oder in einem Unternehmen) sind nicht (allein) dadurch erzielbar, dass einzelne Personen ausgetauscht oder durch andere ersetzt werden (so wie das häufig in Unternehmen praktiziert wird), sondern können nur dadurch erreicht werden, dass die Systemmitglieder gemeinsam die bisherige Struktur in den betreffenden Facetten infrage stellen und gemeinsam reflektieren, ob die Struktur im Rahmen der bestehenden Situationen noch Sinn macht und welche Struktur die Beteiligten in Zukunft wirklich leben wollen."[237]

Ein Schlüssel zum Projekterfolg lag in der guten Vorbereitung, in der Auswahl der Person des Projektleiters, der ein Gespür für Projektmitarbeiter hatte, den Prozess transparent gestaltete und gleichzeitig durchsetzungsfähig war. Vor allem war er in der Lage, über hohe Kommunikationsfähigkeit und Projektsicherheit Vertrauen herzustellen, was sowohl bei der Belegschaft als auch in der Geschäftszentrale gut ankam. Projektcoaching nahm einen wichtigen Stellenwert ein. Die Projektleitung konnte die Komplexität aller Vorgänge im Projekt reflektieren, die notwendigen Schlüsse ziehen und weitere Planungen vornehmen. Außerdem wurden Bezugsrahmen und tatsächliche Umsetzung im Sinne eines Projektcontrollings in den Coachings im Auge behalten. Die Fortschritte als lernendes Projekt konnten auf diese Weise gut eingeordnet werden. Wichtiges Element war das Vertrauen der Geschäftsleitung in die in Gang gesetzten Projekte. Wesentliches Instrument der Arbeit war ein umfangreicher Projektauftrag, der die Rahmenbedingungen der Arbeit festlegte. Vermutlich der wichtigste Faktor im gesamten Innovationsprozess ist der Umstand gewesen, dass am Ende des Projekts die Projektergebnisse verwertet wurden.

Korrigiert man erarbeitete Ergebnisse auf Chefseite nach Gutdünken, geht unwiederbringlich Vertrauen verloren, was für nächste Projekte, aber auch für das Gesamtklima im Unternehmen äußerst negative Auswirkungen haben kann. Vertrauenswürdiges Handeln der Führungskräfte erzeugt Respekt, den man nicht leichtfertig verspielen sollte.

„Wenn Menschen zusammenarbeiten, wünschen sie sich wechselseitige Respektierung, Solidarität und Anerkennung. Sie empfinden ihre Projektarbeit befriedigender, wenn sie mit ihren Kollegen vertrauensvoll kooperieren, sich mit der Projektgruppe verstehen, deren Ziel mitbestimmen und darin ihre Fähigkeiten erfolgreich entfalten können. Um eine hohe Motivation bei Projektmitarbeitern zu erreichen, ist es notwendig, ein Klima mit mehr Vertrauen, weniger Misstrauen, mehr Solidarität und weniger Missgunst, mehr Partizipation und weniger Resignation herzustellen."[238]

Der Kreativdirektor der italienischen Modemarke Benetton, Renzo di Renzo, arbeitete in den beginnenden 2000er Jahren in Projektgruppen im firmeneigenen Labor für angewandte Kreativität in der Nähe von Treviso mit bis zu 50 jungen Talenten. Für bis zu 18 Monate arbeiteten sie unter Anleitung an Benetton-Projekten. Erkenntnis von di Renzo: Leute mit frischen Ideen finden sich vor allem in der Dritten Welt und im Nahen Osten. Das Zusammenkommen verschiedener Kulturen ist für den kreativen Prozess wichtig. Marketingabteilungen haben da noch viel zu lernen, sagt di Renzo, da sie den Bestand eher verwalten und nicht genügend in die Zukunft blicken. Projektmanager di Renzo ist ausgebildeter Pianist und hat einen akademischen Abschluss in Literatur. 2007 wechselte er zur Bekleidungsfirma Replay, für die er seither im Bereich Jugend und Kreativität tätig ist.[239]

„Innovationen basieren auf einem klaren Konzept und stehen eng in Zusammenhang mit der Bereitschaft aller betroffenen Personen, aus den gewohnten Bahnen und Perspektiven auszubrechen und die Perspektiven zu wechseln. Voraussetzung ist, dass die Führungskräfte diese Entscheidung tragen", sagt Gerhard Leitner, Geschäftsführer der Limak Business School, zum Thema Innovationskraft in modernen Unternehmen.[240]

Der Changeprozess ist geprägt vom Aufspüren neuer Chancen, von der Entwicklung von Ideen und den systematischen Prozessen zur Einführung von Neuerungen, dazu bedarf es einer starken Führung: „Manager von Kreativprozessen führen Personen aus den unterschiedlichen Bereichen eines Unternehmens für einen Entwicklungsprozess zusammen, erkennen zukunftsfähige und strategisch nachhaltige Ideen und fördern deren Überführung in organisatorische Initiativen durch Freisetzung von Ressourcen."[241]

Am Beginn der Prozesse stehen Wahrnehmungen, Gefühl, Beobachtung und Trendforschung, gehen über in kreative Phasen der Ideenbildung, in der möglichst nicht in herkömmlichen Bahnen gedacht wird und die vermutlich kaum im Büro oder hinter Schreibtischen stattfindet. Danach wird viel kommuniziert und sozial interagiert. Es sind die Menschen am Zug, die sich austauschen, reflektieren und bewerten und eine organisatorische Ebene finden, um so die Ideen im Unternehmen einsetzbar zu machen. Diese Phasen sollten mit externer Unterstützung begleitet werden, um für Ideen und Implementierung einen Sparringspartner an der Hand zu haben. Schließlich ist die Organisation am Zug, Ziele festzulegen und Neues in die bisherige Struktur überzuführen. Neudeutsch können diese Prozesse auch mit Sensing and Observing, Creating Ideas, Transfer Ideas to Initiative und Act on Initiative bezeichnet werden.[242]

Zur Gestaltung solcher Prozesse sind in hohem Maße Sozialkompetenzen wie Empathiefähigkeit, Ehrlichkeit, Authentizität, Vertrauenswürdigkeit und anerkennender und wertschätzender Umgang mit Menschen gefragt. Man muss Menschen schon mögen und ein positives Weltbild haben, damit man solche hochkomplexe Aufgaben durchführen kann. Zusätzlich braucht man Beistand von der obersten Führung und externe Reflexionshilfe. Dass in solchen Innovationszirkeln der Grad an Fehlerquoten noch hoch ist, versteht sich von selbst. Kleinkrämerseelen, die in solchen

Entwicklungsgruppen vertane Arbeitszeit sehen, werden kaum Fort-schritte im Unternehmen erzeugen können. Daher mein Aufruf: **Mut zu Fehlern, Mut zu Neuem, Mut zu Mitarbeitern mit hohem Selbstwert, die sich etwas zutrauen und nicht immer kontrollieren müssen, ob irgendwo ein Fehler enthalten ist.** Es könnte ja aus Fehlern etwas Neues entstehen. Die allseits bekannten Post-it-Zettel sind auch im Umfeld der Erforschung eines möglichst starken Klebemittels plötzlich aufgetaucht.

Tipps für mehr Innovationskraft im Unternehmen

175 Beteiligen Sie viele, aber nicht alle Mitarbeiter an Innovationsprozessen.

176 Erklären Sie allen genau, was geplant ist.

177 Setzen Sie umsichtige Projektleitungen ein, mit hoher Sozialkompetenz und Umsetzungskraft.

178 Machen Sie Projektmitarbeiter zu positiven Botschaftern.

179 Nehmen Sie alle Vorschläge aus Innovationsgruppen ernst und setzen Sie die Planungen in hohem Maße um.

180 Setzen Sie auf die Kraft der Einzelnen, die unter Ziel- und Rahmen-bedingungen an Neuem arbeiten.

181 Halten Sie Mitarbeiter in Innovationsprozessen von Bürokratie fern.

4 Systemisches Denken und Konstruktivismus

Dieses Kapitel ist ein theoretischer Blick auf die Unternehmensfrage, neue Kulturen zum Blühen zu bringen, Work-Life-Balance-Nutzen auf persönlicher Ebene zu schaffen und als Unternehmenskonzept systemisches und konstruktivistisches Denken umzusetzen.

Vermutlich bin ich auf Grund meiner vielseitigen Tätigkeiten und meiner Neugier an Weiterentwicklungen und dem Interesse daran, wie andere an Problemstellungen herangehen, in der systemischen Sichtweise der Dinge gelandet und fühle mich in diesem theoretischen Feld heimisch. Ich habe immer eng mit Menschen in der Beratung zusammengearbeitet und war selbst mehrere Jahre Vorgesetzter von bis zu 25 Mitarbeitern und hatte natürlich auch selbst Vorgesetzte. Menschen sind nicht so vorhersehbar, wie man gerne möchte. Sie sind nicht mit Maschinen vergleichbar, mit Menschen muss man anders umgehen, sie funktionieren nicht auf Knopfdruck. Menschen haben ihre eigenen Vorstellungen von der Welt, und meine Vorstellungen müssen sich nicht mit denen meiner Klienten, Kollegen oder Gesprächspartner decken. Diese Erkenntnis der Verschiedenheit der Menschen und der daraus resultierenden Wirklichkeiten begleitet mich ebenfalls seit sehr langer Zeit.

Ich stamme aus Österreich, und Österreich wurde Ende der 70er Jahre vom damaligen Papst einmal als Insel der Seligen bezeichnet. Der Papst hatte womöglich in einer Momentaufnahme unter dem Eindruck von Vollbeschäftigung und im internationalen Vergleich niedriger Kriminalitätsraten dieses geflügelte Wort ausgesprochen. Insgesamt hatte er aber nicht Recht, wenn man das von einem Papst überhaupt behaupten darf. Zuviel lief im System Österreich auch zu dieser Zeit schief. Oder hatte der Papst doch Recht, indem er auf Österreich draufschaute und sich vielleicht sagte, „meinem Gefühl nach ist das eine Insel der Seligen" – sozusagen eine systemische Theorie.

Im Folgenden gehe ich auf konstruktivistische, systemische Theorien ein. Ich werde darlegen, wie wichtig eine pluralistische Sichtweise der Dinge im Allgemeinen und für Work-Life-Balance-Konzepte im Unternehmen im Besonderen ist.

Wirklichkeitskonstruktionen

Heinz von Förster war einer der bedeutendsten Vertreter der Denkschule des Konstruktivismus. Er gilt als einer der Mitbegründer des Radikalen Konstruktivismus, wonach die Realität nicht entdeckt, sondern von uns Menschen konstruiert wird. Seine grundlegende Annahme ist, dass jede Erkenntnis als Konstruktionsprozess verstanden werden kann und die Wirklichkeit das Produkt dieses Prozesses darstellt. **Die Wirklichkeit wird also nicht gefunden, sondern von einem Beobachter operativ erfunden.**[243]

Nach konstruktivistischer Auffassung ist demnach Wahrnehmung kreativ. Die Eigenschaften wahrgenommener Objekte entstehen aus der Art und Weise, wie wir unsere Sinnesorgane interpretieren. Sie entstehen in uns. Aus der Literaturwissenschaft ist bekannt, dass man eine Geschichte nicht von vorne bis hinten mit allen Details erzählen muss. Vielmehr mögen es Leser, wenn gerade nicht alles erzählt wird. Es braucht nicht viel an Story, um die Leser zu stimulieren, der Rest wird vom Empfänger aufgefüllt, Lesen ist Abenteuer im Kopf. Heinz von Förster ist in seiner Jugend ebenfalls auf dieses Phänomen gestoßen: „Was hören sich die Leute an, wie gehen die Leute mit, wenn man etwas erzählt? Was uns fasziniert hat, ist, wie wenig muss man von einer Geschichte erzählen, damit der andere, der zuhört, die Geschichte auffüllt."[244]

Realitätsgestaltung passiert demnach sehr stark über die Wahrnehmung, die Beobachtung. Informationen werden von Menschen gefiltert und je nach Bedarf neu zusammengesetzt. Bei Person A sieht das Ergebnis nun ganz anders aus als bei Person B. Daher ist die Beobachtung des eigenen Tuns und das von anderen ein Schlüssel zur Weiterentwicklung.

Das Ganze ist nicht nur die Summe seiner Teile, es hat auch eine Identität als Ganzes, und wenn in diesem Ganzen etwas verändert wird, bleibt nichts beim alten. Dadurch, dass ein Teil verändert wird, verändern sich alle anderen Teile auch und auch das Ganze ändert sich.

Der Biologe Umberto Maturana gilt zusammen mit seinem Kollegen Francisco Varela als Erfinder eines Konzeptes, das sich Autopoiesis nennt. Autopoiesis ist der Prozess der Selbsterschaffung und -erhaltung eines Systems. Lebewesen reagieren in der Regel nicht genau so, wie wir glauben, dass jeder reagieren müsste. Sie reagieren so, wie sie selbst strukturiert sind, also unvorhersehbar.[245] Unter diesen Prämissen ist Steuerung keine leichte Aufgabe.

„Wenn man von der grundlegenden Annahme ausgeht, dass a) lebende Systeme als autonome, autopoietische Systeme zu verstehen sind (z.B. Maturana, Varela u.v.a.) und dass b) ihre so genannten Probleme auch als kompetente Lösungsversuche für bestimmte Ziele (allerdings oft mit hohem Preis) verstehbar sind und weiter (…) auch davon, dass c) die Problemträger sehr wohl in ihrem Erfahrungsspektrum schon (meist unbewusst) über die Ressourcen verfügen, welche für eine adäquate Lösung benötigt würden…", kann man diesem System oder einzelnen Menschen nicht als „cleverer Wissender" begegnen.[246]

Aus meiner Coachingerfahrung kenne ich solche Grundlagen und richte meine Vorgehensweisen mit Coachingklienten, aber auch in Prozessen der Unternehmensberatung, auf die Prozessbegleitung und nicht auf Lösungsratschläge aus. **„Systemisches Coaching ermöglicht den Menschen, ihr Wahrnehmungsfeld zu erweitern oder zu verändern, indem sie Dinge anders beschreiben, erklären oder bewerten. Solange der Coach darauf achtet, neue Denk- und Handlungsmuster beim Kunden anzuregen, deren Erzeugung und Überprüfung auf Tauglichkeit jedoch beim Kunden selbst zu belassen, entstehen spezifische, maßgeschneiderte Problemlösungen beim Kunden: Lernen wird möglich."[247]**

Ähnliches gilt auch für Unternehmen, die ihr Wahrnehmungsfeld erheblich erweitern wollen, genauso wie für Führungskräfte, die sich in ihrem Selbstverständnis nicht als Befehlsausgeber oder Kontrolleure sehen, sondern als Unterstützer und Anleiter. Natürlich ist zu berücksichtigen, dass Unternehmen und Führungskräfte eine Steuerungsfunktion innehaben, was aber dem grundsätzlichen systemischen Zugang zur Sache keinen Abbruch tut.

Jedes soziale System besteht aus einer Struktur, die das System unverwechselbar macht, weil alleine die Menschen, die am System beteiligt sind, unverwechselbar sind und nicht zwingend vorhersehbar handeln. Davon sind Unternehmen genauso bestimmt wie Fußballclubs, Familienverbände oder große Gemeinwesen. Nun sind Menschen in einer Vielzahl von Systemen beheimatet. Ein und derselbe Mensch kann sich in unterschiedlichen Systemen unterschiedlich verhalten. Das führt zum Beispiel bei Assessment-Center-Personalauswahlverfahren mitunter zum Ergebnis, dass jemand, der aus Assessment-Verfahren mit Bestnoten hervorgeht, als Mitarbeiter wenig taugt. Wer wir sind und wie wir uns verhalten, hängt stark davon ab, in welchem System wir uns gerade befinden.[248]

Systemisches Denken heißt, Komplexität im System als gegeben hinnehmen und einfache Ursache-Wirkung-Prinzipien zu hinterfragen. Dass ein Mitarbeiter nicht mehr motiviert scheint, kann viele Ursachen haben: Zeitmangel, chaotische Zustände, Mangel an sozialen Kompetenzen, unklare Kompetenzen, keine klaren Aufgabenverteilungen und deren entsprechende Wechselwirkungen. „Wir können nie davon ausgehen, dass ein bestimmtes Ereignis (etwa das Funktionieren eines Projektes, die geringe Leistung eines Mitarbeiters, der von Macht geprägte Führungsstil eines Chefs, die Unerbittlichkeit der Generaldirektorin) auf eine einzige klar auszumachende Ursache zurückgeführt werden kann. Fast immer spielen unendlich viele Details zusammen, damit eine zusammenhängende Geschichte entsteht."[249]

Systemische Interventionen: Problemlösung

Man sollte sich um einen, wie die Systemiker sagen, „zirkulär-kausalen Blickwinkel" bemühen und nicht auf Schuldigensuche gehen, sondern ein hohes Augenmerk auf Verhaltensweisen und deren Veränderung legen, sonst passiert nämlich folgendes: „Ein Problem entsteht also dadurch, dass (fast immer) mehrere Menschen aktiv daran arbeiten, dieses Problem entstehen zu lassen, es aufrechtzuerhalten oder es zu verstärken. Menschen ‚basteln' sich gemeinsam ein Problem."[250]

Außerdem betrachtet zirkuläres Denken auch die Wechselwirkungen zwischen dem eigenen Verhalten und dem Verhalten anderer im System. Man spricht von Kybernetik zweiter Ordnung. Von Karl Heinz Förster ist der Ausspruch „Man kann nur versuchen zu verstehen zu verstehen" überliefert. Man begibt sich eher auf Mustersuche als auf Ursachenforschung und überlegt, wie die Muster verändert oder andere Muster gestrickt werden können. „Zirkulär-kausal denken heißt ‚im Kreis denken': Alles ist mit allem vernetzt, alles hat auf alles einen Einfluss." [251]

Systemiker halten sich in Lösungsstrategien nicht lange in der Vergangenheit auf und suchen nach Ursachen und Schuldigen. Sie stellen zukunftsorientierte Fragen: „Was müsste wer wann in der Zukunft anders tun, damit für Sie ein optimales Ergebnis herauskommt? Was müssten vor allem Sie tun oder nicht mehr tun? An welchem Verhalten von Ihnen würden Sie oder jemand anders merken, dass Sie ihr Ziel erreicht haben?" Oder: „Wer würde sich freuen, wenn Sie ihr Ziel erreichen würden?"[252] Problembezogene Beschreibungen neigen dazu, immer mehr Probleme zu generieren. Zielsetzungen führen zu Handlungen und diese sorgen für Bewegung.

Bringt man Menschen dazu, eher positive Sichtweisen als Filter von täglichen Geschehnissen anzulegen, dann können Probleme in einem anderen Licht gesehen und andere, positivere Verhaltensweisen im Sinne von Zielerreichungen an den Tag gelegt werden.

Man weiß als systemisch denkender Mensch, dass nicht alle Menschen alle Dinge gleich ausführen, und weiß, dass die Menschen einen wertschätzenden Umgang brauchen, um eine gute Betriebstemperatur zu bewahren, die das System aufrechterhält und weiterentwickelt. Als Führungskraft weiß man, dass man den Mitarbeiter in einem gewissen Rahmen halten muss, damit die Firmenziele nicht Gefahr laufen,

in völligem Chaos und Anarchie unterzugehen, weil jeder das macht, was er gerade für richtig hält.

Somit sind Führungselemente, wie zum Beispiel Mitarbeitereinbindung in Entwicklungsprozesse, wertschätzendes Kommunikationsverhalten und externes Coaching der Mitarbeiter systemisches Handwerkszeug und grundsätzliche positive menschenorientierte Einstellung systemische Haltung. Dieser systemisch konstruktive Haltungs-/Methodenmix ist eine gute Grundlage, die eigene Work-Life-Balance und die Work-Life-Balance der Mitarbeiter mehr in den Mittelpunkt des Geschehens zu rücken. Eine positive Wirklichkeitskonstruktion, gepaart mit positiver Innovationskultur, führt zu Organisationsentwicklung. Man spricht von einem systemischen Work-Life-Balance-Unternehmenskonzept.

Teil II Unternehmens-
konzepte

Im gesamten ersten Teil des Buches ging es um betriebliche Nutzensituationen einer Work-Life-Balance – auf persönlicher und betrieblicher Ebene. Work-Life-Balance ist bei näherer Betrachtung ein komplexes System aus persönlichen Einstellungen und betrieblichen Grundvoraussetzungen. Wie gezeigt wurde, geht Work-Life-Balance weit über die rein begriffliche Bedeutung „Hier Arbeit – Dort Privat" hinaus. Die Verwobenheit der Thematik der persönlichen und der betrieblichen Ebene macht die Brauchbarkeit, aber auch die Komplexität des Themas aus. Zugleich spricht der Begriff der Work-Life-Balance viele Menschen in seiner Einfachheit an. Sie sagen: „Genau das brauche ich."

In zweiten Teil des Buches stehen die Maßnahmen zur Work-Life-Balance im Mittelpunkt. Ich beginne mit einem Kapitel über Trends für die Arbeit in den nächsten 20 Jahren. **Verstärkte Individualitäten werden in Zukunft noch mehr ein gestärktes Selbst brauchen, das die Unternehmen in ihrer Betriebsführung berücksichtigen sollten.**

Zuerst stelle ich dafür zwei Work-Life-Balance-Modelle auf. Eines zeigt modellhaft Zusammenhänge der persönlichen Work-Life-Balance, die Antreiber, die Handlungsebene und die Wirkungen. Dieses Modell steht in unmittelbarem Zusammenhang mit dem systemischen Unternehmenskonzeptmodell, das auf Basis der „Werthaltung Work-Life-Balance" einen Bezugspunkt zu betrieblichen Work-Life-Balance-Maßnahmen darstellt. Beide Konzepte sind nicht als Konzepte zu sehen, die es unmittelbar 1:1 umzusetzen gilt. Vielmehr machen die Modelle Handlungsweisen einordenbar. Sie zeigen, ob Work-Life-Balance in Handlungen und Abfolgen Berücksichtigung findet oder nicht. Der in diesem Buch bereits angesprochenen Tendenz, im Wirtschaften konzeptstark, aber realisierungsarm zu sein, wird damit in hohem Maße Rechnung getragen und gegengesteuert.

Nach der Modellbeschreibung wird eine Reihe an Maßnahmen beschrieben, die allesamt die Erreichung von Work-Life-Balance im Unternehmen begünstigen.

5 Trends in der Arbeitswelt

Dem Trend der Individualisierung wird langes Leben vorausgesagt. Wir werden so schnell nicht wieder zurückkehren zu alten Rollenbildern. Das Berufsziel Frühpensionierung hat ausgedient. Sinn im Leben und Sinn in der Arbeit, Beziehungsfähigkeit, Work-Life-Balance, Patchworksysteme privat und im Berufsleben, geänderte Rollenbilder von Mann und Frau hin zu gleichberechtigten Partnerschaften in allen Lebenslagen und ein gesteigerter Bedarf an Charakterstärke und Verantwortungsbewusstsein werden in den nächsten Jahrzehnten große Themen sein. Nach der ökologischen Nachhaltigkeit erscheint das große Thema der sozialen Nachhaltigkeit am Wirtschaftshimmel.

Am Arbeitsmarkt tritt eine neue Generation auf. Der Nachwuchs, der ab 1985 geboren ist, weist andere Grundzüge in Lebensstil, Kultur und Selbstverwirklichung auf als jede Generation davor. Diese neue Generation wird als Generation Y bezeichnet. Mit dem englischen Wortspiel „Generation Why" wird aufgezeigt, dass diese neue Generation Verhältnisse und Vorstellungen, die bisher als selbstverständlich galten, infrage stellt.[253]

Wir kannten bisher in Mitteleuropa die Kriegsgeneration, die Nachkriegsgeneration, die Babyboomer, ein in den USA geprägter Begriff, und die Generation X. Seit Ende des Zweiten Weltkrieges standen die Zeichen auf Aufbau und Absicherung. Die 1960er Jahre brachten Aufruhr gegen das herrschende Establishment, aber letztlich war auch diese Generation, zwar schon unter individualistischeren Vorzeichen, im selben Fahrwasser des „sich etwas Schaffens" unterwegs. „Die 80er Generation ist in einer Gesellschaft mit hoher Transparenz, ständiger Kommunikation, vielen Wahlmöglichkeiten und großem Individualismus aufgewachsen. (...) Wer in einer vernetzten Welt mit Kommunikation rund um die Uhr und mit fast uneingeschränktem Zugang zu virtuellen Welten und sozialen Netzwerken lebt, wird ein bisschen gelassener, was die Wahlstrategien betrifft. Es sind so viele Entscheidungen zu treffen und man konzentriert sich auf jene, die wichtig sind."[254]

Der schwedische Unternehmensberater und Lehrbeauftragte an der Business School der Universität Stockholm Anders Parment wurde auf neue Verhaltensweisen der Generation Y aufmerksam, indem er sich dafür interessierte, warum diese Jahrgänge als anspruchsvoll und impertinent bezeichnet wurden. Seit 2006 erforscht er das Verhalten dieser Generation bei Österreichern, Deutschen, Schweden, Amerikanern, Franzosen und Spaniern.[255]

Die Angehörigen der Generation Y fühlen sich gegenüber dem Arbeitgeber nicht verpflichtet, sie wollen einen guten Job leisten, damit sie einen guten Ruf erwerben, Parment spricht von „Arbeitswechselfähigkeit". Mit diesem Ruf treten sie am gesamten Berufsmarkt auf. Diese fehlende Loyalität entspringt aus der Selbstverständlichkeit der Wahlmöglichkeiten, mit der diese Generation aufgewachsen ist. „Sie will gerne in verschiedenen Ländern, Branchen und Firmen arbeiten und hat so ein eher konsumorientiertes Verhalten zur Arbeit. Es geht ihr darum, die Jahre, Wochen, Tage und Stunden der Arbeit mit Erlebnissen zu füllen – auf diese Weise kann man das meiste von dem, was das Leben bietet, genießen."[256]

Der Generation Y geht es um ein ausbalanciertes Geben und Nehmen zwischen Arbeitnehmern und Arbeitgebern. Sie ist loyal gegenüber sozialen Netzwerken und Alumni-Vereinen, das gesamte Lebensumfeld spielt sowohl in das Privatleben, als auch in die berufliche Karriere hinein. Diese Aufweichung von Privat und Arbeit spielt für die Work-Life-Balance der neuen Generation eine große Rolle. Damit stellt sich die Frage der Verfügbarkeiten und des Rückzuges unter der Perspektive von Selbstverwirklichung. Parment sieht Work-Life-Balance-Fragen der Generation Y darin: „Ein ausgewogenes Gleichgewicht zwischen Leistungsstimulanzen und Raum für Erholung der Mitarbeiter. Die Identifikation der Quellen des negativen Stresses und Maßnahmen der Stress-Minimierung."[257]

Die Generation Y ist nun endgültig in der Umsetzung der Maslowschen Bedürfnispyramide aus dem Jahr 1943 angekommen, die Selbstverwirklichung, Autonomie und Kreativität an der Spitze unserer innersten Wünsche sieht, wenn wir als selbstverständliche Basis Grundbedürfnisse wie Essen, Trinken und Schlafen abgedeckt haben und in ausreichender Sicherheit leben.[258] Die neue Generation hält viel von Identität, Image, sozialen Netzwerken und Wahlmöglichkeiten.

Eine gesteigerte Ich-Identität mit emotionalerem Verhalten, geprägt von eingeübtem emotionalem Umgang mit Konsumgütern, wird auch am Arbeitsplatz Einzug halten, der Erlebniswert des Arbeitsplatzes wird plötzlich hinterfragt. **„Im Arbeitsmarkt wird die größere Betonung emotionaler Faktoren dazu führen, dass Arbeitnehmer einen niedrigeren Arbeitslohn akzeptieren, wenn die Arbeit auch emotionale Attraktivität bietet. Anders ausgedrückt: der weniger emotionale Attraktivität als die Wettbewerber im Arbeitsmarkt bietet, muss bessere wirtschaftliche Bedingungen, wie z.B. ein höheres Gehalt, anbieten, um gute Mitarbeiter anwerben zu können."[259]** Diese Einstellung der jungen

Generation wird auch bei den älteren Arbeitnehmern auf Interesse stoßen und Spuren hinterlassen, die Unternehmen der Zukunft aufgreifen sollten.

Alle demographischen Prognosen der nächsten 30 Jahre sehen eine Verringerung der kommenden Zahl von Arbeitskräften im deutschsprachigen Raum voraus. Schon in den nächsten Jahren wird erstmals die Situation eintreten, dass mehr Menschen den Arbeitsmarkt verlassen und in Pension gehen, als in den Job eintreten. Das wird eine ungleich höhere Nachfrage nach guten Mitarbeitern nach sich ziehen als heute. Fragen des Pensionsalters und der Zuwanderung werden vermutlich in die politische Diskussion einfließen, die erhöhte Nachfrage nach jungen qualifizierten Arbeitnehmern wird bleiben. Unternehmen werden gut beraten sein, sich nach den neuen Anforderungen auszurichten, und das schon jetzt.

Die Beschäftigten der Zukunft werden älter sein. Innovationen werden in anhaltend schnelllebiger Zeit der Schlüssel zum Erfolg bleiben, was eine erhöhte Förderung der innovativen Kräfte der Mitarbeiter erfordert. Die Bildung der Zukunft wird auf Zusammenarbeit beruhen, Bildung wird sozusagen personalisiert und wird, wie schon in den letzten 10 Jahren propagiert, lebenslang dauern. **Bildung wird ein starkes Selbstwissen hervorbringen, das robuste Identitäten fördert, die wissen, was ihnen gut tut. Somit werden Resilienzfähigkeiten und das Wissen um diese an Bedeutung gewinnen.** Ein klares Zeichen für die Aufwertung von Work-Life-Balance-Fragen für Mitarbeiter, Führungsstab und Unternehmen als Ganzes.

Wachsende Notwendigkeiten für Flexibilität werden die Basis von mehr innerer Stabilität brauchen. Auf der Grundlage von Selbstreflexion und einer stabilen Werteorientierung werden Work-Life-Balance-Ausrichtungen an Bedeutung zulegen. Somit werden auch Soft Skills und Charakterstärke am Arbeitsmarkt eine größere Rolle spielen müssen.

Interkulturelle Kompetenz wird gefragt sein. Schon heute hat jeder fünfte deutsche Arbeitnehmer einen Migrationshintergrund. Die demographischen Prognosen werden diese Verteilungen eher in Richtung mehr Arbeitnehmer mit anderen Kulturhintergründen verschieben. Alle diese in der Studie „Work 2030 and beyond. Zukunft der Arbeit – Zukunft der Bildung" unter der Leitung des Wirtschaftsethikers Clemens Sedmak aufgelisteten Zukunftsperspektiven der Arbeit werden „wachsende Bedeutung in Organisationsklima und ‚Leadership' erhalten; werteorientiertes Führen und werteorientierte Organisationen werden sich in schwierigen Zeiten behaupten können."[260]

Das Ringen um die kreativsten Köpfe hat eingesetzt. „Führungskräfte inspirieren ihre Anhänger und richten sie auf die Zukunft aus", sagt Damien O'Brien, Chef des renommierten Schweizer Beratungsunternehmens Egon

Zehnder, das erfahrene Führungskräfte in Chefetagen und Aufsichtsräte vermittelt.[261]

Eine Wiener Werbeagentur wirbt in ganzseitigen Inseraten bei Unternehmen mit den Aussagen: „Gute Unternehmen überreden nicht, sie überzeugen. Und die Währung dafür heißt nicht Euro, sondern Wertschätzung. Transparente Kommunikation, gezieltes Fördern, aber auch angemessenes Fordern – nur damit lässt sich Zufriedenheit heranziehen."[262] Der Organisationsberater Roland Deiser, Professor an der University of Southern California und Vorsitzender eines Bildungsforums für weltweit 60 Großkonzerne, fasst die Anforderungen für die Mitarbeiter der Zukunft zusammen: **„Kreativität und individuelle Markenidentität sind die Schlüsselkompetenzen der Zukunft. Man muss die eigenen Talente kennen und pflegen, den Mut haben, etwas damit zu tun, und daraus eine persönliche Marke entwickeln, die unabhängig davon ist, wo ich gerade arbeite. Das gehört dann noch mit inhaltlicher Expertise sowie einer entsprechenden sozialen Kompetenz und ethischer Verantwortung verknüpft."**[263]

Die Zeichen stehen auf „gestärkte individuelle Persönlichkeiten". Es gilt, ihnen entsprechenden Raum in Unternehmen zu geben. Damit ist Führung stark gefordert, nicht nur ein hohes Wissen auf fachlicher Ebene. Gefragt sein wird auch der inspirierende Einsatz von Methodik und sozialen Fähigkeiten auf der Grundlage eines authentischen und verantwortungsbewussten Wertesystems. **Die Unternehmen sind gefordert, für diese starken Ausprägungen von Führung und Mitarbeit die geeigneten Rahmenbedingungen zur Verfügung zu stellen: Work-Life-Balance für Personen, die auf Basis von Work-Life-Balance-Unternehmenskonzepten langfristig hohe Leistungen aus eigener Motivation erbringen.**

6 Zwei Work-Life-Balance-Modelle

6.1 Das Antriebs-, Handlungs- und Wirkungsmodell

Die persönliche Work-Life-Balance ist die Basis für die betriebliche Work-Life-Balance. Das Prinzip der persönlichen Ausgewogenheit entspricht einer Lebenshaltung eines reflektierten Agieren-Wollens und setzt ein entsprechendes Maß an Eigenverantwortung voraus. Darüber hinaus braucht es die Einsicht, dass Work-Life-Balance einem selbst gut tut.

Je hektischer die Zeit, desto höher ist die Notwendigkeit, die Wirkung positiver Work-Life-Balance-Systeme bewusst zu machen. Wenn vorausgesetzt wird, dass Systeme die Tendenz haben, sich aus sich selbst heraus zu regulieren, und gleichzeitig ein hoher Selbstwert, hohe Leistungskraft und Motivation erzeugt werden, sollte der Umsetzung von Work-Life-Balance-Prinzipien im Unternehmen nichts mehr im Wege stehen. Sowohl salutogenetische Erkenntnisse, als auch positive Psychologie und Logotherapie, als auch systemisch-konstruktivistische Theorien untermauern die Wirkungskraft ausgewogener Lebensführungen. Es ist nur eine logische Folge, dass die starke Einbindung dieser ausgewogenen Lebenskonzepte in die Unternehmen als Work-Life-Balance-Konzepte die Betriebserfolge vermehrt.

Arbeit, soziale Beziehungen, eigene Bedürfnisse, Gesundheit und Sinn gilt es[264] in eine gefühlte Ausgewogenheit zu bringen (Bild 10). Viele komplexe Vorgänge müssen mit der Zeitkomponente so in Einklang gebracht werden, dass wir das Gefühl bekommen, die Anforderungen in allen Facetten gut meistern zu können. Keine der fünf Ebenen darf dauerhaft auf der Strecke bleiben. **Besonderes Augenmerk ist dabei auf die Komponenten der eigenen Bedürfnisse und der sozialen Beziehungen zu richten. Denn dort beginnen wir in aller Regel Abstriche zu machen, wenn uns die Zeit davonläuft.** Sinnverlust und Gesundheitsverlust sind bei starker Verknappung der ersten beiden Komponenten die üblichen Folgen. Eine Hinwendung auf unsere eigenen Bedürfnisse ist oftmals der

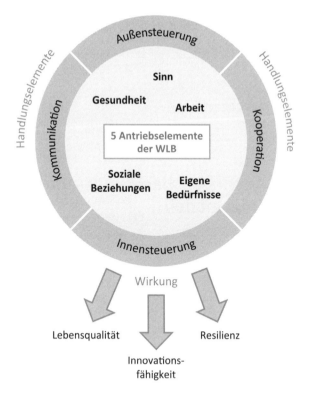

Bild 10 Das Antriebs-, Handlungs- und Wirkungsmodell:
Work-Life-Balance auf persönlicher Ebene

Ausgangspunkt, Balanceschieflagen in unserem Leben zurechtzurücken
und wieder in Ausgeglichenheit zu kommen.

Jeder der fünf Faktoren spricht einen zentralen Aspekt unserer Lebensführung an. Wir wollen genauso unsere Gesundheit pflegen, wie auch einer
sinnvollen Arbeit nachgehen. Wir wollen in eine liebevolle Umgebung
eingebettet sein, in der man unser Handeln schätzt und in der wir uns
zurückziehen können. Manchmal braucht es, auch wenn gelungene soziale Beziehungen ein ganz wichtiger Parameter für eine gute Work-Life-
Balance sind, die Möglichkeit, Zeit für uns selbst zu haben. Meist gehen
wir gerade mit dieser Zeit fahrlässig um, denn wir müssen nur mit uns
selbst einen schnellen Kompromiss schließen, und schon wird das Kind
trotz Zeitmangels noch von A nach B gebracht und in der Arbeit werden
noch schnell diese drei Akten heute Abend erledigt. Morgen ist ja eine
wichtige Besprechung. **Keiner der fünf Antreiber sollte uns vor uns her**

treiben. Die einzelnen Segmente der Work-Life-Balance sollten eine Quelle der Energie und des Wohlbefindens darstellen. Der Blick sollte der optimalen Nutzung der fünf Sektoren für die Aufrechterhaltung hoher Balancewerte gelten. Typische Fragen dazu finden Sie in Tabelle 12.

Tabelle 12 Fragen zur persönlichen Balance

182	Wann und wie realisiere ich eigene Bedürfnisse?
183	Wie beuge ich dem ständigen Schwund von Tätigkeiten meines eigenen Bedarfes vor?
184	Wann sind meine heiligen Zeiten für Fitness?
185	Kombiniere ich Fitnessprogramme mit meinen Arbeitszeiten und halte ich sie aus Familienzeiten weitgehend heraus?
186	Habe ich Wochenenden zur Gänze frei?
187	Kann ich mit meiner Familie unbeschwert Zeit verbringen?

Üblicherweise verstärken ungünstige berufliche Rahmenbedingungen generelle Ungleichgewichtszustände. In der Schaffung von verbesserten betrieblichen Work-Life-Balance-Rahmenbedingungen können Wechselwirkungen entstehen, die nicht – wie so oft in heutiger Zeit – geradewegs ins Burn-out, sondern in die Ausgeglichenheit führen. Der Job als Work-Life-Balance-Stabilisator: Klingt utopisch? Oder nicht?

Möglich wird so eine Konstellation, wenn im Berufsleben eine Abstimmung von Mitarbeiterzielen und Unternehmenszielen erfolgt ist. Wenn der Einzelne im Unternehmen seine persönlichen Lebensplanungen, Wünsche und Ziele in der Arbeit in Übereinstimmung mit Unternehmenszielen verwirklicht sieht. **Innensteuerung sollte vor der Außensteuerung rangieren.** Wir haben das Gefühl, selbst aktiv werden zu können und mit unserer Aktivität in unserem Sinne etwas bewirken zu können. Selbstwirksamkeit, so nennen dies die Resilienzforscher, und auch Nathaniel Branden forciert diese Selbstwirksamkeit in seinen sechs Säulen des Selbstwertgefühls: bewusst leben, sich selbst annehmen, eigenverantwortlich leben, sich selbstsicher behaupten, zielgerichtet leben und die persönliche Integrität hochhalten.[265] Innensteuerung vor Außensteuerung: Lebensqualität wird so auf persönlicher Ebene erzeugt. Die daraus resultierenden Erfolge kommen sowohl der Person, als auch den Unternehmen zugute. Anstatt äußerer Druckmittel kommen innere Antriebssysteme zum Einsatz. Dieses Zustandekommen von inneren Bereitschaften in allen Lebensbereichen ist kein Selbstläufer, der einfach entsteht. Eine ständige Hinwendung zur Pflege dieser inneren Aufstellung ist vonnöten. **Das Schmiermittel zwischen Innen und Außen ist ein gutes**

Kommunikations- und Kooperationsverhalten. Funktioniert die Ausgewogenheit, fühlen wir Lebensfreude und können in schwierigen Situationen auf die Kräfte in uns selbst vertrauen, Situationen aus unserer Sicht einschätzen, Unterstützung erhalten und tragfähige Ergebnisse erzielen. Das Leben bietet ständig neue Herausforderung.

Mit einem hohem Maß an Innensteuerung, Situationsbeurteilungsfähigkeit aus dieser Innensicht heraus, dem Einsatz von Kooperationswillen und Kommunikationsfähigkeit schaffen wir eine ständige Anpassung an die Erfordernisse, die an uns herangetragen werden oder die wir uns selbst schaffen. **Wirkliche Veränderung kommt immer aus unserem Inneren. Wir werden innovationsfähig, sind robust und freuen uns unseres Lebens.**

Die Unternehmen werden durch Unterstützung der Work-Life-Balance aller Mitarbeiter jede Menge an Vorteilen in ihrer Wirtschaftskraft erzeugen. Ein Work-Life-Balance-Unternehmenskonzept fußt auf einer geänderten Kultur. Unternehmen sollten diesem Kulturgewinn so viel Raum wie möglich gewähren und ihn ausbauen. Das erfordert individuelle Pläne und vor allem Zeit für die Anpassung.

Um den Nutzen beschreiben zu können, den das Unternehmen erzielt, muss man zuerst den persönlichen Nutzen ansehen, den eine gesteigerte Work-Life-Balance dem Einzelnen bringt. Mit diesem Lebensführungszugewinn treten die Menschen in veränderter Form im Betrieb auf. Steigerung der Work-Life-Balance in den fünf Ebenen Arbeit, Gesundheit, soziale Beziehungen, eigene Bedürfnisse und Sinn hat aus Sicht meiner Coachingpraxis zumindest zwei Erfolgskomponenten:

1. Erlangung von Reflexionsstärke

Die Menschen fahren bezüglich eigener Ziele sehr oft Scheuklappen aus. Ob es nun die Angst ist, selbstgesteckte Ziele nicht zu erreichen, oder die Bescheidenheit, sich selbst nicht in den Mittelpunkt rücken zu dürfen, in Hinblick auf eine ausgewogene Lebensführung ist die Zielausblendung äußerst ungünstig. Der Abgleich dessen, was von außen auf die Menschen herein strömt, mit dem, was ihre Absichten und Ziele sind, ist bei einer Ausblendung der eigenen Ziele nicht möglich. Wie soll man in dieser Konstellation Lebenszufriedenheit herstellen? Die Erfüllung der Wünsche liegt in solchen Fällen außerhalb der eigenen Handlungsmöglichkeit. Nach diesem Szenario wird Verantwortung auch nach außen geschoben: „Die Welt ist schlecht, ich werde immer benachteiligt."

Was für Ziele gilt, gilt auch für Stärken. Wer seine Stärken nicht kennt, weiß sie nicht einzusetzen. Stärkeneinsatz und die Planung der Ressourcenerhöhung gehen Hand in Hand mit Zielformulierungen. Wer über eigene Ziele und Stärken wirklich Bescheid weiß und diese laufend überprüft und die Verbindung mit Systemen wie etwa der Arbeit herstellt, wird in seinen Handlungen sich selbst nicht in den Hintergrund schieben und Sinn in diesem Tun erkennen.

Ziel- und Stärkendarstellung erzeugen alleine in der Formulierung, und in der Folge in der Äußerung enorme Kraft.

Zu früh geäußerte Ziele können den Schuss nach hinten losgehen lassen und das Zutrauen schmälern. In meinen Coachings habe ich oft das Thema Ziel zum Inhalt und arbeite mit meinen Klienten an der Strategie der Zeitgerechtheit der Zielkommunikation. Ziele und Stärken werden in Szenarien eingesetzt und durchgespielt. Die Klienten bekommen ein Gespür dafür, welches Zeitmanagement und welche Handlungsvarianten sie einsetzen können, ohne dies im privaten oder beruflichen Umfeld vor gefestigtem Entschluss durchspielen zu müssen. Sind Ziele und Stärken abgeklärt und Wille und Weg zur Umsetzung auf den Weg gebracht, erzeugen das Handeln und positives Feedback darauf weiteres Selbstbewusstsein und gesteigerten Selbstwert. Es macht zunehmend Freude, zu agieren. Agieren führt zu Profilierung, wir zeigen uns in dem, was wir können. Wir wissen, was wir können und wohin wir wollen. Wir können Innenansicht mit äußeren Gegebenheiten abstimmen und jederzeit Varianten kommunizieren und diskutieren. Letztendlich entsteht durch zielgerichtetes, reflektiertes Handeln im Abgleich mit den Umfeldbedingungen ein hoher Bezug zu uns selbst. Wir ernten Respekt für unsere eigenen Handlungen, betriebswirtschaftlich ausgedrückt entsteht ein USP, eine „Unique Selling Proposition", ein Alleinstellungsmerkmal: **Was macht gerade mich im Besonderen aus? Mein Know-how? Meine methodischen Fähigkeiten, meine Sozialkompetenz? Mein Wertesystem?** Oder eine Mischung aus allen vier Komponenten. Wir werden einschätzbar und authentisch.

2. Erlangung von Realisierungsstärke

Indem wir konsequent unsere Ziele verfolgen und unsere Stärken einsetzen, auf Schwachstellen aufmerksam werden und im Abgleich diese wiederum abstellen können, arbeiten wir uns auf hohe Grade von Zielerreichungen hin. Zutrauen und Mut in eigene bisherige und neue Fähigkeiten entstehen. Wir gehen von uns selbst aus und können unser Umfeld einschätzen, theoretisch ausgedrückt, kreieren wir ein systemisch-konstruktivistisches Erkenntnisbild. Die Anwendung von Möglichkeiten und Methoden führt uns zum effizienten und ausgeglichenen Umgang mit individuellen Ressourcen. Wir sind in der Lage, methodisch nach den Prinzipien des Projektmanagements vorzugehen. Wer, was, wie, wo, wann, mit wem? **Mit dem Grad der erhöhten Realisierungen wächst in uns die Lust, weitere Projekte** positiv abzuschließen. Mit jedem Abschluss wächst die Zuversicht, auch das nächste Projekt wieder erfolgreich zu beenden. Wir sehen uns in Bezug auf verschiedene Systeme, verstehen, was geschieht, und gehen zum nächsten Ziel.

Bei aller Hinwendung zu Realisierungsstärke muss man für die Aufrechterhaltung eines langfristigen Energiepotenzials Geschwindigkeiten und Regenerationszeiten sehr genau im Auge behalten. Vor lauter Realisierungswillen sollten wir uns nicht von unserer Grundbalance aus Arbeit, Gesundheit, sozialen Beziehungen, eigenen Bedürfnissen und Sinn in Workaholic-Tendenzen stürzen.

6.2 Das systemische Work-Life-Balance-Unternehmenskonzept-Modell

Work-Life-Balance bedeutet viel mehr als den Ausgleich zwischen Beruf, Familie und Privatleben. Sie umfasst betriebliche Rahmenbedingungen, Führungskultur und persönliche Einstellungen, abzulesen am besseren Recruiting, weniger Personalfluktuation und Krankenstand, besserer Widerstandsfähigkeit des Unternehmens gegenüber kritischen Situationen, besserem Ruf und zufriedeneren Kunden. **Der Schlüssel für den Betriebserfolg der Unternehmen ist mehr denn je der Mensch, der eine sinnvolle Arbeit als Teil seines Lebensplanes sieht.** Für die Mitarbeiter heißt das höhere Leistungsfähigkeit und Motivation aus sich heraus durch die Ausgewogenheit von Arbeit, Gesundheit, sozialen Beziehungen, Zeit für sich und Sinn. Organisations- und Mitarbeiterentwicklung verlaufen unter besser abgestimmten Zielperspektiven. Systeme des Könnens und des Wollens entstehen. Die Grade der Umsetzungen von Projekten und Neuentwicklungen steigen, die Anwesenheiten werden produktiver genutzt, mehr Resultate entstehen, ohne dass man in (Selbst-)Überforderung untergeht. Führungskräfte – und nicht nur diese – hangeln sich nicht von einer Burn-out und Sinnkrise zur nächsten und sind langjährig auf hohem Niveau einsatzfähig. Sinn und Firmenloyalitäten entstehen, auch bei der Generation Y.

Auf dieser Basis entwickeln Unternehmen eine unvergleichlich stärkere Kraft als über Druck, Kontrolle oder andere klassische Führungselemente. Arbeitnehmer werden in Zukunft bei den Firmen arbeiten, die ihnen neben einer fairen Bezahlung eine erfüllende Arbeit bieten können. Wie bereits in Teil I des Buches formuliert, wird nach ökologischer Nachhaltigkeit die soziale Nachhaltigkeit die große Unternehmensaufgabe im Europa des 21. Jahrhunderts sein. Den Unternehmen kann eine besondere Rolle als gesundheitlicher Stabilitätsfaktor im Leben der Menschen zufallen. Eigenverantwortung, Führungsqualität und unternehmerische Rahmenbedingungen der Work-Life-Balance im Zusammenspiel als Hort des Wohlbefindens.

Im vorangegangenen persönlichen Antriebs-, Handlungs- und Wirkungsmodell der Work-Life-Balance habe ich erläutert, dass betriebliche Work-Life-Balance-Konzepte sich aus einer Grundhaltung der Work-Life-Balance jedes einzelnen Mitarbeiters im Unternehmen speisen, von der Reinigungskraft bis zum Firmenchef. Das Unternehmen zeichnet sich durch eine bestimmte Kultur aus Werten, Denk- und Handlungsweisen aus, die die Ausbalancierung von Gefühls- und Energiezuständen aller als oberstes Ziel haben. Work-Life-Balance-Unternehmenskonzepte zeichnen sich durch die Fähigkeit aus, in ständigem Abgleich Wechselwirkungen zwischen persönlicher Work-Life-Balance und unternehmerischer Work-Life-Balance zu erzeugen und daraus zweifach Kraft zu schöpfen: persönlich und betrieblich.

Das systemische Work-Life-Balance-Unternehmensmodell entsprechend Bild 11 basiert auf einer Grundhaltung zu Work-Life-Balance. Unternehmensziele und Mitarbeiterziele sind auf gleicher Ebene angesiedelt und sind für den Unternehmenserfolg gleichwertig zu berücksichtigen. Durch

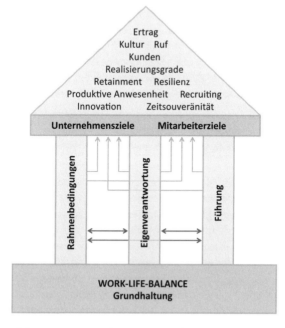

Bild 11 Das systemische WLB-Unternehmenskonzept-Modell

die Anwendung des persönlichen Work-Life-Balance-Antriebs-, Handlungs- und Wirkungsmodells werden Reflexionsstärke und Realisierungsstärke aufgebaut, die auf die drei Säulen Eigenverantwortung, Führung und Rahmenbedingungen einwirken. Alle drei Säulen des systemischen Work-Life-Balance-Unternehmensmodells stehen in unmittelbarem interdependenten Zusammenhang mit der Ausrichtung auf Mitarbeiter und Unternehmensziele.

Daher ist ein ständiger Abgleich von Unternehmenszielen und Mitarbeiterzielen einzurichten. Das kann in positiv angelegten, motivierenden, wertschätzenden Mitarbeitergesprächen stattfinden, aus Executive-Coachingeinheiten entstehen oder in Veranstaltungen mit hohem Firmenwertecharakter.

Work-Life-Balance ist kein Selbstläufer. **Die Energien im Unternehmen müssen auf Work-Life-Balance-Kultur ausgerichtet sein. Übermotiviertes Handeln muss genauso im Blickfeld stehen wie Energieräuber und Erschöpfungszustände.** Work-Life-Balance agiert mitten im Markt. Konkurrenz, Umsatzzahlen, Personalpolitik sind nicht außerhalb von Work-Life-Balance-Konzepten anzutreffen, sondern Work-Life-Balance ist mittendrin. Es ist eine große Kunst und erzeugt enormen Wettbewerbsvorteil, den Ausfallserscheinungen der Mitbewerber am Markt mit Balancestärken entgegenzutreten und langfristig ein hohes Energie- und Erneuerungspotenzial abrufen zu können. Jederzeit sollte im Unternehmen ein scharfer Blick auf die Schwächen einer überbordenden Konkurrenz, von Neid, Gier und Intrige gerichtet sein, und darauf, diese unerfreulichen, aber regelmäßig auftauchenden Begleiterscheinungen mit Sanktionen zu belegen. **So ein System einzuführen dauert seine Zeit. Mit Implementierungsprozessen von 3 bis 5 Jahren ist zu rechnen.**

Aufbauend auf ausgewogenen Zielkonsensen sind drei Work-Life-Balance-Komponenten im Unternehmen einsetzbar: Eigenverantwortlichkeit, Führungsverhalten und unterstützende Rahmenbedingungen.

Der einzelne Mensch ist der Fokus der Unternehmen. **Somit ist ein System zu schaffen, das den einzelnen Menschen im Unternehmen gut in Balance hält und gleichzeitig den möglichst umfassenden Blick unterstützt.** Unternehmen können durch ihre exponierte Lage auf der Landkarte der Lebensgestaltung von Menschen positiv auf die Work-Life-Balance der Mitarbeiter und Menschen einwirken. Sie stiften Sinn, sie sind in der Lage, den Menschen aufblühen zu lassen. Unternehmen können Selbstwert, Selbstbewusstsein, Eigenverantwortlichkeit, Selbstsicherheit, persönliche Integrität und Vertrauen generieren. **Unternehmen können in einer modernen Variante zum Glücksfaktor werden, der nicht nur auf monetärer Basis das Leben des Mitarbeiters sichert.**

Intuitive, kommunikative, kooperative, gesunde Verhältnisse entstehen, in denen die Mitarbeiter gerne ausreichend Zeit zur Verfügung stellen. Systemische Führung und systemische Unternehmenskonzepte fördern die Anwendung eigenverantwortlichen, ausbalancierten Arbeitens.

Im Dach des systemischen Unternehmenskonzept-Modells sind die Zugewinne des Unternehmens aufgelistet, die entstehen, wenn viele Work-Life-Balance-Kriterien im Unternehmen verankert sind:

Besseres Recruiting

Untersuchungen der Arbeitszufriedenheit zeigen, **dass neben einer ausreichenden Bezahlung Werte der persönlichen Zufriedenheit eine hohe Rolle spielen. Work-Life-Balance-Betriebe haben die besseren Mitarbeiter.** Das spricht sich herum. Gleichzeitig spricht sich hohe Personalfluktuation auch schnell herum und beeinflusst negativ die betriebliche Entwicklung. Personalengpässe können entstehen. Die Belastung des bestehenden Personals nimmt zu.

Besseres Retainment

Zufriedene Mitarbeiter haben über lange Zeit Energie und sind leistungsbereit und motiviert. Das wirkt sich auf die Produktion bzw. auf die Bereitstellung von Dienstleistungen aus. **Wenn die Chefetage mehr auf Ausgeglichenheit bei sich selbst schaut, hat das Vorbildwirkung.** Wer Sinn in seiner Arbeit findet und dauerhaft Ausgeglichenheit erzielen kann, arbeitet gerne lange Zeit für dieses Unternehmen.

Mehr Kunden

Kunden haben immer eine hohe Auswahlmöglichkeit. Kunden entscheiden emotional. **Kunden mögen, wenn Dienstleistungen oder Produkte mit Freude hergestellt werden.** Kunden beziehen das Image einer Marke und zunehmend auch den Arbeitgeberruf in ihr Kaufverhalten ein. Gekauft wird gerne, was Mitarbeiter auch außerhalb ihrer Arbeit empfehlen.

Besserer Ruf

Durch Mundpropaganda erwirbt man sich einen guten Ruf in der Region und darüber hinaus, der die Konsumenten wiederum animiert, bei mir zu kaufen und nicht bei jemand anderen, dessen Ruf nicht so gut ist.

Mehr Innovation

Ausgeglichene Mitarbeiter, die sich etwas zutrauen, sehen Sinn in ihrer Arbeit. **Wenn eigenes Handeln Erfolge hervorbringt, ist das hochmotivierend.** Wenn diese Handlungen durch Führung und Rahmenbedingungen im Unternehmen unterstützt werden, kann ein System der ständigen Erneuerung allen viel Freude machen. Ängsten und Blockaden wird mit einer Work-Life-Balance-Orientierung begegnet.

Bessere Resilienz

In einem hohen Grad an Balance liegen Faktoren der Widerstandsfähigkeit. Wer weiß, was Balance bringt, kann Situationen ausgleichen, die Balancen ins Wanken bringen. Resilienzfaktoren sind in einem starken Selbst der Menschen aufzufinden. Selbsteinschätzung, Selbststeuerung und Selbstvertrauen in die Wirksamkeit der eigenen Handlungen erzeugen Problemlösungskompetenz.

Mehr Zeitsouveränität

Stress ist ein geflügeltes Wort. **Wer in der Lage ist, aus seinem Inneren heraus die Dinge zu betrachten, der ist eher in der Lage, für sich (und das Unternehmen) Prioritäten zu setzen.** Wenn man Freude daran empfindet, dass Dinge umgesetzt werden können, dann sind vorübergehende Drucksituationen sehr leicht auszuhalten.

Mehr produktive Anwesenheit

Zeit totschlagen zu müssen – soviel Arbeit wie möglich abzuweisen – möglichst alles beim alten lassen: produktive Anwesenheiten sehen anders aus. Wer eigene Ziele im Unternehmen verwirklichen kann, der handelt auch gerne und sieht sein Heil nicht in Verhinderung. **Gerne handelnde Menschen brauchen auch keine Produktivitätskontrolle.** Sie brauchen Führung und Unterstützung, um die gesteckten Ziele zu erreichen.

Steigende Realisierungsgrade

Wer eigene Ziele verwirklichen kann, der möchte diese auch erreichen. Wenn Unternehmensziele mit Mitarbeiterzielen in Einklang gebracht werden, ist ein guter Weg geebnet. Gute Führungskräfte unterstützen die Mitarbeiter in fachlichen, methodischen Belangen mit Einsatz von Empathie, Kommunikation und einem starken Wertesystem.

Mehr Kultur

Die Anwendung einer Fülle von Work-Life-Balance-Maßnahmen wird im Unternehmen Spuren hinterlassen. **Wenn eine Kultur des Könnens und des Wollens spürbar wird, arbeiten die Menschen gerne.**

Mehr Ertrag

Wenn Mitarbeiterziele und Unternehmensziele in Einklang gebracht werden, steigt der Innovationswille und die Realisierungskraft wird erhöht. **Menschen, die sich wohlfühlen, sind nicht so oft krank und in der Anwesenheit produktiver.** Es geht nicht darum, die Mitarbeiter ständig zu Höchstleistungen anzutreiben. In einer Gemeinsamkeit sollen langfristig Energien für gutes Leben **und** gutes Arbeiten vorhanden sein. Anwendung von Work-Life-Balance steigert den Ertrag.

Im nächsten Kapitel liste ich in einer kompakten Zusammenstellung (3 Grundrubriken, 50 Themenbereiche, mehr als 250 weitere konkrete Tipps) Maßnahmen auf, die speziell Unternehmer, Personalverantwortliche und Unternehmensberater als konkrete Ansatzpunkte eines Unternehmenskonzeptes unter Bedachtnahme auf die drei Work-Life-Balance-Säulen, Eigenverantwortung, Führung und Rahmenbedingungen verwenden können. Jede Hinwendung in Teilbereiche des Work-Life-Balance-Konzepts kann positive Auswirkungen auf den Unternehmenserfolg haben. Wirksamer ist jedoch eine strategische Gesamtausrichtung umfassender Organisations- und Personalentwicklung, wozu ich die Zusammenarbeit mit Work-Life-Balance-Experten als Planungs- und Reflexionspartner empfehle. **Die Implementierung von mehr Work-Life-Balance-Kultur im Unternehmen braucht Entwicklungszeit. Es sollte in Zeiträumen von drei bis fünf Jahren gedacht werden.**

Das Eingangskapitel Eigenverantwortung habe ich bewusst vor die Kapitel Führungsmaßnahmen und Rahmenbedingungen gesetzt. Die heutige Zeit mit ihren hohen, rasanten Anforderungen braucht in hohem Maße eigenverantwortliche Mitarbeiter. Kapitel 7.1. ist daher für Führungskräfte dazu geeignet, ihre eigene Eigenverantwortlichkeit zu reflektieren beziehungsweise die Eigenverantwortlichkeit allgemein im Unternehmen unter die Lupe zu nehmen. Unternehmerische Work-Life-Balance-Maßnahmen im eigentlichen Sinne sind ab Kapitel 7.2. zu finden.

7 Konkrete Maßnahmen im Unternehmen

7.1 Eigenverantwortung

Eine der drei Säulen, auf denen die positiven Unternehmensentwicklungen ruhen und die eine Work-Life-Balance-Grundhaltung als Sockel im Unternehmen haben, ist die eigene Person. **Die einzelne Person, der Mensch in seinen eigenen Zielen und in Bezug auf die Firmenziele.**

Wer „Dienst nach Vorschrift" macht, wer „in innerer Kündigung" verharrt, der ist schlecht dazu zu bewegen, gute Leistungen zu erbringen. Nur das Notwendigste wird getan, um das Arbeitsverhältnis aufrechtzuerhalten, wenn überhaupt. Geheime Bremsen sind weiter verbreitet als vermutet. Jedenfalls wäre in vielen Unternehmen weit mehr möglich, wenn diese Zustände in Aktivitäten umgeformt werden könnten. Kein leichtes Unterfangen. Daher ist es von Bedeutung, dass einfache Mitarbeiter bis hin zu Führungsverantwortlichen zum einen ein hohes Eigenverantwortungspotential von sich aus mitbringen (vgl. Reifegrade von Mitarbeitern in Kapitel 3.1.2) und andererseits Rahmenbedingungen und Führung so gestaltet sind, diese Eigenverantwortung hoch zu halten, ohne den Eigenverantwortungsmotor der Mitarbeiter und der Führungskräfte zu überdrehen. Mit viel Augenmaß sollen Mitarbeiter und Unternehmen den Schatz des vernünftigen Maßes mit hoher Motivation und Langfristigkeit hüten.

Dieses Kapitel nimmt die Perspektive der Mitarbeiter (auch der Führungskräfte als Mitarbeiter) ein, welche guten Work-Life-Balance-Voraussetzungen sie selbst ins Unternehmen einbringen sollten.

Für Unternehmer, Personalverantwortliche und Berater liegt in Kapitel 7.1. der wesentliche Bezugspunkt für einen Ist-Soll-Vergleich für ein Work-Life-Balance-Unternehmenskonzept. **Wie eigenverantwortlich sind meine Mitarbeiter? Dies festzustellen gelingt schwerlich in Test- und Fragebogenverfahren. Persönliche (Selbst-)Einschätzungen durch Chefs und Mitarbeiter sind gefragt, also viel Transparenz, Kommunikation und Kooperation.**

7.1.1 Die eigene Employability

Wie halte ich meinen Marktwert hoch? Jene, die möglichst schnell, möglichst rasch ans Ziel kommen wollen, nämlich nach oben, seien gewarnt. „Nach oben" ist zu wenig konkret formuliert. Eine große Motivationsbremse unserer Zeit ist, etwas nicht erreicht zu haben und nun in der Öffentlichkeit als Loser dazustehen. Wer ein gefestigtes Selbstvertrauen hat und auch mit Rückschlägen umgehen kann, der findet einen Weg, Niederlagen zu verarbeiten, ohne in große, dauerhafte Sinnkrisen zu verfallen oder seine Arbeitsleistung noch einmal hinaufzuschrauben, um doch noch das Unmögliche möglich zu machen. Eine abgeklärte Sichtweise der neuen Möglichkeiten, auch der Chancen, die sich aus der Niederlage ergeben, tut der Work-Life-Balance wesentlich besser. Auch als Nummer zwei in der Abteilung lebt es sich ganz gut, wenn man weiß, dass das so in Ordnung ist. Graue Eminenzen haben oft viel Gestaltungsspielraum. Leistungen als Nummer zwei prädestinieren oft dazu, irgendwann das Zeug zur Nummer eins in anderen Unternehmen oder einer anderen Abteilung zu haben. Es gilt, seine Arbeitskraft auf lange Zeit einzuteilen und zur Verfügung zu haben.

Einige denken bei Employability nur an ihre fachlichen Qualifikationen, ihre Zielstrebigkeit und Durchsetzungsfähigkeit oder die Fähigkeit, Konkurrenten auszuschalten, aber es geht um mehr:

Initiative und Aktivität, das Erkennen und Nutzen von Chancen, Engagement und Ausdauer, Loyalität, Lernbereitschaft, einteilen können, teilen können, Kooperationsfähigkeit, Empathie, Aufgeschlossenheit und Offenheit gegenüber neuen Sachverhalten, Ideen, Prozessen und Erfahrungen, Fähigkeit zur Selbstreflexion. Eine Mischung aus fachlichen, methodischen, sozialen Fähigkeiten in einem gefestigten Wertesystem unterstützt eine langfristige Employability.

188 Eigene Karriereentwicklung mit Bedacht vornehmen.

189 Reflexionszeiten einführen.

190 Auf Work-Life-Balance in der Karriereentwicklung achten.

191 Selbstwert hoch halten.

192 Auf Ausdauer setzen.

193 Das Interesse an Neuem hochhalten.

194 Mutig sein.

7.1.2 Meine Ziele, meine Stärken, meine Intuition

Wer klare Vorstellungen von dem hat, was er in nächster Zeit erreichen möchte, kommt diesem Ansinnen meist näher als diejenigen, die sich treiben lassen. Menschen, die das Leben in die eigene Hand nehmen, sind meist zufriedener als diejenigen, die sich alles anschaffen lassen und die Verantwortung abschieben. Wer in der Lage ist, eine Beziehung zu sich selbst aufzubauen, in sich hineinzuhören und zu erkunden, was man selbst möchte, der kann auch Zielpunkte formulieren und Ressourcen einsetzen und erweitern und mit Zielpunkten anderer abgleichen.

Solche gut reflektierten Menschen schaffen leichter eine Work-Life-Balance und sind in Zukunft als Mitarbeiter gefragt. Wer sich selbst gut kennt, kann sich meist sehr gut auf sein Gefühl verlassen und hat ein zusätzliches Instrument, Entscheidungen zu treffen. Manchmal sind die Zeiten ungewiss und es ist besser, keine Ziele zu setzen. Das ist auch ein Ziel. Es kann auch reizvoll sein, ohne Ziel einfach loszumarschieren. Für Fälle der Abwechslung oder in Ausnahmen eine reizvolle Alternative, aber nicht die Regel.

195 Steuern Sie in Ihrer Lebensplanung aktiv.

196 Nutzen Sie die Möglichkeiten von Ziel- und Stärkenabgleichen (eigene und Unternehmensziele) im Untenehmen, insbesondere in Mitarbeitergesprächen.

197 Arbeiten Sie in ihren Zielsetzungen und Stärken stark vernetzt.

198 Geben Sie Vertrauensvorschüsse und berechnen Sie nicht jeden Nutzen eigener Hilfeleistungen.

199 Vertrauen Sie auf eigene Wahrnehmungen (vgl. dazu Kapitel 3.3).

200 Vertrauen Sie auf die Wirksamkeit ihrer Handlungen (vgl. Kapitel 3.2).

7.1.3 Individuelle Lebensführung

Es gilt nicht nur in der Arbeit, eigenverantwortlich zu sein. Work-Life-Balance-Konzepte messen der Eigenverantwortlichkeit in der gesamten Lebensführung hohen Stellenwert bei. Von der Partnerschaft gestresste Ehefrauen und Ehemänner, gestresste Singles, generell Menschen, die sich im Leben nicht wohl fühlen, erleben die Arbeit als zusätzlich belastenden Faktor. Gefühle der Geborgenheit, des Rückzuges, des Aufbaus, der Balance sind nur mangelhaft vorhanden. Das Work-Life-Balance-Antriebs-, Handlungs- und Wirkungsmodell kann helfen, Schwachstellen in der Lebensführung aufzuspüren.

201 Spüren Sie anhand der fünf Work-Life-Balance-Kategorien Arbeit, soziale Beziehungen, eigene Bedürfnisse, Gesundheit und Sinn Bereiche auf, die bei Ihnen permanent unterrepräsentiert sind.

202 Machen Sie (schriftliche) Pläne, wie sie diese Gewichtung verändern können.

203 Erhöhen Sie die Innensteuerung gegenüber den ständigen äußeren Zurufen (vgl. dazu Kapitel 3.2).

204 Veranschlagen Sie für ihre Neupositionierung ausreichend Zeit. In drei bis sechs Monaten können Veränderungen gut wahrgenommen werden.

205 Holen Sie sich Hilfe zur Reflexion und zur Planung z.B. von einem Coach.

7.1.4 Meine Ziele und die Unternehmensziele in Einklang

Immer mehr Menschen bewerben sich bei Unternehmen nicht nur, um den Lebensunterhalt zu verdienen. Die meisten Menschen wollen in ihrer beruflichen Tätigkeit auch Erfüllung finden. In meinen Karriereseminaren rate ich den Teilnehmern, möglichst viel über ihre eigenen Wünsche, Stärken, Ziele in Erfahrung zu bringen (Reflexion), um im Anschluss eine hohe Kongruenz zwischen sich und den Unternehmen herzustellen, für die sie sich interessieren. Die Frage „Passt ein Unternehmen zu mir?" mutet für Teilnehmer immer noch merkwürdig an. Viele gehen davon aus, alleine in ihren fachlichen Fähigkeiten zu einem Unternehmen passen zu müssen.

Je genauer Unternehmen ihre eigenen Ziele und Werte kennen und propagieren, desto höher ist die Wahrscheinlichkeit, dass sich Personen bei dem Unternehmen bewerben, das diesem Ziel- und Wertesystem entspricht.

206 Schauen Sie sich besonders Leitbild und die Werte Ihres eigenen bzw. zukünftigen Unternehmens genau an.

207 Überlegen Sie, welche persönlichen Ziele Sie im Unternehmen erreichen können.

208 Überlegen Sie, welche Ziele das Unternehmen aus Ihrer Sicht erreichen soll.

7.1.5 Executive Coaching annehmen

Coaching beruht in der Regel auf Freiwilligkeit. Jemand hat ein Veränderungsanliegen und konsultiert einen Fachmann zur Prozessbegleitung. Wenn Firmenleitungen Veränderungsprozesse im Unternehmen für das mittlere Management oder für allgemeine Mitarbeiter unterstützen, greifen sie zum Instrument des Executive Coachings. Coaching wird dann für jeden betroffenen Mitarbeiter in bestimmtem Ausmaß verpflichtend bereitgestellt. Ebenso kann Executive Coaching aber auch als immer wiederkehrendes Element zur Unterstützung der Arbeitsaufgabe installiert werden, so wie im Sozialbereich in vielen Institutionen eine begleitende laufende Team-Supervision üblich ist.

Nun könnte man verordnetes Coaching als Misstrauen des Unternehmens gegenüber den Leistungen der Mitarbeiter sehen. Relevant ist aber beim Executive Coaching die Sichtweise, dass sich Unternehmen mit bestimmten Mitarbeitern weiterentwickeln wollen und diesen Mitarbeitern, zu einer bestimmten Fragestellung oder allgemein, eine externe Person zur Reflexion der eigenen Welt in Bezug auf die Unternehmenswelt zur Verfügung stellen. Das Unternehmen erhofft sich, eine klarere Sicht der Mitarbeiter zu bestimmten Themen zu erlangen sowie eine tragfähigere Entwicklung des Unternehmens unter Einbeziehung der Mitarbeiterziele.

Wesentliche Faktoren für den Erfolg der Executive Coachings von Mitarbeitern sind ein transparenter Prozess seitens des Unternehmens, was es mit den Coachings beabsichtigt, und eine anonyme Coachingsituation. Die Coachingergebnisse fließen in Handlungen der Mitarbeiter ein, Veränderungen werden spürbar. Vom Coach erhält das Unternehmen Feedback über allgemein angesprochene Themen und es erfährt nichts über Inhalte und Ergebnisse der Coachings selbst. Am besten ist es, ein Executive Coaching für mehrere Mitarbeiter mit einem Treffen zu beginnen, bei dem der Coach über Möglichkeiten und Bedingungen von Coachingsituationen berichtet und die Firmenleitung Hintergründe und Zwecke der Coachings erläutert. Die „Executives" können Fragen an Firmenleitung und Coach richten.

Der Mitarbeiter nutzt die Coachings dazu, eigene Standpunkte und Perspektiven in Bezug auf Unternehmensentwicklungen zu reflektieren und eigene Strategien aufzubauen. Der Coach agiert als Sparringspartner. Verschiedene Szenarien können mit einer neutralen Person durchgespielt werden. Neue Aufgaben und Rollen können bewertet und verinnerlicht werden. Meist trauen sich Mitarbeiter weniger zu, als sie können. Über Reflexionen und Szenarienaufbau wächst das Zutrauen der Mitarbeiter in ihre eigenen Fähigkeiten, die bereits erwähnte Selbstwirksamkeit beginnt zu wachsen. Das Zutrauen in eigene Fähigkeiten ermöglicht meist auch das Geltenlassen der Fähigkeiten anderer und senkt den Wunsch, Potenziale anderer als Konkurrenz zu bekämpfen. Der Coach ist zu Stillschweigen verpflichtet. Somit können Mitarbeiter noch unausgegorene Ideen, die sie weder zu Hause noch am Arbeitsplatz aussprechen können, einem ersten Test unterziehen.

Coachings unterstützen die Vorbereitung von Handlungsmöglichkeiten. Nicht mehr Probleme stehen im Vordergrund, sondern die Suche nach Möglichkeiten. Innere Balancebedürfnisse für die Gesamtlebensführung können angesprochen werden und mit den eigenen Bedürfnissen am Arbeitsplatz und mit Unternehmenszielen in Beziehung gesetzt werden. Coachings fördern meist das Verstehen und somit die Einordenbarkeit bestimmter Situationen, was vorwiegend zu besseren Befindlichkeiten führt als Unsicherheit. In Feedbacks aus Executive Coachings in meiner Praxis liegen „Selbstsicherheit im Führen", „Freude über offenes Ohr der Anliegen" und „konkretes Handlungswissen" an oberster Stelle.

Themenfeedback für die Geschäftsführung könnten beispielsweise „Aufgabenneuverteilung", „Stressmomente", „Sorge über den Ruf des Unternehmens", „Führungsstil Vorgesetzter", „Selbstwertaufbau über Stärkenanalyse", „Feedback und Handlungsüberprüfung" oder „Kooperationssystem mit anderen Abteilungen" sein. In den meisten Fällen wird mit der Geschäftsführung ein Strategiegespräch darüber geführt, in welcher Form die aufgetretenen Themen bearbeitet werden können, ohne dass der Coach Inhalte aus den Gesprächen preisgibt und Zuordnungen zu einzelnen Personen vornimmt.

Executive Coachings können auch dazu beitragen, in Situationen, in denen Höchstleistungen erforderlich sind, diese wirklich abrufen zu können. Gemeinsam mit dem Coach achtet man auf vorhandene Energielevels, Ressourceneinsatz und Kräfteaufbau.

209 Nutzen Sie Executive Coaching bei der Reflexion eigener Ziele und der Abstimmung dieser mit Unternehmenszielen.

210 Nutzen Sie Executive Coaching als Chance, Klarheit zu gewinnen und motiviertes „Mitziehen" aus eigenem Antrieb zu verstärken. Nicht Ursachenforschung, sondern Verhaltensoptionen stehen im Vordergrund.

211 Betrachten Sie Executive Coaching als Wertschätzung seitens des Unternehmens. Geld und Arbeitszeit für meine Reflexionsarbeit wird bereitgestellt. Ich bin dem Unternehmen wichtig.

212 Beginnen Sie Executive Coachings mit einem Einführungstreffen im Beisein von Geschäftsführung/Abteilungsleitung, Coach und den betreffenden Mitarbeitern (vgl. Kapitel 7.2.25).

213 Nutzen Sie die Chance, durch Coaching eigene Potenziale auszuloten und Zutrauen in eigenes Handeln zu gewinnen.

214 Erhöhen Sie durch Coachings die Chance, die eigene Work-Life-Balance (z.B. konkrete Themen wie psychische Stabilität, Lebensrhythmus, Freundeskreis, Aufstiegschancen, innere Uhr, Absicherungen oder Sinn) zu erhöhen.

7.1.6 Mit Vampirtypen richtig umgehen

Diese Passage ist vom Buch „Psychovampire" von Hamid Peseschkian und Connie Voigt inspiriert. Hamid Peseschkian, der der positiven Psychotherapie zuzuschreiben ist, ist der Sohn des Work-Life-Balance-Pioniers Nossrat Peseschkian. „Jeder von uns kann es schaffen, die Psychovampire im Leben zu kontrollieren und ein selbstbestimmtes Leben zu führen. Möge frei gewordene Energie Ihnen und Ihren Mitmenschen zugutekommen."[266]

Wenn der Chef (als „Vampir") dauerhaft Unmögliches verlangt oder erbrachte Leistungen nicht lobt, ist es logisch, dass Mitarbeiter darüber nachdenken, ob sie das auf Dauer aushalten möchten. Der Work-Life-Balance der Mitarbeiter (und auch der Führungskraft selbst) ist so ein Führungsverhalten nicht zuträglich. Menschen, die immer „Ja, aber" sagen, die gerne einmal seufzen oder sich recht kühl geben, sind ebenfalls mit Vorsicht zu genießen.

Übersteigerte Erwartungshaltungen von Chefs oder Kollegen („Aussaugen der Mitarbeiter") sind äußerst problematisch, sie können in den meisten Fällen nicht erfüllt werden. Keinesfalls sollte man energieentladendes Verhalten anderer als gegeben hinnehmen und schon gar nicht den Fehler bei sich suchen. „Der Stellenwert des Selbstwertgefühls ist hierbei zentral, denn sowohl Täter als auch Opfer haben ein mangelndes Selbstvertrauen."[267] In Firmen mit Vampirtypen herrscht meist hohe Fluktuation und die besten Mitarbeiter gehen zuerst.

Wer – als Führungskraft oder Mitarbeiter – nicht gleich kündigen möchte, sollte sich energieräuberischen Situationen und Personen bewusst werden. Man kann sich die Situationen aufschreiben, die besonders viel Energie kosten. Um wie viel würden Sitzungen besser verlaufen, wenn eine oder mehrere bestimmte Personen nicht da wären? In Gegenwart welcher Personen fühlt man sich fremdbestimmt? Wer braucht immer dringend etwas?

Wenn man die Möglichkeit hat, Änderungen herbeizuführen (Türe schließen, „jetzt nicht" sagen, usw.), sollte man dieses konsequent betreiben. Wenn Situationen nicht zu ändern sind, könnte man sich auch damit abfinden, wenn z.B. andere Ziele wesentlich wichtiger sind. Keinesfalls sollten jedoch eigene Unzulänglichkeiten mit dem Argument „Die Hölle sind die anderen" abgetan werden, um herausfordernde Aufgaben nicht zu erledigen.

215 Machen Sie Vampirverhalten zum Thema im Mitarbeitergespräch.

216 Positionieren Sie eigene Ziele in der Arbeit und Bedürfnisse zur Zielerreichung.

217 Schaffen Sie in Krisensituationen Abhilfe durch Teamsupervision und Mediationsmöglichkeiten (vgl. Kapitel 7.2.23).

218 Über Systeme des zielgerichteten Handelns unter dem Firmenleitbild oder festgeschriebener Firmenkultur verringern Sie Spielräume für Vampirverhalten.

219 Bieten Sie persönlichkeitsbildende Kommunikations- und Kooperationsschulungen für Führungskräfte und Mitarbeiter zur Vermeidung von Vampirverhalten (vgl. auch Kapitel 3.7., 7.2.19 und Kap. Kapitel 7.2.26).

7.2 Führung

Führung soll Welten erschaffen, in denen sich andere Menschen gerne bewegen.[268] Das heißt, dass Führungskräfte visionär nach vorne denken müssen. Sie müssen die derzeitigen und die zukünftigen Bedingungen bewerten. Führung heißt auch meistens, in über- und untergeordnete Ebenen eingebunden zu sein und auch diese einzuschätzen und im Auge zu behalten. Führung heißt auch, die verschiedenen Ebenen adäquat mit Unterstützung zu versorgen, Talente, Stärken und Ressourcen zu erkennen und zu fördern. Eine hochkomplexe systemische Anforderung.

Work-Life-Balance-Maßnahmen dienen allesamt dazu, sowohl als Führungskraft authentisch aufzutreten zu können, als auch die Handlungskräfte der Mitarbeiter zu gewinnen. Gleichzeitig sollte die persönliche Work-Life-Balance für jede Führungskraft und für jeden Mitarbeiter stets ein wichtiges Kriterium des guten Wirtschaftens bleiben. Empathiefähigkeit, Selbstreflexion und Kommunikationskompetenz, der Einsatz der eigenen Persönlichkeit bei transparenter Ziel- und Prozessgestaltung sind die Führungseigenschaften, die zum Work-Life-Balance-System passen. Work-Life-Balance-Führung heißt nicht, wie der Laissez-faire-Stil, die Mitarbeiter einfach machen lassen. **Work-Life-Balance-Konzepte brauchen eine starke Führung, die präsent ist und gestaltet.** Im Folgenden beschreibe ich eine ganze Reihe an konkreten Work-Life-Balance-Maßnahmen.

7.2.1 Mitarbeitergespräche unter Work-Life-Balance-Gesichtspunkten führen

Das Mitarbeitergespräch ist einer der Klassiker im Führungsinstrumentarium. Im Work-Life-Balance-Konzept kommt dem Mitarbeitergespräch eine hohe Bedeutung zu. Hohe Eigenverantwortungsgrade brauchen regelmäßige Abstimmungen mit dem Gesamtsystem, das durch die Führung repräsentiert wird. Mitarbeitergespräche sind in vielen Unternehmen zu sehr formalen Gesprächen verkommen, in denen nur mehr auf Kennzahlenbasis kommuniziert wird.

Im Zuge eines von mir geführten Mitarbeitergespräches, das ich vor vielen Jahren führte, kam mit der betreffenden Mitarbeiterin eine Verhaltensweise zur

220 Mitarbeitergespräche sollten auf individuelle Besprechungsthemen aufgebaut sein, die im Vorfeld von beiden Gesprächspartnern eingebracht und abgestimmt werden.

221 Die Dauer der Besprechungszeit sollte vereinbart sein und die Frequenz von Mitarbeitergesprächen (wie oft und wann im Jahr).

222 Als Leitlinie für Mitarbeitergespräche sollten die Grundlagen guter Gesprächsführung dienen, eine empathische Grundstimmung hilft sehr, mitunter knifflige Themen zu besprechen.

223 Die Themen können rund um die vier Dimensionen von Arbeitsqualität (fachlich, methodisch, sozial, Werte) geführt werden, aber auch die drei Säulen der guten Work-Life-Balance (Eigenverantwortung, Führung, Rahmenbedingungen) können als Grobraster für Mitarbeitergespräche dienen, um etwa Ressourcengestaltung, Vertretungsregelungen, Erfolgsbilanzen, Balancefresser, Zielsetzungen für das nächste halbe Jahr usw. gemeinsam abzustimmen. Weitere Themen im Mitarbeitergespräch sind: Ziele, Aufgaben, Funktionen und Personalentwicklung im abgelaufenen und folgenden Zeitraum, Unternehmensruf, Netzwerkarbeit und Kooperationen mit internen Abteilungen und externen Partnern, Gehaltsfragen, Weiterbildung, aber auch Feedback des Mitarbeiters zum Führungsstil.

224 Work-Life-Balance-orientierte Führungskräfte achten auf die Employability ihrer Mitarbeiter.

225 Work-Life-Balance-orientierte Führungskräfte behalten Engagement, Ausdauer und einen hohen Selbstwert der Mitarbeiter im Auge und ermöglichen durch gemeinsame Reflexionsschleifen die Gestaltung der Perspektiven für Mitarbeiter im Unternehmen. Gute Führungskräfte denken an die Work-Life-Balance ihrer Mitarbeiter und sind Berater in der firmeninternen Karriereentwicklung.

226 Work-Life-Balance-orientierte Führungskräfte vermitteln auch im Mitarbeitergespräch den Sinn der Tätigkeit und Ziele in Bezug auf das Unternehmen, Projekte, Kunden und Mitarbeiter.

227 Work-Life-Balance-orientierte Führungskräfte erläutern dem Mitarbeiter im Mitarbeitergespräch verbindlich seine Rolle und sein Umfeld.

228 Ergebnisse von Mitarbeitergesprächen sollten schriftlich festgehalten werden und können beim nächsten Mitarbeitergespräch als Bezugspunkt für Entwicklungen dienen. Ausgenommen von der Schriftlichkeit sind sehr persönliche Themen.

Sprache, die kurz vor dem Gespräch eine Beschwerde einer Behörde in unserem Unternehmen nach sich gezogen hatte.

Je länger das Mitarbeitergespräch dauerte, desto gelöster wurde die Mitarbeiterin. Sie berichtete mir später, dass sie sehr überrascht war, eine angenehme Gesprächsatmosphäre vorzufinden, sie hatte sich angesichts der Beschwerde auf ein Problemgespräch eingestellt. Anstelle der aktuellen Beschwerde sprachen wir über Unternehmensziele und Ressourceneinsatz in der Klientenberatung und kamen schließlich auf einer sehr sachlichen Ebene zur Beurteilung der externen Beschwerde. Die Mitarbeiterin sah ein, über das Ziel hinausgeschossen zu sein, konnte aber prinzipiell an ihrem Stil der Klientenarbeit festhalten. Sie wurde von mir im Gespräch ermutigt, weiterhin ihr Engagement und eine Portion Idealismus in die Arbeit einfließen zu lassen. Grenzlinien bei der Kommunikation nach außen, unter Einbeziehung der Unternehmensziele, wurden festgehalten.

Bei der Abschiedsfeier zu meinem Ausscheiden aus dem Unternehmen nach einer mehrjährigen Führungstätigkeit überreichte mir diese Mitarbeiterin ein kleines persönliches Präsent als Zeichen dafür, dass ich im damaligen Gespräch nicht demotivierende Konsequenzen gezogen hatte, sondern anspornend ihre Gesamtleistung betrachtet hatte. Das zeigt, wie nachhaltig solche Gespräche wirken können (vgl. Kapitel 3.7.2, insbesondere Tabelle 10).

7.2.2 Personalauswahl verbessern

Personalauswahl aus Work-Life-Balance-Gesichtspunkten heraus kommt eine sehr hohe Bedeutung zu. In Systemen der genauen Abklärung des Zusammenpassens ist in Bewerbungsverfahren in erster Linie die Begegnung auf Augenhöhe und mit Wertschätzung wichtig. Gute Gespräche beginnen mit Empathie. In Bewerbungsverfahren geben Unternehmen eine Visitenkarte ab. Bewerber sind auch Kunden und Meinungsträger für

229 Achten Sie in Bewerbungsgesprächen auf die vier Dimensionen der Qualifikationen einer Person (Fachkenntnisse, Methodenwissen, soziale Kompetenzen, Werte).

230 Vermitteln Sie Unternehmensziele und das Wertesystem (Leitbild, Kulturverfassungen etc.).

231 Behandeln Sie Bewerber wie Kunden.

232 Halten sie den Kontakt zu ausgezeichneten Bewerbern, die Sie nicht aufnehmen konnten, aufrecht. Sie könnten bald wieder gutes Personal brauchen.

233 Überdenken Sie, ob Sie für ausgezeichnete Bewerber (ev. auch in Kooperation mit ihnen), die Sie für eine ausgeschriebene Stelle nicht nehmen konnten, alternative Einsatzmöglichkeiten im Unternehmen schaffen können. Neue Aufgaben? Neues Projekt?

Kaufentscheidungen. Ein guter Ruf in Bewerbungsverfahren bringt nicht nur gutes Personal, sondern auch Marketingpluspunkte.

Gerade in Non-Profit-Organisationen gibt es eine Praxis, in denen Teams ein hohes Mitspracherecht bei Personalneubesetzungen eingeräumt wird. Ich forciere folgendes Modell:

234 Die Führungskraft wählt wenige grundsätzlich passende Kandidaten (fachlich, methodisch, sozial kompetent und zum Wertesystem passend) aus, Die Letztauswahl überlässt sie aber dem Team, in dem die neue Kraft arbeiten wird,

235 Eine andere Möglichkeit ist, die Stellenbeschreibung gemeinsam mit dem Team zu erarbeiten und dem Team ein Vetorecht bei der Entscheidung einzuräumen.

7.2.3 Energieüberprüfung

Viele Firmen haben für alles mögliche Kennzahlensysteme entwickelt, darunter auch für Stresszustände und Betriebsklima. Sogar Ampelsysteme werden entwickelt, um mit Fragebogenanalysen Unternehmenszustände abzubilden. **Ich empfehle den Führungskräften, eher auf eigene Beobachtung und auf interpersonelle Kommunikation zu setzen.**

Sich ein persönliches Bild zu machen, wie es den Leuten geht, mit denen ich zusammenarbeite, ist meistens der bessere und effizientere Indikator. Außerdem wird eine Belegschaft sehr leicht der vielen Fragen via Fragebogen überdrüssig. Zu wenig sind Zusammenhänge zwischen Abfragen und Maßnahmengestaltung zu erkennen. Der kurze Weg zwischen Führungskraft und Mitarbeiter schafft in diesem Fall mehr Kohärenz.

Ich selbst habe schon mit aufwändigen Work-Life-Balance-Fragebögen gearbeitet. In der Regel erhält man ein gutes Gesamtbild, das auf einen Blick Work-Life-Balance-Zustände im Unternehmen abbildet, vielfach aber über eine Darstellung von Work-Life-Balance-Rahmenbedingungen nicht hinausgeht: Unternehmenskultur, Arbeitszeitmodelle, Gesundheitsförderung, Zukunftsperspektive, Kinderbetreuung, Erreichbarkeit des Arbeitsplatzes. Diese Erkenntnisse gewinnt man auch in wenigen kurzen Einzelgesprächen mit Mitarbeitern oder Führungskräften,

Meist wird allerdings eine Datenaufbereitung bevorzugt, da die Legitimierung von aus Daten abgeleiteten Maßnahmen höhere Argumentationskraft besitzt.

Spannend werden Untersuchungen, wenn Ressourcen und Anforderungen im Unternehmen unter die Lupe genommen werden und Rubriken, wie Handlungsspielräume, soziale Rückendeckung, Zusammenarbeit, Arbeitsabläufe und Arbeitsmenge eingeschätzt werden. Qualitative Daten erhält man aus solchen quantitativen Befragungen sehr wenig. Wieder ist lediglich ein Gesamtüberblick der Vorteil von Fragebogen-Abfragen. **Von Burn-out- und Stresstests ist meist nur sehr wenig für sich selbst und für Unternehmenszusammenhänge zu erwarten.**

Eine Reflexion der Energiezustände zwischen Führungskraft und Mitarbeiter (oder Führungskräften auf verschiedenen Ebenen) ist jedenfalls angezeigt. Seien es übertriebene Erwartungen an sich selbst, ehrgeizige Firmenziele oder ungünstige Rahmenbedingungen, die die Batterien schnell leeren.

236 Setzen Sie als Führungskraft in der Einschätzung der Energielevels im Unternehmen auf die eigene Einschätzung und setzen Sie auf persönliche Gespräche zur Feststellung des Energiestatus.

237 Gehen sie weg von umfangreichen Testverfahren zum Erkenntnisgewinn im Unternehmen für Klima, Energie und Work-Life-Balance.

238 Achten Sie bei der Beauftragung von Kommunikations- und Kooperationsseminaren auf die Berücksichtigung der Reflexion von Energiezuständen.

239 Achten Sie bei der Beauftragung von Gesundheitsseminaren auf die Berücksichtigung der Reflexion von Energiezuständen (vgl. Kapitel 3.5 im Abschnitt „Unser persönlicher Energielevel").

7.2.4 Arbeit nur in Ausnahmefällen mit nach Hause nehmen

In den letzten Jahren hat sich mit der raschen Entwicklung der Informationstechnologien eine Praxis verbreitet, die Verfügbarkeiten der eigenen Person erheblich über Bürozeiten hinaus auszudehnen.

Das hat zum Beispiel die Volkswagen AG dazu veranlasst, Zugriffe auf betriebliche E-Mail-Accounts zeitlich zu limitieren, um Erholungszeiten für Mitarbeiter zu gewährleisten. Zu viele Menschen wurden Sklaven ihres Informationsbedürfnisses und stellten diese über die Möglichkeit des Wertes des Abschaltens, sodass Dienstgeber eingeschritten sind.

Vielleicht steckt hinter dem Mit-nach-Hause-Nehmen ein Gefühl der Unzulänglichkeit oder die Angst vor Arbeitsplatz- oder Gesichtsverlust. Menschen haben verschiedene Ansprüche zu Ausreifungsgraden von Aufgaben. Manche halten 80% der Zielerreichung für einen Erfolg, andere 120%. Führungskräfte sollten auf Abgrenzungsprobleme von Mitarbeitern reagieren, diese frühzeitig thematisieren und gemeinsame Lösungen anstreben. Es ist von entscheidender Bedeutung, dass langfristig Motivation und Leistungsfähigkeit aufrecht erhalten werden. Eine dauerhafte Ausweitung der Arbeitszeit, sei es von Führungskräften oder Mitarbeitern, ist Balancezuständen nicht zuträglich, auf lange Sicht gesehen eher leistungsmindernd und birgt die große Gefahr des Ausbrennens in sich.

240 Achten Sie als Führungskraft auf die Machbarkeit von Aufgaben für die Mitarbeiter (und die eigenen).

241 Setzen sie bei kritischen Arbeiten auf die Kraft von Teams und enger Feedbackgestaltung.

242 Sprechen Sie Vermutungen von Arbeitszeitüberschreitungen im Mitarbeitergespräch an und besprechen Sie mit dem Mitarbeiter Änderungsmöglichkeiten.

243 Analysieren Sie Aufgabenerledigungen gemeinsam mit Mitarbeitern und eruieren Sie fehlende Ressourcen oder zu hohe Zeitinvestitionen in Arbeiten (vgl. auch Kapitel 7.2.11).

244 Setzen Sie Executive Coaching ein.

7.2.5 Pausen und Urlaub sichern

Manchmal vergessen wir über unserer Arbeit ganz die Zeit, wir sind im Flow. Wir brauchen nichts zum Essen und auch keine Pause, im Nu sind mehrere Stunden vergangen und wir haben ein erstaunliches Pensum geschafft. Solche Situationen sind gut, aber nicht die Regel.

Üblicherweise brauchen wir Pausen. Wir brauchen Abstand von der Arbeit, die wir gerade machen, vom Bildschirm, von den Kollegen, vom Büro.

Wie lange und zu welchen Zeiten und in welcher Umgebung sollte, wenn möglich, den Mitarbeitern überlassen werden. Regeneration während der Arbeitszeit ist Teil einer ausbalancierten, produktiven, eigenverantwortlichen Arbeitsgestaltung. Eigene Pausengestaltung erhöht das Gefühl der Selbstverantwortung.

245 Eine gute Führungskraft achtet darauf, dass Pausen gemacht werden.

246 Pausen, vernünftig gesetzt, erhöhen die Leistungskraft derart, dass sich eine Diskussion über die Aufzeichnungspflichten erübrigt. Die Produktivität steigt durch das erholende Pausieren.

247 Wenn Unternehmen in der Lage sind, Sportmöglichkeiten im Unternehmen oder in der nahen Umgebung anzubieten, empfiehlt es sich, die eine oder andere Sportstunde in der Arbeitszeit unterzubringen.

248 Mittagsschlaf sollte nach Bedarf ermöglicht werden.

249 Urlaube im Stück von drei Wochen und mehr bringen hohe Regerations-
werte und erhöhen Frischewerte im Unternehmen.

250 Achten Sie darauf, dass Pausemachen nicht als Zeichen der Faulheit gilt,
sondern als Zeichen intelligenter Regeneration.

251 Geben Sie Kernzeiten vor, um Mitarbeiter für gewisse Zeiten gemeinsam
im Haus zu haben.

252 Geben Sie den Mitarbeitern möglichst freie Hand in der Arbeitszeitgestaltung, achten sie aber besonders auf Termineinhaltung, ebenso wie auf
Selbstüberforderungstendenzen von Mitarbeitern.

253 Rauchen schädigt die Gesundheit. In vielen Unternehmen herrscht
Rauchverbot. Manche Unternehmen haben Raucherzonen im Freien
eingerichtet.

254 Forcieren Sie Zeiten, in denen Mitarbeiter (Raucher und Nichtraucher)
gemeinsam rauchfrei Pause machen (vgl. Kapitel 7.2.14).

255 Ermöglichen Sie „Gespräche zwischen Tür und Angel".

7.2.6 Öffentlich loben

In Kapitel 3.1.2 habe ich den Hotelier Burgschwaiger zitiert, der durch seinen Betrieb geht und seinen Kontrollgang dazu nutzt, Lob auszusprechen.

Wir alle gehen mit einer großen Portion an Gefühlen, wie im gesamten
Leben auch, an die Arbeit. Wir freuen uns, wenn uns etwas gelingt, wenn
wir Teil eines Erfolges sein können, wenn Entwicklungen vorangehen.
Wir wollen stolz sein auf unsere Leistungen. Diesen Stolz können wir
kaum aus uns selbst, aus unserem Inneren generieren. Zwar können wir
meist gut einschätzen, welchen Gütegrad eine unserer Arbeiten aufweist.
Freude kommt aber erst richtig auf, wenn wir Feedback von außen über
unsere Leistungen erhalten, wir werden zusätzlich motiviert.

Die Furcht von Führungskräften, dass Mitarbeiter sich auf „ihren Lorbeeren" ausruhen, wenn sie gelobt werden, schreibe ich eher mangelnden
sozialen Fähigkeiten der Führungskraft zu, als der Gefahr von Minder-
leistung.

256 Eine Kultur des Lobens kann man initiieren, indem man als Führungskraft selbst mit Lob arbeitet.

257 Lob soll eine ehrliche Antwort auf gute Arbeit sein.

258 Eine weitere Möglichkeit ist, Lob in Form einer gemeinsamen Feier für
gelungene Teamarbeit durchzuführen.

259 Die Kultur des Lobens muss permanent gepflegt werden. Führungskräfte
sollten von deren Führungskräften, einem Coach oder jemandem aus der
Personalabteilung regelmäßig daran erinnert werden, das Loben nicht zu
vergessen und richtig dosiert einzusetzen.

7.2.7 In Notfällen großzügige Einzellösungen für Mitarbeiter ermöglichen

Einmal habe ich einem Mitarbeiter eine eigene Arbeitszeitbemessung auf Zeit zugestanden. Dieser Mitarbeiter hatte erfahren, dass seine Frau an Krebs erkrankt war, und bat um einen längeren Krankenstand und Urlaub. Im Gespräch stellte sich heraus, dass er zwar im Zuge der Erkrankung mehr Zeit mit seiner Frau und für die Kinder aufzuwenden hatte, gleichzeitig trotz des Schicksalsschlags arbeiten wollte, aber oft emotional arg gebeutelt war und somit seine Arbeitsfähigkeit von der Tagesverfassung abhängig war.

Darauf basierte die vereinbarte Regelung. Der Mitarbeiter konnte die folgenden 14 Tage kommen und gehen, wie es ihm beliebte, er musste sich nur mit seinem Team abstimmen. Die Fehlzeiten, sie beliefen sich auf unter 20%, wurden ganz normal als Arbeitszeit verbucht. Nach geraumer Zeit hatte sich die neue Lebenssituation für den Mitarbeiter und seine Familie so stabilisiert, dass der Mitarbeiter beinahe wieder voll einsatzfähig war. Die Lösung war sehr effizient, der Mitarbeiter hatte eine individuelle Lösung in der Krise und gleichzeitig viel Wertschätzung erfahren und brachte dem Unternehmen in den folgenden Jahren viel Loyalität entgegen.

> **260** Für solche Fälle gibt es keine Patentrezepte. Führungskräfte und Personalmanagement sind hier gefragt, kreative Lösungen zu entwickeln.
>
> **261** Agieren Sie menschlich.

7.2.8 Projektmanagement anwenden

Projektmanagement ist keine Hexerei. Wer, was, wann, wie, mit wem, womit sind die Hauptfragen, die geklärt werden müssen, und schon hat man einen Rahmen, an den man sich halten und den man anderen als Information zur Verfügung stellen kann. Die Kunst im Projektmanagement ist es, über die rein technischen Eckdaten hinauszukommen und die sozialen Komponenten von Projektabläufen als Führungskraft zu beachten und zu beobachten und in die Projektsteuerung einzubeziehen.

Es gilt, Projekte mit den Grundsätzen der Work-Life-Balance in Einklang zu bringen:

Sind die Projektmitarbeiter auf der Höhe ihrer Kräfte, geht es dem Projekt gut genug?

Kann jeder mit jedem bzw. welche Störfaktoren interpersoneller Natur sind vorhanden?

Kann ich das Projekt laufen lassen oder muss ich in Absprache mit den Projektmitarbeitern steuernd eingreifen?

Oder kann ich eine Kontrollrunde gehen und stolz feststellen, dass es die Projektmitarbeiter wieder einmal geschafft haben, Schwierigkeiten über eigene Ideen und in eleganter Weise zu lösen, ohne mich als Problemlöser heranzuziehen? In solchen Fällen sollte nicht mit Lob gespart werden.

262 Führungskräfte sollten ihre Projekte regelmäßig in Hinblick auf diese Faktoren der Work-Life-Balance analysieren. Das kann, je nach Art des Projekts oder der Projekte, im Tages-, Wochen- oder Monatsrhythmus stattfinden.

263 Führungskräfte sollten sich nicht scheuen, sich dafür in ihrem elektronischen Kalender regelmäßige Reminder zu setzen, etwa mit der Frage: „Geht es dem Projekt und den Mitarbeitern gut?"

264 Wird diese Frage nicht für beide Seiten mit „Ja" beantwortet, ist durch die Führungskraft alleine oder gemeinsam zu überlegen, was geändert werden kann oder muss.

7.2.9 Systemisch-konstruktivistisch führen

Im Mittelpunkt der modernen Unternehmen steht mehr denn je der Mensch. Die Führungskraft, ob mittleres oder Top-Management, hat nicht nur die Menschen im Blickfeld, sondern auch das Unternehmen an sich. Wie entwickeln sich Rahmenbedingungen rund um das Unternehmen, welchen Stellenwert haben wir in der Region und wie entwickelt sich diese? Welche technischen Neuerungen gibt es am Markt? Welche Investitionen sollen durchgeführt werden? Die Führungskraft hat immer mehrere Systeme im Blickfeld und führt im Wissen um die Kraft der einzelnen Menschen systemisch.

Grenzen sind festzulegen, Rahmenbedingungen im Auge zu behalten und, wenn nötig, sind auch Sanktionen nötig, wenn sich Mitarbeiter außerhalb der festgelegten Grenzen bewegen. Für solche Fälle ist es notwendig, sich klar zu sein, welche Art von Sanktionen möglich ist. Denn nicht immer führen konstruktive Sichtweisen und empathische Gespräche zum gewünschten Ziel. **Außerdem sind Gegenmaßnahmen nötig, wenn Mitarbeiter die gegebenen Möglichkeiten der Work-Life-Balance überstrapazieren und dann uneinsichtig sind.**

George Clooney meinte im Vorfeld der Oscar-Verleihungen 2012, dass Leute glauben, es wäre gut für ihre Darstellungskraft, wenn sie sich am Set übermäßig in Szene setzen. Das ist in erster Linie gar nicht gut für alle anderen, die dadurch erheblich an Energie verlieren, wodurch die Qualität des Filmes leidet. Er, George Clooney, lehnt es mittlerweile ab, mit solchen Leuten zusammenzuarbeiten.

Wenn anstatt Aufrichtigkeit, Loyalität und Gerechtigkeit Selbstinszenierungen und Eitelkeit in den Vordergrund treten, werden Erfordernisse von

Abteilungen und ganzen Unternehmen dem Ziel der Selbstbeweihräucherung untergeordnet. Die meisten Mitarbeiter finden solche Vorgangsweisen unangemessen und nicht fair, ordnen ihr Bedürfnis nach angemessenem Führungs- bzw. Kollegenverhalten aber dem Ziel des Gesamtfriedens unter. Es ist höchste Zeit für die Führungskraft, in solchen Verhältnissen strikt durchzugreifen.

265 Die systemische Sicht stellt sich nicht bei allen Führungskräften automatisch ein. Deshalb kann es durchaus sinnvoll sein, die relevanten Personen entsprechend zu schulen.

266 Damit auch die Mitarbeiter die systemische Sicht nachvollziehen können, dürfen Maßnahmen nicht nur angeordnet, sondern müssen auch entsprechend erläutert werden. Dazu gehört die Darstellung von positiven und negativen Wirkungen für Unternehmen und Mitarbeiter. Die Führungskraft kann sich dafür Unterstützung von anderen Personen (Kollegen, Personalabteilung, Management) einholen.

267 Systeme mit Work-Life-Balance-Perspektive beruhen auf einer wohlwollenden Kultur des Handelns und des Erschaffens, die durch das Geltenlassen verschiedener Sichtweisen und Agieren aus Selbstverantwortung heraus aufblühen kann. Das Gefühl des miteinander Auskommens erschafft Lebensfreude.

268 Dialogische Kultur entsteht durch über Jahre gewachsenes Vertrauen, Kompetenz, Integrität, Wohlwollen und Transparenz (vgl. Kapitel 3.1.2 und Kapitel 4).

7.2.10 Kulturverfassung einführen und leben

In einer Bildungseinrichtung ließ der Chef viel Arbeit von einem seiner Abteilungsleiter verrichten. Im Gegenzug gewährte er diesem „Arbeitstier" viele Freiheiten, seine mangelnde soziale Kompetenz in der Zusammenarbeit mit anderen auszuleben. Anflegelungen und Demotivierungen waren an der Tagesordnung. Die Personalfluktuation stieg, das System blieb, weil vom Boss geschützt, um dessen Berufsleben so angenehm wie möglich zu gestalten.

Zur Vermeidung und Vorbeugung von übergriffigem, Work-Life-Balance störendem Verhalten sollten Werte wie Fairness, Offenheit, Transparenz, Wertschätzung, Vertrauen, Loyalität, Aufrichtigkeit und gutes Kommunikations- und Kooperationsverhalten hoch gehalten werden. Verfassungen sind im Ernstfall schwer einzufordern, aber gefühlsmäßig wird Menschen – außer eventuell bei sich selbst – rasch klar, wer sich am äußersten Rand von bestehenden Kulturen bewegt. Kulturübereinstimmungen fördern positive Empfindungen, bei etwas dabei zu sein, für das man mit seiner ganzen Person einstehen kann.

269 Jedes Unternehmen, jeder Sektor oder jede Unit sollte sich selbst eine eigene Kulturverfassung geben, je nach Aufgaben und Mitarbeiterstruktur mit unterschiedlichen Schwerpunkten. Mögliche Themen einer solchen Verfassung sind Eigenverantwortung, Führung, Kommunikations- und Kooperationsverhalten, Pausen, Fehler, Zeitkompetenz, Gesundheit, Intuition, Selbstwert, Unternehmensruf oder Innovation – in Summe alles relevante Faktoren für eine gelungene persönliche und unternehmerische Work-Life-Balance (vgl. Kapitel 7.3.16).

270 Eine eigene Kulturverfassung geht über die Inhalte von Firmenphilosophien und Unternehmensleitbilder hinaus. Sie hat die interne Beziehungsgestaltung unter hoher Reflexion und hoher Realisierungsgraden im Blickfeld. Firmeninternes Handeln nach Work-Life-Balance-Konzepten erzeugt ein positives Außenbild.

271 Führungskräfte und Kollegen sollten Fouls aufdecken, die gegen die kulturellen Werte verstoßen. Solche Fouls müssen sofort geahndet oder es muss sichergestellt werden, dass sie nicht mehr passieren. Solche Verstöße sind in persönlichen Gesprächen unter Kollegen, Mitarbeitergesprächen, Mediationsverfahren, Coachings und Supervisionen bearbeit- und auflösbar.

272 Persönlichkeitsbildende Kommunikations- und Kooperationsseminare können helfen, Verunsicherungen aufzulösen.

273 Achten Sie als Führungskraft besonders auf kritische Situationen in Hinsicht auf Verfassungsbrüche.

274 Trennen Sie sich von hartgesottenen Gegnern einer positiven Firmenkultur.

7.2.11 Feedbacksysteme schaffen

Feedback geben und nehmen ist Teil eines funktionierenden Reflexionssystems. Feedback soll gewünscht sein und man soll es hören können. Wahrnehmungen und Gefühle sollen benannt und von Fakten getrennt gesehen werden. Feedback soll viel Positives umfassen und in Ich-Botschaften formuliert werden (ich sehe ...). Feedback sollte sich immer auf konkrete Ereignisse beziehen und möglichst unmittelbar erfolgen. Wer Feedback empfängt, darf sich nicht rechtfertigen, sondern muss zuhören und es aufnehmen. Feedback erhöht die Abdeckung von Eigen- und Fremdwahrnehmung. Die Wirkung eigenen Verhaltens wird präsenter. Transparenz über verschiedene Sichtweisen wird hergestellt. Ängsten, Vermutungen, Gerüchten kann mit unmittelbarem Feedback vorgebeugt werden. Positives Feedback mehrt das Selbstvertrauen und führt zu mutigem Handeln (vgl. Kapitel 3.2, insbesondere die Darstellung verfehlter Vorgangsweise in Tabelle 5). Das Instrument des 360-Grad-Feedbacks trägt der Erkenntnis Rechnung, dass Lernen nur auf Basis von Feedback funktioniert. Der Führungskraft wird aus möglichst vielen verschiedenen Perspektiven (Mitarbeiter, Chefs, Kollegen, Kunden...) Feedback gegeben.

275 Lernende Organisationen setzen auf Feedback.

276 Beugen Sie mittels Feedback Ängsten, Vermutungen und Gerüchten vor.

277 Erhöhen Sie mittels Feedback die Kohärenz von Selbstbild und Fremdbild.

278 Setzen Sie Feedback mit Bedacht auf die Situation oft und unmittelbar ein.

7.2.12 Intuition fördern

Intuition zeichnet sich dadurch aus, dass sie plötzlich da ist. In Sekundenbruchteilen empfangen wir etwas, das wir als stimmig und sinnvoll bewerten, sowohl verstandesgemäß als auch gefühlsmäßig.

Solche klaren Standpunkte sind im Geschäftsleben, gerade in komplexen Zusammenhängen, üblicherweise schwer herstellbar. Es sollten daher Strukturen und Verhaltensweisen im Unternehmen geschaffen werden, der Intuition mehr Raum zu geben. Intuition kann man nicht erzwingen, es gibt allerdings Bedingungen, wie das Wegfallen von Stress, Druck und Angst, die sich auf intuitives Erfassen günstig auswirken. Intuition ist ein Hören auf die innere Stimme.

Große Erfindungen und kreative Leistungen sind oft nicht durch Grübeln am Schreibtisch, sondern fast zufällig beim Spazierengehen in der Natur oder bei anderen Alltäglichkeiten entstanden. „Intuition ist alles", pflegte Albert Einstein zu sagen. Es sind immer wieder die für ihren scharfen Verstand bekannten Naturwissenschafter, die auf der Suche nach neuen

279 Schaffen Sie Räume für Intuition: Denkinseln in der Bürolandschaft, Räume, in die man sich zurückziehen kann, Arbeitsumgebungen, die die Kreativität anregen. Es kann sehr nützlich sein, dafür mit einem Psychologen oder einem Innenarchitekten oder Feng-Shui-Berater zusammenzuarbeiten. Farben und Formengestaltung wirken sich auch im Büro auf unsere Kreativität und Arbeitsleistung aus.

280 Ermöglichen Sie in der Arbeitszeit Verweilen in der Natur. Unterstützen Sie die Öffnung aller Sinne bei den Mitarbeitern und sich selbst.

281 Schaffen Sie Zeiträume für Intuition: Regelmäßige „Thinktank-Treffen", spontane Ideenrunden, handyfreie Zeiten.

282 Hören Sie bei anstehenden Entscheidungen bewusst auf Befürworter und Kritiker.

283 Lassen Sie öfter einmal den Bauch sprechen.

Erkenntnissen auf die Kraft der Intuition vertrauen. Im Unternehmen sollten Bedingungen geschaffen werden, auf Führungs- und Mitarbeiterebene das Bauchgefühl zu forcieren. Intuitionsanwendung fördert die Work-Life-Balance im Betrieb erheblich.

7.2.13 Erfolgsstories der Mitarbeiter nutzen

Eine besondere Form der Wertschätzung und des Lobes von Mitarbeitern, aber auch von Führungskräften kommt aus dem Bereich Public Relations und ist ein Element des Employer Brandings: die Darstellung von Erfolgsgeschichten Ihrer Mitarbeiter in einer umfassenden Form – der Mensch im Unternehmen mit einer Reihe an vielfältigen Stärken und Geschichten, die ein erfolgreiches und ausgeglichenes Leben und Arbeiten ausmachen.

Aus einfachen, gelungenen, plakativen kurzen Geschichten aus unserer Umgebung können wir viel Wissen ableiten. Außerdem mögen es die meisten Menschen, wenn sie positiv im Unternehmenszusammenhang, etwa auf der firmeneigenen Homepage, dargestellt werden.

Bekannt ist dies unter dem Begriff „Storytelling", eine seit einigen Jahren genutzte Methode, mittels Erfolgsgeschichten das kreative Potenzial im Unternehmen in Gang zu setzen.

284 Storytelling ist kein Zufallsprodukt. Wer dieses Element nutzen will, muss es institutionalisieren und regelmäßig, zum Beispiel im Ein- oder Zweimonatsrhythmus, neue Stories präsentieren.

285 Die Zuständigkeit für die Geschichten fällt in den Bereich des Employer Brandings, ist also der Personalabteilung oder der internen Kommunikation zugeordnet.

286 Wer Storytelling im Unternehmen nutzt, muss regelmäßig über die Führungskräfte Erfolgsgeschichten abfragen und dann die Informationen der Protagonisten professionell formulieren und mit Bildern hinterlegen.

287 Die Präsentation der Stories geschieht auf Wandzeitungen, in der Mitarbeiterzeitschrift, im Intranet oder im allgemeinen Webauftritt. Sie lässt sich auch in Geschäfts- oder Nachhaltigkeitsberichten nutzen.

7.2.14 Aktivitäten fördern, die den Kopf für die Arbeit frei machen

Ein Salzburger Unternehmen für Softwareentwicklung hat vor vier Jahren den Raucherraum in einen rauchfreien Tischfussballraum umgewandelt. Jetzt gehen die Mitarbeiter weniger rauchen, dafür spielen sie mehrmals am Tag Tischfussball. Diese Maßnahme ist vom Chef ausdrücklich erwünscht. 32 Mitarbeiter und der Chef spielen pro Tag etwa fünf Partien in wechselnden Formationen. Der Spielereinsatz wird also in überschaubarem Rahmen gehalten. Die Partien werden ausschließlich in der Arbeitszeit ausgetragen. Wer wann spielt, entscheidet der Mitarbeiter selbst. Die Mehrheit der Mitarbeiter spielt.

Die Mitarbeiter nutzen immer wieder einmal eine Partie Tischfussball, die über Rundruf zu Stande kommt, um vom Arbeitsplatz vor dem Bildschirm wegzukommen und eine kleine Pause einzulegen. Sie erzählen gerne von ihrer Möglichkeit, in der Arbeit Tischfussball zu spielen, ein Zeichen für Firmenloyalität. Und sie finden es unkonventionell, dass es diese Möglichkeit gibt. Unkonventionalität ist auch in ihren Softwareprodukten gefragt, so gesehen passt diese Work-Life-Balance-Maßnahme auch gut zum Firmenimage.

Gespielt wird ausnahmslos um die Ehre. Turniere werden nicht veranstaltet. Hin und wieder hallen Jubelrufe über den Hof und Mitarbeiter von angrenzenden Firmen denken sich: „Da möchte ich auch gerne arbeiten."

Im Rahmen meiner Coachingtätigkeit habe ich Strategiewanderungen mit einzelnen Klienten, aber auch mit Klientengruppen unternommen. Ich bin, was in Salzburg nahe liegt, in die Berge gegangen. Man kann aber auch wunderbar entlang von Flüssen wandern oder mit dem Rad fahren. Es bleibt bei beiden Fortbewegungsarten genügend Zeit und Luft, sich zu unterhalten. Themen waren nicht vorgegeben. Am Beginn der Wanderungen habe ich beim gemeinsamen Treffpunkt eine kurze Einführung über den Wert und die Methode der Intuition gehalten, dann ging es los. In mehreren Fällen bin ich von St. Gilgen am Wolfgangsee zu einer etwa dreistündigen Wanderung nach St. Wolfgang aufgebrochen. Der Weg ist ein alter Pilgerweg, und im Laufe der Wanderung passiert man ein kleines Wallfahrtskirchlein und hat immer wieder spektakuläre Ausblicke auf Wolfgangsee und Salzkammergut. Der Weg beinhaltet eine Passage, die steil bergauf führt. Sie ist in normalem Tempo in ca. 20 Minuten gut zu bewältigen. Die Gruppe erhielt jedes Mal die Aufgabe, sich für die Passage 45 Minuten Zeit zu nehmen und diese Zeit auch zu verbrauchen. Das hatte den Hintergrund, die Gruppe, die vorwiegend aus Führungskräften bestand, zu entschleunigen und ihre Wahrnehmung zu heben. Nach 45 Minuten sind immer alle oben gewesen, auch die unsportlichen in der Gruppe. Manche waren aber schon nach 15 Minuten oben. Sie hatten es nicht ausgehalten, so langsam zu gehen. Bei allen Wanderungen haben sich kleine Gruppen gebildet, die im Laufe des Weges in guter Stimmung allerlei Wissen ausgetauscht haben. Von St. Wolfgang ging es gemütlich mit dem Schiff retour nach St. Gilgen.

288 Das Spektrum der Möglichkeiten für das „Kopf frei machen" ist unendlich breit. Hierzu sind Ideen und Kreativität gefragt.

289 Tischfußball als Kopffreimacher ist relativ populär. Andere, einfach umzusetzende Möglichkeiten sind Darts, gemeinsame Tee- oder Kaffeepausen, Gymnastikeinheiten (z.B. Rückengymnastik), Musik machen oder – allerdings zeitaufwändiger – gemeinsame Spaziergänge und Wanderungen zur Wahrnehmungsstärkung.

7.2.15 Entscheidungssysteme transparent gestalten

Ein von mir beratenes Unternehmen hatte eine neue Funktion mit Leitungs- und Koordinierungsaufgaben geschaffen. Der Geschäftsführer setzte im Vorfeld der Stellenbeschreibung auf intensive Kommunikation mit mehreren Abteilungen. In mehreren Schleifen wurden Mitarbeiterbeiträge verarbeitet und mit den Gesellschaftern abgestimmt. Das Ergebnis zeichnet sich nun durch hohe Tragfähigkeit aus. Intern wurde eine Person gefunden, die diese Funktion gut ausführen konnte und nicht mit Widerstand, sondern mit Wohlwollen der Abteilungen startete.

Mitarbeiter stört es sehr, wenn sich an Strukturen, die sie unmittelbar betreffen, etwas ändert und sie davon erst nach Setzung der vollendeten Tatsachen erfahren. Auch zugesagte Änderungen, die aus bestimmten Gründen doch nicht so durchgeführt werden, wie ursprünglich besprochen, sollten unter Einbindung der betroffenen Mitarbeiter geschehen. Als schlimm werden auch Bürozusammenlegungen empfunden, wenn aus Platzmangel ein Büro plötzlich für zwei reichen muss, in dem zuerst einer gesessen ist. Die Führung sollte darauf achten, dass Vertrauen in Strukturen vorhanden sein kann, ohne Ist-Zustände auf alle Zeiten festzuschreiben. Wenn es um die Gestaltung neuer Welten geht, ist anzunehmen, dass die zukünftigen Nutzer gerne ein Wort mitreden.

So plante die Chefin eines Einzelhandelsbetriebs in einer Kleinstadt in Bayern mit drei Angestellten einen aufwändigen Geschäftsumbau. Obwohl die Renovierungsmittel von der Geschäftsfrau aufgebracht wurden, setzte sie nicht nur auf das Know-how des Architekten, sondern bezog die Meinung ihrer Mitarbeiterinnen zur Konzeptionierung des Umbaus ein. Schließlich würden diese in Zukunft in dieser Umgebung arbeiten.

290 Grundsätzlich können Mitarbeiter nicht nur bei organisatorischen oder Investitionsentscheidungen, sondern auch bei Personalentscheidungen befragt und in den Entscheidungsprozess einbezogen werden.

291 Die Einziehung sollte frühzeitig erfolgen und mit Augenmaß. Sie darf nicht zu einem überproportionalen Aufwand führen,

292 Bei aller Einbeziehung muss klar sein, dass die unternehmerische Entscheidung bei der Führung liegt, da sie die Verantwortung für die Ergebnisse trägt.

7.2.16 Work-Life-Balance controllen

Eine Betriebsberatung zu Work-Life-Balance hatte zum Ziel, die Work-Life-Balance eines der beiden Eigentümer des Unternehmens erheblich zu verbessern. Das Unternehmen war im Bereich des Webmarketings angesiedelt, erst vor wenigen Jahren gegründet worden, schrieb hervorragende Bilanzzahlen und hatte neben den beiden Eigentümern zwei Mitarbeiterinnen. Eine der beiden Mitarbeiterinnen, eine alleinerziehende Mutter, sollte mit den Maßnahmen zur WLB mehr als bisher an das Unternehmen gebunden werden.

In einem ersten Treffen tauschten wir Informationen über Ziele des Auftraggebers und Möglichkeiten der Unternehmensberatung zu Work-Life-Balance aus. Der Wunsch nach Beratung wurde seitens des Unternehmers für sich genauer im Sinne der Herstellung freier Wochenenden definiert. Seine Lebensqualität hatte trotz beruflichen Erfolges, oder gerade wegen diesem, abgenommen. Unter anderem war vor kurzer Zeit eine Beziehung in die Brüche gegangen.

Durchzuführen war also ein Work-Life-Balance-Controlling zur klaren Definition von Kennzahlen.

Im Unternehmen traf ich auf ein partnerschaftliches Führungsmodell mit offener Kommunikation, wenig Regenerationszeiten, freundlichem Umgangston und viel Arbeit. Hinsichtlich der höheren Mitarbeiterbindung einer der beiden Mitarbeiterinnen wurde ein Maßnahmenplan erarbeitet:

Ein Mitarbeitergespräch mit der Information über das Ziel der langfristigen Zusammenarbeit und der gemeinsamen Abstimmung neuer Rahmenbedingungen, wie einer stufenweisen Aufstockung von 20 auf 30 Wochenstunden. Mehr eigenverantwortliches Arbeiten mit einem von beiden Seiten vereinbarten Erfolgskontrollsystem. Schaffung noch flexiblerer Arbeitszeiten mit besonderem Bedacht auf die Anforderungen der Kinderbetreuung.

Für das Work-Life-Balance-Controlling des Firmenchefs wurden auf der Basis dessen, wo der Schuh drückt und was eine bessere Work-Life-Balance unter Berücksichtigung der Kriterien eigene Bedürfnisse, Gesundheit, soziale Beziehungen, Sinn und Arbeit betrifft, folgende Kennzahlen festgelegt:

Arbeitsbeginn täglich Montag bis Freitag 8 Uhr.
Eine Stunde Mittagspause – zwingend einhalten und etwas essen.
Öfter einmal eine Pause einlegen.
Arbeitsende Montag 20 Uhr, Dienstag bis Donnerstag 18 Uhr und Freitag 13 Uhr.
Das ergibt eine Wochenarbeitszeit von 43 Stunden, ohne eine eventuelle Wochenendarbeit.
Als weiteres Ziel wurden 40 freie Wochenenden pro Jahr festgelegt.
An acht Wochenenden durfte zur Gänze gearbeitet werden, vier Wochen machte der Urlaub aus, der gänzlich arbeitsfrei zu gestalten war.

Vierteljährlich gab es Abstimmungsgespräche mit mir, bei denen die aktuelle Zahlen- und Gefühlslage des Unternehmers besprochen und die Strategie für das nächste Quartal festgelegt wurde.

Die Jahresbilanz, die mittlerweile gezogen werden konnte, ließ sich sehen. 38 freie Wochenenden und tatsächlich ein Gesamturlaub von vier Wochen. Der Begriff freies Wochenende musste allerdings umdefiniert werden, weil sich für die Wochenvorbereitung eine Arbeitstätigkeit von einer Stunde am frühen Sonntagabend als vorteilhaft für die Gesamtarbeit der kommenden Woche herausstellte. Eine Begrenzung der Sonntagsarbeitszeit auf eine Stunde wurde zwingend festgelegt, um die Gültigkeit des „freien Wochenendes" zu erhalten. Als Ausgleich für die Sonntagsstunde gab es über eine längere Zeit hinweg eine Tanzstunde am Freitagvormittag.

Ergebnis des WLB-Controllings ist eine feste Struktur, die umgesetzt wurde, mehr Lebensqualität durch mehr Zeit, die zu vorhersehbaren Zeiten zur Verfügung steht. Das Unternehmen läuft nach wie vor hervorragend, auch weitgehend ohne Wochenendarbeit. Zeichen der neuen Lebensqualität war nicht zuletzt die neue Lebenspartnerin, die in der Zeit des Work-Life-Balance-Beratungsprozesses in das Leben des Unternehmers getreten war.

Das Praxisbeispiel des bisher kaum üblichen Work-Life-Balance-Controllings erinnert an das Modell eines Work-Life-Balance-Managements von Michael Kastner.

Es gibt fünf Balanceregeln, die es zu beachten gilt:

293 Belastungen und Anforderungen mit Ressourcen in Balance halten.

294 Nicht zu viele Belastungen auf sich nehmen.

295 Keinen Ressourcenraubbau betreiben.

296 Puffer für Belastungs-/Anforderungsseite und Ressourcenseite einrichten, unterhalten und pflegen.

297 Aufpassen auf Über- und Unterschätzungen und inadäquate Herausforderungen der Mitarbeiter.

Für alle fünf Balanceaufmerksamkeiten gibt es vier Grundbereiche, die Einstellungen zu verändern:

298 I Belastungen und Anforderungen strukturieren.

299 II Synergieeffekte erzielen.

300 III Ressourcen aufbauen und gebrauchen.

301 IV Anforderungspuffer und Ressourcenpuffer aufbauen und pflegen.

302 Die Balancezustände sind regelmäßig zu controllen und anzupassen. Im einfachen Fall genügt dazu ein jährliches Mitarbeitergespräch, in anderen Fällen ist in kürzeren Abständen oder situationsbedingt zu handeln.

303 Führungskräften sei an dieser Stelle empfohlen, alle ihre Mitarbeiter zu „scannen" und zu überlegen, an welcher Stelle WLB-Controllingmaßnahmen sinnvoll sind.

304 Arbeiten Sie mit Executive Coaching. Work-Life-Balance-Ausrichtungen beinhalten mitunter sehr private Anliegen und Verhalten (Beziehung, Wünsche, unausgesprochene Ziele), die Mitarbeiter gegenüber Führungskräften nicht formulieren können/wollen. Im Coaching können Themen und Vorgangsweise besprochen werden.

7.2.17 Fehler zulassen

Systeme neigen dazu, die Optimierung darin zu sehen, dass keine Fehler mehr zugelassen werden (eine Philosophie, wie sie etwa bei Six Sigma im Vordergrund steht). Das kann für Produktions- und Sicherheitssysteme gelten, muss aber nicht in allen Wirtschaftsbereichen eine Maxime darstellen. In vielen Unternehmen leiden Führungskräfte und Mitarbeiter unter den eher bürokratischen Bedingungen, keine Fehler machen zu dürfen. Eine Kultur der Fehlerlosigkeit lähmt zumeist Kreativität und wirkt eher demotivierend.

Vielmehr sollten Unternehmen herausfinden, in welchen Bereichen Fehlervermeidung an oberster Stelle steht und in welchen Bereichen gerade nicht, und dort Fehler zulassen (vgl. Kapitel 3.1.1 und Kapitel 3.9).

Manchmal führen gerade Fehler zu erstaunlichen Ergebnissen. Einem Gewürzhändler fällt der Gewürztopf um und vermischt sich ungewollt mit einem anderen Gewürz. Eine Curry-Ananas-Mischung entstand, die heute zu den Top-Sellern im Sortiment des Gewürzhändlers zählt. Und auch die Entstehungsgeschichte der kleinen gelben Post-it-Zettel basiert auf fehlerhaften Entwicklungen von Klebstoffen.

305 Unternehmen, Führungskräfte und Kollegen sollten Fehleroffenheit zeigen, aus Fehlern ihre Schlüsse ziehen und darauf Nutzen aufbauen.

306 Fehlermanagement kann zu Innovationen führen und erleichtert Zufriedenheitsgrade von Mitarbeitern.

307 Fehlermanagement ist ein mögliches Thema im Leitbild oder der Kulturverfassung.

308 Eigenverantwortung heben und Fehlerkultur entwickeln hebt den Selbstwert von Mitarbeitern und Führungskräften und verringert Angst und Drucksituationen.

7.2.18 Dazugehören ermöglichen

Dazugehören heißt, dazugehören zu Informationen, zu Visionen, zu den Guten, zum Wohlwollen, zu den Werten, zu der momentanen Entwicklung – Teil von etwas zu sein, was man als wünschenswert empfindet. Wir wachsen in solchen Dazugehörigkeitssystemen automatisch, wenn

7 Konkrete Maßnahmen im Unternehmen

wir mit unserer Eigenständigkeit und der Freude des Gemeinsamen zum Erfolg beitragen. Dazugehören und wachsen sind starke Kräfte in uns, sagt der Hirnforscher Dr. Gerhard Hüther.[269] Das gute Miteinander macht Sinn, stärkt uns und fördert die Work-Life-Balance nach dem Antriebs-, Handlungs- und Wirkungsmodell.

Unter günstigen Bedingungen können Einzelne oder Gruppen auch über sich hinauswachsen. Ein starkes „Wir" braucht starke „Ichs", die im gemeinsamen Arbeiten auch ein gemeinsames Ziel erreichen wollen – keine Assimilation oder ein Verfallen in Konformität, aus Angst, aus der Gemeinschaft heraus zu fallen. Ein wirkliches Interesse zu haben, aus sich heraus mit anderen etwas zu erreichen.

Intuition hilft uns mehr, uns verbunden zu fühlen, als reine Vernunft. Rationalität hat eher etwas Trennendes, Intuition verbindet uns eher mit dem Ganzen. Die einfache Fortsetzung dessen, was man bisher weiß, bringt einen nur bedingt in die Zukunft. Intuition ist notwendig, damit wir Neues entdecken.[270] Das Gebot von heute ist Potenzialentfaltung, und dafür müssen wir uns gegenseitig helfen.

> **309** Dazugehören ist nur möglich, wenn alle miteinander reden.
>
> **310** „Einzelkämpfer" sind daher regelmäßig zu befragen, was sie denn tun, mit welchen Partnern, und welche Ergebnisse sie erzielen.
>
> **311** Umgekehrt sind Einzelkämpfer auch über die Ergebnisse der anderen zu informieren.
>
> **312** Aktivitäten – Tischfußball, Ausflüge, Weihnachtsfeier, Teambesprechungen – sollten möglichst alle Mitarbeiter einbeziehen.

7.2.19 Empathie, Kommunikation und Kooperation schulen

Man hat ein Kommunikationsseminar besucht, findet die Erkenntnisse ganz gut, denkt sich, eigentlich würde das Seminar der Chef brauchen, und geht zur Tagesordnung über, ohne dass Inhalte des gut gemeinten Seminars irgendeine Wirkung erzielt haben.

Empathie, Kommunikationsverhalten und Kooperationsverhalten muss man ernst meinen. Es gibt zwar jede Menge Fehlerquellen, in die man beim Thema Empathie, Kommunikation und Kooperation tappen kann, aber wer es ernst und authentisch meint und den Willen hat, auf jemand zuzugehen, hat zumindest die Hälfte der Miete eingefahren, ohne eine Kommunikationsschulung absolviert zu haben. Gerade für die Führungskraft ist eine Einstellung zum Wollen und zum Unterstützen eine Grundvoraussetzung dafür, fachliche Qualifikation **und** das Wissen um

Formen der zwischenmenschlichen Interaktionen anzuwenden. Führungskräften kommt im Vorleben von Work-Life-Balance-fördernder Kultur eine besondere Bedeutung zu. Hier eine persönliche Gratulation zum Geburtstag, da eine neue übertragene Aufgabe. Hier ein gemeinsames Schwimmen gehen und Ski fahren, da ein echtes Lob für gute Arbeit.

Ein Hotelier aus meinem Beratungsumfeld nimmt sich seit einem Jahr in der Saison einen Tag frei. Jahrelang hatte er während der Sommer- und der Wintersaison monatelang durchgearbeitet, mit der Perspektive, zwischen den Saisonen ohnehin frei zu haben. Er muss seither jemand dafür zahlen, der statt ihm an diesem Tag die Arbeit macht. Die Mitarbeiter haben eine Fünf- bzw. Sechs-Tage-Woche.

Diese Maßnahme wurde aus Gründen einer verbesserten eigenen Work-Life-Balance des Chefs durchgeführt, hatte aber weitreichende Signalwirkung: Wir können, auch wenn wir ein Saisonbetrieb sind, nicht immer arbeiten bis zum Umfallen. Aus der neuen Dienstzeitregelung für den Chef ergab sich ein neues Vertrauens- und Verantwortungssystem. Den Mitarbeitern war wichtig, dass der Chef merken sollte, dass sein Team tatsächlich diesen Tag ohne ihn auskommt. Das setzte eine hohe Eigenverantwortlichkeit der Leute voraus, die aber nicht eingefordert werden musste. Die Mitarbeiter spürten die Freude des Chefs, dass das Hotel auch ohne seine Anwesenheit funktionierte, und das freute wiederum die Mitarbeiter. Wer sieht nicht gerne, dass das gut funktioniert, wofür er selbst verantwortlich ist.

313 Schaffen Sie ein System des Wollens und des Könnens.

314 Ermöglichen Sie Empathie, Kommunikation und Kooperation – zu einem gewissen Ausmaß lassen diese sich lernen.

315 Forcieren Sie im Unternehmen neben fachlichem Können in gleichem Maße Soft Skills und wertebasiertes Handeln.

7.2.20 Auf freiwilliger Basis abteilungsübergreifend arbeiten

Führungskräfte sollten das Kennenlernen anderer Abteilungen fördern. Viele Unternehmen lassen in Trainee-Programmen neue Mitarbeiter mehrere Abteilungen durchlaufen, damit diese viele Bereiche des Unternehmens kennen lernen. Natürlich besteht der Wunsch der Mitarbeiter, in einem ihnen vertrauten Bereich arbeiten zu können.

Einen Weg des besseren Verständnisses für die Arbeitsweise des jeweils Anderen haben die Bezirkshauptmannschaft Zell am See und die Salzburger Industriellenvereinigung initiiert. Ab 2012 werden wechselweise Praktika in verschiedenen Industriebetrieben bzw. der Verwaltung ermöglicht. Ziel ist es, vom jeweils anderen Arbeitsstil zu lernen bzw. über Feedback als bisher Außenstehender als Innovationsgeber zu agieren.[271]

316 Ein (temporärer) Wechsel in einen anderen Arbeitsbereich bringt für Mitarbeiter und Unternehmen den Vorteil des Perspektivenwechsels und der Erweiterung der Zahl an persönlichen Kontaktpersonen. Abteilungsübergreifendes Know-how wird gefördert.

317 Führungskräfte sollten allerdings gleichzeitig besonders darauf achten, Mitarbeiter mit breitem Know-how nicht nach Belieben von einer Stelle zur anderen zu verfrachten. Abteilungsübergreifendes Wissen sollte nicht zum Lückenfüllen genutzt werden, sondern für neue Innovations- und Kommunikationswege.

318 Führungskräfte sollten Mitarbeiter animieren, in andere Abteilungen hineinzuschnuppern.

319 Mitarbeiter wiederum sollten ihren Chefs sagen, dass sie zwischendurch auch einmal die Luft anderer Abteilungen genießen wollen.

320 Und Personalabteilungen sollten spezielle Programme für verheißungsvolle Mitarbeiter überlegen, damit diese eine große Bandbreite an Wissen und Kontakten erhalten.

321 Führungskräfte müssen sich darüber im Klaren sein, dass solche Programme auch zu einem häufigeren Abteilungswechsel von Mitarbeitern führen können. Doch ist es besser, jemand wechselt den Chef, als das Unternehmen.

7.2.21 In der Innovationsgestaltung neue Wege gehen

Unternehmen sollten unkonventionelle Wege gehen, um kreative Weiterentwicklungen von Mitarbeitern und Führungspersonal zu nutzen.

Einige Unternehmen sind dazu übergegangen, ihren Mitarbeitern ganze Tage zuzugestehen, an denen sie an eigenen Projekten arbeiten, die zum Teil nichts mit der Firmentätigkeit zu tun haben. Im Sinne einer lernenden Organisation sehen es diese Firmen gerne, wenn Wissen im gesamten Unternehmen hinzugewonnen wird, egal über welche Weiterbildungsprojekte.

Man braucht nicht zu betonen, welchen Stellenwert solche Zugeständnisse für die Selbstverantwortung der Mitarbeiter, den Selbstwert und die Work-Life-Balance bedeuten. Die Ergebnisse der Eigenprojekttage können in Innovationstagen der Unternehmen für deren weitere Entwicklung genutzt werden, eventuell wird dadurch auch die Gründung von Spin-offs möglich. Darüber hinaus fließt Wissen aus den Eigenprojekten ständig in die tägliche Arbeit ein. Viele weltweite Unternehmenserfolge haben als „Garagentätigkeit" begonnen. Mit eigenen Ideen in kleinem Rahmen ohne Druck zu experimentieren, macht vielen Leuten einfach Spaß. Das Wissen um diese Motivatoren machen sich neuerdings Unternehmen zunutze.

Wenn Sie im Unternehmen die Spaßfaktoren der Entwicklung mit freier Zeiteinteilung und vielleicht auch noch mit Sporteinheiten dazwischen kombinieren, können Projektentwicklungen entstehen, die Sie bei braver Stundenabsolvierung hinter dem Bildschirm nie und nimmer auf den Weg gebracht hätten.

322 Führungskräfte könnten interdisziplinäre Experimentierteams ins Leben rufen, bei denen die Hierarchie aufgehoben wird und verschiedene Ebenen des Unternehmens zusammenkommen: Jung und Alt, Frauen und Männer und verschiedenste Wissensbereiche.

323 Im Sinne von Effektuationsgruppierungen (vgl. Kapitel 7.2.22) könnten diese Teams vorhandene Know-hows und Kontakte des Unternehmens begutachten und Ideen entwickeln, wie diese mehr als im bisherigen Ausmaß genutzt werden könnten.

324 Kulturtreffen, Zeittreffen, Neue-Freiräume-Treffen, Eigene-Projekte-Tage, Storytellingtage – auch das sind alles unkonventionelle Ansätze für mehr Innovation im Unternehmen und einen Zugewinn an Work-Life-Balance für Person und Betrieb.

325 Grundsätzlich empfiehlt es sich für die Unternehmen, eine Person als Innovationstreiber zu benennen. Aufgabe dieses Innovationstreibers kann es sein, für organisatorische Rahmenbedingungen zu sorgen und gleichzeitig eine Controllingfunktion zu übernehmen. Er ist in dieser Funktion fachlich jemandem aus dem Management unterstellt, in kleineren Unternehmen dem Geschäftsführer.

7.2.22 Effectuation einsetzen

Effectuation ist eine systemische Methode für neue Handlungsperspektiven. Sie basiert auf einer eigenständigen Entscheidungslogik, die von erfahrenen Entrepreneuren in Situationen der Ungewissheit bevorzugt eingesetzt wird. Effectuation lässt sich als Umkehrung kausaler Logik, die auf Vorhersage der Zukunft basiert, beschreiben.[272] Der Effectuation-Ansatz, wie er in Tabelle 13 dargestellt ist, wurde von Saras Sarasvathy an der University of Virginia entwickelt.

Tabelle 13 Effectuation-Prinzipien (nach Michael Faschingbauer)[273]

Einstellung gegenüber der Zukunft
Die Zukunft ist nicht vorhersehbar und kann durch Vereinbarungen zwischen autonomen Akteuren gestaltet werden. (Bsp.: Investoren, Partner und Kunden gehen Vereinbarungen in Bezug auf ein zukünftiges Produkt, ein neues Unternehmen oder einen noch nicht existierenden Markt ein und reduzieren dadurch die Ungewissheit.)

Basis für das Handeln: Mittelorientierung
Die jeweils verfügbaren Mittel (wer ich bin, was ich weiß und wen ich kenne) bestimmen, welche (veränderlichen) Ziele angestrebt werden (und nicht umgekehrt).

Einstellung gegenüber Risiko und Ressourcen-Einsatz
Der individuell leistbare Verlust bzw. Einsatz (und nicht der erwartete Ertrag) bestimmen, welche Gelegenheiten wahrgenommen werden bzw. welche Schritte in einem Vorhaben tatsächlich gesetzt werden.

Einstellung gegenüber anderen
Partnerschaften sind mit denen anzustreben, die bereit sind, unter Ungewissheit verbindliche Vereinbarungen einzugehen und eigene Mittel zur Kreation der Gelegenheit beizutragen.

Einstellung gegenüber dem Unerwarteten
Unerwartetes, Zufälle und Umstände können als Hebel genutzt und in Innovation und unternehmerische Gelegenheiten transformiert werden.

326 In unsicheren Situationen empfiehlt sich der systematische Einsatz des Effectuation-Ansatzes. Der Aufwand dafür geht weit über den Einsatz von Intuition hinaus und sollte daher entweder unter fachlicher Anleitung durch einen internen oder externen Berater stattfinden oder in einem Team, das herkömmliches Wunsch- und Zieldenken weitestgehend ausblenden kann.

7.2.23 Mediation und Supervision einsetzen

Zur Aufrechterhaltung guter Beziehungen haben zwei Instrumente in die moderne Wirtschaft Einzug gehalten, die ursprünglich aus dem therapeutischen Zusammenhang bekannt waren, Mediation und Supervision.

Mediation vermittelt in einem Konflikt zweier oder mehrerer Parteien. Ein Mediator versucht, die Parteien, die freiwillig an den Verhandlungstisch gekommen sind, zu einem Ausgleich zu bringen.

Ein kurzer Exkurs in die Konfliktforschung und in die Mediation bringt uns zu Marshall Rosenberg. Die von ihm entwickelte „gewaltfreie Kommunikation" nimmt aus der Kommunikation den Zündstoff heraus. Um wohlwollend kommunizieren zu können, braucht es als Grundbedingung den Respekt vor dem Gesprächspartner. Wenn wir Bedürfnisse und Gefühle vermitteln, ist der Gesprächspartner, wenn er oder sie es gut mit uns meint, geneigt, auf diese Bedürfnisse Rücksicht zu nehmen. Wir dürfen fragen und bitten, das ist kein Zeichen von Schwäche. Im Zentrum der guten, konfliktfreien Kommunikation steht das Miteinander, das Verbindende, und nicht das Trennende. Die „gewaltfreie Kommunikation" steht in der Tradition der personenzentrierten Gesprächsführung des US-Therapeuten Carl Rogers (vgl. Kapitel 3.7 und Kapitel 7.1.6).

Supervision ist eine Beratungsform, bei der ein Supervisor mit Einzelpersonen, Gruppen und Organisationen arbeitet. Inhalte sind die praktische Arbeit, die Rollen- und Beziehungsdynamik zwischen Mitarbeiter und Klient, die Zusammenarbeit im Team oder auch in der Organisation. Supervision wird meist von der Führung präventiv beauftragt, um Teams konfliktfreier arbeiten zu lassen. Supervision war ursprünglich dazu gedacht, Menschen in sozialen und medizinischen Berufen eine Reflexionsmöglichkeit ihrer Klienten- und Patientenarbeit zu ermöglichen, wird aber heute auch in anderen Branchen immer wieder eingesetzt.

Im Unternehmensalltag ist nicht jede Entscheidung populär und dennoch gerechtfertigt. Supervision und Mediation sollte nicht dazu verkommen, jede Entscheidung mit Hilfe eines externen Dritten auf den Prüfstand zu heben. Dessen ungeachtet bilden die beiden Methoden Instrumente der psychischen Entlastung und können für eine gelungene Work-Life-Balance gute Dienste leisten.

327 Wenn Konfliktsituationen durch interne Vermittlung nicht gelöst werden können, sollte schnell ein Mediator hinzugezogen werden. Die Kosten dafür wiegen die „durch Konflikte verbrannte Arbeitszeit" schnell auf.

328 Supervision lässt sich sowohl einsetzen, wenn grundsätzlich Probleme bei der Ausübung einer Funktion vermutet werden, aber auch zur Bestätigung positiver Leistung. In beiden Fällen kann sich daraus ein enormer Motivationsschub entwickeln.

7.2.24 Firmenübergreifende Führungsintervision einsetzen

Reflexionsfähigkeit ist eine der wesentlichen Bedingungen für gutes Führungsverhalten in Work-Life-Balance-Unternehmenskonzepten. Selbstreflexionsfähigkeit ist lobenswert, aber nicht immer kommt man alleine weiter. Manche Sachlagen und Situationen lassen sich schlecht innerhalb der Firma mit Vorgesetzten, mit Mitarbeitern oder im Freundeskreis reflektieren. Neutrale Personen sind gefragt, die ebenfalls einen Führungshintergrund haben, aber nicht zwingend aus derselben Branche sein müssen, man spricht von Intervision, von kollegialer Beratung.

Vor etwa einem Jahr habe ich auf Wunsch mehrerer Klienten in Salzburg einen Work-Life-Balance-Führungsclub ins Leben gerufen, bei dem sich einmal im Quartal etwa 10 Führungskräfte über aktuelle Themen in ihren Unternehmen austauschen. Unter der Zusicherung von Anonymität sprechen Frauen und Männer über Sichtweisen zu bestimmen Thematiken, zum Teil mit ganz konkreten Ergebnissen für eine weitere Vorgangsweise in der täglichen Führungsarbeit.

329 Nutzen Sie die Erfahrungen anderer Unternehmen, Führungskräfte, Personalmanager oder Coaches und tauschen Sie sich auf vergleichbarer Ebene aus.

7.2.25 Führungskräfte coachen

Ein gerne genutztes Reflexionselement ist das Führungskräftecoaching. Führungskräfte nutzen den neutralen Coach, der auf Zielsetzungen und Prozessgestaltung achtet, in mehrfacher Weise. Als Impulsgeber forciert er klarere Sichtweisen von Zielen und Problemstellungen. Als Sparringspartner hilft er, verschiedene Perspektiven einzunehmen und Situationen besser zu verstehen. Szenarien zur Maßnahmengestaltung können ebenfalls im Coaching behandelt werden.

Gerade unausgegorene Ziele und Maßnahmen können im Coaching gut besprochen und bearbeitet werden. So kann das Bilden von Visionen Teil von Coachingeinheiten sein, genauso kann es um persönliche Befindlichkeiten gehen.

330 Coaching vereinfacht Vordenken, Herausforderungen werden bewertet, Rollen überdacht, Situationen eingeschätzt, Strategien überprüft, Vorgangsweisen erarbeitet, Stärken generiert, soziale Fähigkeiten erkannt. Feedback erhöht das Verstehen und das Selbstbewusstsein, handelnd aktiv zu werden (vgl. Kapitel 7.1.5). Die Beauftragung von Führungskräftecoaching und Executive Coaching sollte in der Unternehmenshierarchie ganz oben angesiedelt sein, da hier auch Fragen der Organisations- und Personalentwickung angesiedelt sind.

331 Coaches lassen sich für spezielle Situationen engagieren oder für einzelne Personen. Sie können aber auch in „Einheiten" gebucht werden, die sich jeweils aktuell problemorientiert nutzen lassen.

332 Denken Sie daran, dass Coachings zeitaufwändig sein können und auch nach Abschluss einer Einheit mit einigem Zeitabstand in der Regel noch eine oder mehrere Einheiten nötig sind, um den eingeschlagenen Weg dauerhaft zu sichern.

333 Coaches und Coachees müssen harmonieren. Ist keine Harmonie herzustellen, wird das Coaching kaum erfolgreich sein. Darauf sollte bei der Auswahl von Coaches geachtet werden.

334 In der Regel sollten Gespräche mit mehreren Coaches geführt werden, um die passende Person auswählen zu können.

7.2.26 Das neue Berufsbild „Sozialer Beziehungsorganisator" nutzen

Das Kärntner Hotel Ronacher in Bad Kleinkirchheim hat für das Wohl der 45 Lehrlinge eine eigene Mitarbeiterin angestellt. Die Arbeit mit dem Nachwuchs ist dem Hotel sehr wichtig, deshalb können auch alle Auszubildenden nach dem Lehrabschluss noch ein Jahr zusätzlich im Betrieb bleiben, auch wenn der Personalbedarf es nicht zulässt, alle Auszubildenden zu übernehmen. Die Ansprechpartnerin der Auszubildenden vom Hotel Ronacher hält mit den ausgeschiedenen Lehrlingen über das Dienstverhältnis hinaus Kontakt. Ein Netzwerk wird aufgebaut, das sich für Qualitäts- oder Personalfragen für das Unternehmen immer wieder lohnt.

An diesem Beispiel ist abzulesen, dass es in Zukunft in Unternehmen Personen geben wird, die sich Fragen des guten Klimas im Unternehmen widmen werden. Sie werden Stabsstellen der Geschäftsführung sein und ähnlich dem Marketing Situationen bearbeiten, die den Geschäftserfolg positiv beeinflussen, aber als zentrales Thema soziale Beziehung, Netzwerkgestaltung und Innovation haben. In solchen Zusammenhängen kann an Karriereplänen von Mitarbeitern gearbeitet werden, die zwar das Unternehmen aus bestimmten Gründen verlassen, dem Unternehmen aber innerlich noch verbunden bleiben und weitere Netzwerkfunktionen leisten. Ähnliches kennt man von Sportvereinen, bei denen Spieler den Club verlassen, aber ihm oft ein Leben lang mit dem Herzen erhalten bleiben und quasi als Botschafter und wohlwollende Partner agieren.

335 Überlegen Sie, ob es im Unternehmen Bedarf an der Funktion eines sozialen Beziehungsorganisators gibt oder ob jemand eine solche Funktion im Rahmen seiner Tätigkeit übernehmen könnte.

336 Die Funktion steht im Zentrum zwischen Ausbildung und Recruiting, Employer Branding, Marketing, Reputations- und Imagemanagement sowie Karriereentwicklung und kann damit im Mittelstand und in größeren Unternehmen eine wesentliche Aufgabe im Sinne der Zukunftssicherung wahrnehmen.

7.2.27 Realistische Leistungskennzahlensysteme nutzen

Es wird viel gemessen und dokumentiert in Unternehmen. Steuerungselemente, wie zum Beispiel die aufwändige Balanced Scorecard, zeigen, dass gerne Planzahlen vorgeschrieben, erstellt und diskutiert werden, um Erfolg im Unternehmen zu erzeugen. Analog wird zum Beispiel der gesellschaftliche Erfolg bisher noch ebenso vorwiegend in Wachstumszahlen der Wirtschaft gemessen.

Wenn schon Zahlen, dann sollten diese auch erreicht werden können. Ich kenne mehrere Unternehmen, die ihren Mitarbeitern Verkaufszahlen als Jahresziel setzen, die schlichtweg nicht zu erreichen sind. Die Mitarbeiter reagieren am Anfang mit Entsetzen und einem flauen Gefühl im Magen auf solche Leistungsziele. Mit der Zeit gewöhnen sie sich daran, mit utopischen Zielvorgaben zu arbeiten, und finden gefühlsmäßig die Werte heraus, die es zu erreichen gilt, um gerade noch gut dazustehen. Viel Energie wird dann darauf verwendet, Erklärungen zu finden, warum (unrealistische) Kennzahlen in der Realität nicht erreicht wurden.

337 Planzahlen, die auf finanziellen Zielen beruhen, ohne die reale Unternehmens- oder Abteilungssituation wiederzugeben, stören die Work-Life-Balance bei Führungskräften und Mitarbeitern.

338 Die Praxis, Planzahlen von oben vorzugeben oder zumindest nach oben zu korrigieren, sollte daher grundsätzlich überdacht werden. Niedrige Planzahlen – sofern nicht deutlich zu niedrig – bewirken wahrscheinlich keine niedrigeren Ergebnisse, aber größere Zufriedenheit.

7.2.28 Kennzahlensysteme zur Work-Life-Balance

Menschen mögen es nicht, andauernd Messungen unterzogen zu werden. Meistens bedeutet die Ermittlung von Daten einen erheblichen Aufwand. Wenn Befragungen durchgeführt werden, sollte bei Führungskräften und Personal ein als unterstützend und gewinnbringend empfundener Zusammenhang zur Arbeit hergestellt werden, zum Beispiel in Form alltagspraktischer Daten zur eigenen Work-Life-Balance.

Ich wage mich hier auf höchst unerschlossenes Gebiet in Unternehmen, nämlich Nutzenfunktionen für Menschen im Unternehmen in Hinblick auf eine ausbalancierte Lebensführung auf die Spur zu kommen. Die nachstehenden Tipps zur Maßnahmengestaltung für Work-Life-Balance-Konzepte können quasi als Leitfragen dienen, wenn Unternehmen beginnen, das Thema Work-Life-Balance im Unternehmen voranzubringen (vgl. Kapitel 7.3.15 Betriebs-Check).

339 In welchem Maße sehen Menschen ihren Selbstwert im Unternehmen unterstützt? Wie könnte eine Steigerung dieses Wertes erreicht werden?

340 Wie hoch sind Grade der Übereinstimmung von persönlichen und Firmenzielen?

341 Wie werden möglichst viele Mitarbeiter für Innovationen initiativ?

342 Wie häufig entstehen Unternehmensinnovationen mit hohem Maß an Umsetzung durch Ideen einzelner Mitarbeiter?

343 Oder gibt es etwa die Möglichkeit für Rückmeldungen zu Schlafqualitätsmessungen der Menschen im Unternehmen? Schlafstörungen gehören zu den häufigsten Problemen der Menschen in der heutigen Zeit und bergen viel Krankheitsrisiko in sich. Es könnte Rückschlüsse zwischen gutem Schlaf der Mitarbeiter und dem Unternehmenserfolg geben. Welche Themen formulieren Mitarbeiter und Chefs, die im Unternehmen umgesetzt werden sollten, damit sie besser schlafen?

344 Die Frage ist, ob sich der Einsatz von Soft Skills – kollegiales, hilfsbereites Verhalten, Empathie, Kommunikationsfähigkeit, Führungsvermögen, der Grad von tragfähigen, auskunfts- und hilfsbereiten Netzwerken (intern und extern) in irgendeiner Weise in eine Zahl gießen lässt, die sozusagen als Soft-Skill-Controllingzahl für eine Person, eine Abteilung, ein ganzes Unternehmen, eine Region anzuwenden ist. Wichtig für den Unternehmenserfolg sind hohe Soft-Skills-Werte sicherlich.

345 Ist es sinnvoll, solche Zahlen überhaupt zu ermitteln, oder ist es eher angebracht, solche Werte im Unternehmen durch die Schaffung von Work-Life-Balance und positiver Kultur aufzubauen und weg vom „Management über Daten" hin zu „Management über Wahrnehmung" zu gehen. Nicht in Watte gepackte Kuschelkurse sind hier gemeint, sondern gute Gefühlslagen zu erfolgreichem, ertragreichem Wirtschaften mit einer ausbalancierten Lebensführung der am Erfolg beteiligten Menschen (vgl. Kapitel 3.1.2, Abschnitt „Dialogische Kultur", und Kapitel 4).

346 Interessant wären auch Schadenszahlen, die den Verlust beziffern, wenn Intriganz oder Verantwortungslosigkeit in Unternehmen angewendet werden. Solche (Mess-)Überlegungen könnten Zahlen der Personalfluktuation, von Krankenständen, Mobbingfällen und Ertragsschwächen unter einem ganz anderem, neuen Licht erscheinen lassen und mehr Wissen über Ursachen ungewollter Effekte im Wirtschaften erzeugen.

7.3 Äußere Rahmenbedingungen

Die dritte Säule umfassender und erfolgreicher Work-Life-Balance-Implementierung im Unternehmen ist in Maßnahmen von unterstützenden Rahmenbedingungen für die persönliche Work-Life-Balance-Ausgestaltung der Mitarbeiter zu sehen. Ein eigenverantwortlicher Umgang zur ausbalancierten Lebensführung trifft auf Führungsverhalten, das wirtschaftlichen Erfolg und nachhaltiges Wohlbefinden für sich und das Personal gewährleistet. Dafür braucht es unterstützende Rahmenbedingungen im Unternehmen. Wenn von betrieblicher Work-Life-Balance die Rede ist, **wird diese oft verkürzt als Ausgleich von Privat und Beruf verstanden und Beruf mit äußeren betrieblichen Rahmenbedingungen gleichgesetzt. Daher sind Abhandlungen über Work-Life-Balance oft rahmenbedingungslastig, insbesondere zum Thema Familienfreundlichkeit der Betriebe und Gesundheitsförderung. In meiner Darstellung sind die äußeren Rahmenbedingungen im Work-Life-Balance-Unternehmenskonzept eine von drei unerlässlichen Säulen.**

7.3.1 Arbeitszeiten

Flexible Arbeitszeiten sollten nicht dazu dienen, die Arbeit möglichst rasch hinter sich zu bringen. Auch sollten Stechuhrsysteme nicht dazu benutzt werden, möglichst Nettozeiten des Arbeitens zu ermitteln, um jede Pause als Freizeit bemessen zu können. Work-Life-Balance erzeugt hohe Produktivitätsraten, die ungleich höher sind als bloße „Anwesenheiten". So interessant Homeworking für einzelne Menschen sein kann, es mischt trotzdem sehr stark Arbeit mit privatem Raum. Man kennt das Gefühl aus Studien- oder Lernzeiten, ständig ein schlechtes Gewissen zu haben, nicht zu arbeiten, weil die Arbeit vor einem ausgebreitet oder im Zimmer nebenan liegt. Home-Office-Arbeiter laufen Gefahr, sich ständig verfügbar halten zu wollen.

347 Man sollte viel Eigenverantwortung in die Arbeitszeitgestaltung einfließen lassen und großzügig mit der Kontrolle von Arbeitszeiten umgehen.

348 Arbeiten an Orten außerhalb des Firmenstandortes oder das Arbeiten von zu Hause aus, gemeinhin als Telearbeit bezeichnet, können Vorteile bieten. Man sollte allerdings auf Verfügbarkeitszeiten der Mitarbeiter achten, die bei Tätigkeiten im privaten Umfeld nicht zu beruflicher Dauerbereitschaft führen sollten.

349 Wenn flexible Arbeitszeiten möglich sind, sind für die Mitarbeiter Kernarbeitszeiten zu definieren, die allen Rahmenbedingungen gerecht werden. Dazu gehört auch, dass die Arbeitszeiten von Teilzeitkräften (zum Beispiel „immer freitags frei") nicht zulasten der Kollegen genehmigt werden dürfen.

350 Optimale Arbeitszeitmodelle, die allen gerecht werden, gibt es nicht. Kompromisse müssen daher so vermittelt werden, dass sie für alle nachvollziehbar sind und von jedem getragen werden.

7.3.2 Eigene Büros

Kaum jemand fühlt sich in Großraumbüros wohl. Aus Platz- und Kostengründen werden diese jedoch oft eingesetzt. Die Konzentration leidet enorm, es gibt für die Menschen kaum Rückzugsmöglichkeiten, immer arbeitet man auf dem Präsentierteller. In Zeiten der Reiz- und Informationsüberflutung ist es wichtig, nicht immer sofort allem ausgesetzt zu sein.

Eine neue Form des Zusammenarbeitens für Ein-Personen-Unternehmen ist in Form von Co-Working-Spaces entstanden. Workstations in Großraumumgebung und Sitzungsräume können für kurze Zeiträume angemietet werden.

Erheblicher Vorteil dieser Co-Working-Spaces ist, dass man kein eigenes Büro anzumieten braucht und nicht isoliert von zu Hause arbeiten muss.

Der Vorteil der Co-Worker gegenüber Mitarbeitern, die in Großraumbüros tätig sind, ist der, dass erstere sich ihre Co-Working-Zeiten aussuchen können und entscheiden, wann sie Ruhe (Home-Office) oder Aktivität (Co-Working-Space) einsetzen wollen. Außerdem stehen Co-Worker in der Regel in keinem Hierarchieverhältnis in einem Unternehmen und fühlen sich nicht jederzeit beobachtbar.

Im Wissens- und Technologiezentrum, in dem auch ich mein Büro habe, wurde seitens eines Unternehmens mit Firmensitz 100 Kilometer von Salzburg entfernt für einen Mitarbeiter extra ein Büro angemietet. Der Mitarbeiter wollte das Unternehmen verlassen, weil er die langen Fahrtstrecken zur Arbeit nicht mehr auf sich nehmen wollte. Gleichzeitig wollte er nicht von zu Hause aus arbeiten. Solche Lösungen der individuellen Arbeitsplatzgestaltung rund um individuelle Bedürfnisse guter Mitarbeiter wird es in Zukunft wohl öfter geben.

351 Eigene Büros schaffen Identität für Mitarbeiter und sorgen für Loyalität.

352 Wohlfühlen in angenehmer und funktionaler Büroumgebung trägt zur Motivation und Leistungsbereitschaft bei.

353 Für Telearbeiter gibt es auch die Möglichkeit, statt der Arbeit zu Hause Arbeitsplätze in Co-Working-Spaces anzumieten.

354 Dem Einwand des zu vielen Rückzugs und des Informationsmangels bei Einzelbüros ist mit der Einrichtung von gemeinschaftlichen Kommunikationsräumen leicht zu begegnen. Außerdem sollten Führungskräfte ohnehin das Kommunikationsverhalten ihrer Mitarbeiter im Auge haben.

7.3.3 Arbeitsplatz im Büro

Ins „Büro" zu gehen wird oft gleichbedeutend mit „in die Firma gehen" verwendet und spiegelt damit die Identifikation mit einem Unternehmen wieder. Das Büro als Lebensraum ist ein wichtiger Faktor für Work-Life-Balance. Zieht man die fünf Faktoren für eine gelungene Work-Life-Balance heran, so lassen sich Bürosituationen durchaus mit Balancezuständen in Beziehung setzen.

Arbeit: Der Arbeitsplatz muss funktional so ausgestattet sein, dass wir unsere Aufgaben und Funktionen gut durchführen können. Jemand, der viele Besprechungen abwickelt und auf (begrenzten) Sitzungsraum zurückgreifen muss, wird ein eigenes Büro brauchen, das er für sich und für Besprechungen nutzen kann.

Soziale Beziehungen: Diese gestalten sich für den Arbeitsalltag anders als soziale Beziehungen im Privatleben. Dennoch spielen die Faktoren Empathie, Kommunikation und Kooperation eine große Rolle mit Bedacht auf hohen Soft-Skill-Einsatz im Job. Je mehr Spielräume die Bürosituation im

Sinne des Networkings für Mitarbeiter und Führungskräfte bietet, desto höher ist die Chance auf hohe und schnelle Arbeitsqualität und Erfolg.

Eigene Bedürfnisse: Gerade für konzentriertes Arbeiten bieten eigene Büros gute Voraussetzungen. Wenn man zudem in der Lage ist, für bestimmte Zeit das Telefon abzuschalten bzw. nicht permanent online verfügbar sein muss, kann das wiederum Zufriedenheit bei gleichzeitig hoher Arbeitsleistung bieten. Auch Gymnastikübungen oder kurze Phasen des einfach Dasitzens und Entspannens zwischendurch lassen sich leichter im eigenen Büro absolvieren. Hohe Eigenverantwortung und eine wohlwollende Unternehmenskultur sind gefragt, für persönlichen Rückzug vertrauensvolle Herangehensweisen zu finden.

Gesundheit: Es gibt festgelegte, arbeitsmedizinische Voraussetzungen, denen Büromöbel, Geräuschpegel, Lichtverhältnisse, Arbeitsgeräte etc. entsprechen müssen. Für psychische Belastungen am Arbeitsplatz gibt es noch sehr wenige Richtlinien. Ständige (untergriffige) Streitereien mit dem Kollegen im selben Zimmer können Mitarbeiter direkt ins Burn-out führen. Gegen problematische Kommunikation am Arbeitsplatz helfen allerdings eigene Büros wenig. Das braucht einen Kulturwechsel im Umgang miteinander im ganzen Unternehmen.

Sinn: Situationen vorzufinden, seine Arbeit zu verstehen und gut ausführen zu können, macht für uns alle großen Sinn und stärkt den Selbstwert, die Motivation und die Leistungsbereitschaft. Beruflichen Erfolg an der Größe des eigenen Büros im Unternehmen zu bemessen orientiert sich allerdings eher an Konkurrenzdenken, Neid und Gier sind Balancezuständen nicht zuträglich.

355 Das Büro soll den Anforderungen in Funktionalität und Größe entsprechen.

356 Eigene Büros schaffen Spielräume für individuell gestaltete Arbeitsabläufe.

357 Eigene Büros machen stolz und sorgen für Sinn. Bürogröße und Erfolgsmessung sollten nicht gekoppelt werden.

358 In ruhiger Umgebung arbeitet es sich leichter.

359 Richtlinien zur Büroausstattung sind weitestmöglich zu beachten.

7.3.4 Aktives Karenzmanagement

Im Sinne des Retainments, also dem Wunsch, Mitarbeiter möglichst langfristig an das Unternehmen zu binden, sind Auszeiten für besondere persönliche Lebenssituationen (Bildungskarenz, Reiselust, Kinderwunsch, Pflegetätigkeiten, ehrenamtliches Engagement etc.) als normaler Vorgang zu werten. Sich wegen dem Wunsch nach Auszeiten vom Mitarbeiter zu trennen, wäre äußerst unklug. Phasen der Jobausschreibung, Bewerbungsverfahren, Einarbeitungsphasen kosten Zeit und Geld, das in Relation für hin und wieder einzuplanende längere Vertretungstätigkeiten gesetzt werden muss. Außerdem bedeutet jede Kündigung Wissensverlust für das Unternehmen. Daher sollte aktives Karenzmanagement solche Auszeiten im Unternehmen ermöglichen. Die Karenzierten sollen das Gefühl haben, bei Auszeiten auf Verständnis zu stoßen und auch in diesen Zeiten Teil des Unternehmens zu sein. Die Mitarbeiter werden es mit Arbeitseinsatz und Loyalität vergelten.

Unternehmen sollten mit Mitarbeitern in individueller, gemeinsamer Absprache in verschiedenen Lebensphasen der Mitarbeiter die Kommunikation suchen und in unterschiedlichen Unternehmensphasen Arbeitsintensitäten für längere Abschnitte (z.B. die nächsten zwei, drei Jahre) festlegen.

360 Guten Mitarbeitern sollten Freiräume von mehrmonatigen Auszeiten („Sabbaticals") in einem Stück immer wieder ermöglicht werden. Das erhöht deren Work-Life-Balance enorm, bringt Frische in ihr Leben und bei der Rückkehr in das des Unternehmens. Zusätzlich wird die Firmenbindung erheblich gesteigert.

361 Ein Kontakthalten während der Karenzzeiten durch das Unternehmen mit den Mitarbeitern sollte für beide Seiten eine Selbstverständlichkeit darstellen.

362 Um solche Karenzzeiten möglich zu machen, ist darauf zu achten, dass jede Fähigkeit mindestens mit zwei Mitarbeitern besetzt ist. Jeder Mitarbeiter muss durch einen anderen vertreten werden können, auch wenn dieser vielleicht nicht hundertprozentig gleiche Qualität oder Geschwindigkeit bietet. Das muss auch in den Kalkulationsprozess einfließen.

363 Ansparung von Zeitkontingenten und Zeiten des Vorruhestandes sollen ermöglicht werden, aber auch Teilzeitregelungen mit Arbeitszeiten von z.B. 15, 20, 30 Stunden oder Vollarbeitszeitphasen.

7.3.5 Kinderbetreuung

Das Thema Familiengerechtheit und Kinderbetreuung betrifft sehr viele Arbeitnehmer. Durch die Gewährung von Unterstützungen in Form von flexibler Arbeitszeitgestaltung, bis hin zu eigenen Betriebskindergärten oder solchen im Zusammenschluss in einem Firmenverbund, erleichtert das Unternehmen die Rahmenbedingungen für eine ausgewogenere Zeitgestaltung der Mitarbeiter. Auch die bezahlte Reservierung von Plätzen in einem nahen Kindergarten kann eine Option darstellen. Firmen können auf Gemeinden und Bezirke aktiv zugehen und mit ihnen gemeinsam eingeschränktes Denken in der Kinderbetreuung überwinden, die in vielen Fällen nur innerhalb von hoch gehüteten Gemeidegrenzen stattfindet.

364 Jedes Unternehmen ausreichender Größe sollte das Thema Betriebs-kindergarten zumindest prüfen, sofern das Halten und Gewinnen von Mitarbeitern für dieses Unternehmen ein relevantes Thema ist.

365 Zur Familienfreundlichkeit gehören neben flexiblen Arbeitszeiten auch längere Mittagspausen und flexible Gleitzeitregelungen ohne bürokratische Genehmigungsprozesse.

366 Aktives Einbringen des Unternehmens in Fragen der Familienfreundlich-keit der gesamten Region bringt neben Loyalitätseffekten der Mitarbeiter auch ein Plus im Employer Branding und Fragen der Corporate Social Responsibility.

7.3.6 Weiterbildung

Der Begriff der Weiterbildung sollte sehr umfangreich gefasst sein. Gehen wir vom beiderseitigen Bedürfnis der Arbeitnehmer und der Unternehmen aus, lebenslanges Lernen praktizieren zu wollen, begleitet dieses Thema den gesamten Arbeitsprozess aller Mitarbeiter (vgl. Kapitel 7.2.21). Aus- und Weiterbildung spielt bei der Organisations- und Personalentwicklung eine große Rolle: Ziele, Stärken, Herausforderungen, Hebung von Reali-sierungsgraden, Verstehbarkeit von Anforderungen und Umsetzungen sind tägliche Bestandteile gelungener Arbeit und brauchen immer wieder neue Nahrung. Ich habe in diesem Buch mehrfach geschildert, dass die heutige schnelllebige Zeit eine Stärke des einzelnen Mitarbeiters und der Führungskräfte braucht, die ihr Äquivalent in hohen Selbstwerten findet. Diesem Umstand sollte mit einem hohen Aus- und Weiterbildungsbudget Rechnung getragen werden (vgl. Kapitel 7.1.1 bis 7.1.4 und Kapitel 3.9).

367 Innovationsmanagement im Unternehmen sollte eng mit allen Fort-bildungsaktivitäten verknüpft sein. Anregungen für außergewöhnliche neue Formen von Fortbildungsmöglichkeiten sollen ins Unternehmen eingebracht werden.

368 Üblich und selbstverständlich ist es, das fachliche Know-how auf aktuel-lem Stand zu halten.

369 Gleichzeitig sollten immer wieder Weiterbildungen zu sozialen Fähigkei-ten absolviert werden. Die Einbringung von Persönlichkeit im Unterneh-men und der reflektierte Umgang mit eigenen Charaktereigenschaften in Bezug auf die Arbeitsleistung erfordert begleitende Unterstützung.

370 Weiterbildungsmaßnahmen sollten auch aktiv zur Motivationssteigerung genutzt werden; wo zum Beispiel keine Gehaltssteigerungen möglich sind, können sie als „Benefits" gewährt werden.

7.3.7 Betriebliche Gesundheitsförderung

Die Angebote sind vielfältig. Sowohl in Deutschland, als auch in Österreich und der Schweiz gibt es große Organisationen des Gesundheitswesens, die umfassende Programme anbieten und auch Wettbewerbe zur Gesundheitsförderung im Unternehmen ausschreiben. Gratisobst zur Entnahme für die Mitarbeiter und gesundes Kantinenessen gehören mittlerweile bereits zum Standard der Gesundheitsförderung in Betrieben.

In einigen Tourismusbetrieben ist man dazu übergegangen, dass man auch an freien Tagen, gerade, wenn der Betrieb eine 5-Tage-Woche anbietet, das Gastronomieessen kostenfrei konsumieren kann. In einigen Fällen gibt es sogar Unternehmen, die eigene Köche angestellt haben, die mit Produkten aus eigener Zucht und Anbau Essen zubereiten.

Dem großen, meist versteckten und hoch tabuisierten Thema des Suchtmissbrauchs (meist in Form von Alkohol und Tabletten) kann mit Hilfsprogrammen begegnet werden. Besonders in diesem Bereich kann die Arbeit des Betriebsarztes oder der Betriebspsychologen wichtige Beiträge zu einer sensiblen Hinführung zu Therapien liefern.

Unternehmenskonzepte der Work-Life-Balance schließen Gesundheitsförderungsmaßnahmen als einen Teil mit ein, bauen aber nicht darauf auf. Aus diesem Grund wird die betriebliche Gesundheitsförderung hier nicht prominenter behandelt.

7.3.8 Anreizsysteme zur eigenverantwortlichen Gesundheitsförderung

Eigenverantwortung spielt in Work-Life-Balance-Unternehmenskonzepten eine große Rolle. Beginnend vom systemischen Anspruch, dass Steuerung von Systemen von „oben" nur schwer durchgängig abzuwickeln ist, bis hin zu Fragen der eigenen Work-Life-Balance, die in der Verantwortung jedes Einzelnen liegt. Ich habe geschildert, dass eigentlich die Unternehmen das größte Interesse an der Fitness ihrer Belegschaft haben, um wirtschaftlichen Erfolg ohne große Ausfälle im Personalbereich einzufahren. Kurios, dass diese Verantwortung als höherer Gesundheitsmotor anzusehen ist als eigene Antriebe zur Salutogenese (vgl. Kapitel 3.5). Dieser Aspekt ist durchaus auch für die Work-Life-Balance-Thematik beobachtbar.

Der Blick auf die eigene Work-Life-Balance und Maßnahmen zur Hebung der Balancezustände sollten automatisch zu höheren Gesundheitsgraden in der Belegschaft führen. Ein Salzburger Industriebetrieb im Pinzgau hat ein Sport-/Spendenprogramm entwickelt, bei dem die Mitarbeiter jede Stunde Sport, die sie im Rahmen von Betriebssport und in der Freizeit absolvieren, dokumentieren. Die Firmenleitung vertraut den von den Mitarbeitern in Eigenverantwortung geführten Aufzeichnungen und spendet am Jahresende, je nach Höhe der Summe der Sportstunden, einen der Höhe entsprechenden Geldbetrag an die österreichische Behindertenhilfsaktion „Licht ins Dunkel".

381 Gesunde Ernährung, wohltuender Schlaf zur Regeneration und Bewegung können vom Unternehmen aktiv gefördert werden. Z.B. lassen sich gesunder Mittagstisch oder Ernährungs-, Schlaf-, Bewegungsberatungsstunden im Unternehmen in der Arbeitszeit anbieten.

382 Aktiver Sport in der Arbeitszeit fördert die Gesundheit und den sozialen Zusammenhalt der Mitarbeiter und der Führungskräfte und unterstützt die Darstellung im Bereich Employer Branding.

7.3.9 Angemessene Bezahlung

Auch wenn Unternehmen, die niedrige Gehälter zahlen, in manchen Fällen mit ausgezeichneten Work-Life-Balance-Bedingungen punkten können, sollte doch auf ein entsprechendes Gehaltsniveau geachtet werden. Das Gefühl von Unterbezahlung wirkt auf die Dauer demotivierend. Wenn bei fairem Gehaltsniveau auch die Work-Life-Balance im Unternehmen stimmt, wirkt das jedoch leistungssteigernd.

383 Orientieren Sie sich an den Gehältern bzw. Löhnen, die in Ihrer Branche auf dem Markt üblich sind.

384 Falls der Branchenvergleich schwierig ist, suchen Sie andere Bezugsgrößen, z.B. beim öffentlichen Dienst.

385 Schaffen Sie ein Gehalts- bzw. Lohngefüge, das Leistung, Erfahrung, Verantwortung und das Spektrum der Kompetenzen repräsentiert.

386 Wenn bei Ihnen sehr unterschiedliche Basisqualifikationen benötigt werden, muss das Gehaltsspektrum zum Beispiel die Möglichkeit bieten, Einsteiger aus „teuren Sparten" (z.B. Informatiker) besser zu bezahlen als solche aus anderen Sparten. Andernfalls werden Sie die „Guten" nicht gewinnen oder halten können.

387 Sorgen Sie für regelmäßige Gehaltsanpassungen. Wenn dies nicht möglich ist, machen Sie deutlich, warum.

388 Wenn Sie in einer Sparte tätig sind, in der Sie durch bestehende Tarife eingeschränkt sind (zum Beispiel im Gesundheitswesen), sollten Sie Attraktivität jenseits des Gehalts bieten: flexible Freizeit- und Urlaubsregelungen, exzellentes Kantinenessen, dauerhafte Arbeitsplatzsicherheit, gute Führung, freie Getränke, Weiterbildung usw.

7.3.10 Kommunikations- und Kooperationsstruktur

Im vorliegenden Buch habe ich ein Kapitel dem Thema „Kulturen zum Blühen bringen" gewidmet. Gerade die gute Kommunikation und die wertschätzende Zusammenarbeit legt den Grundstein für den Firmenerfolg. Unternehmen sollten auf diese beiden Komponenten besonders achten (vgl. Kapitel 3.7 und 7.2.19). Verstöße gegen die Faktoren guter

Kommunikation und Kooperation sollten daher ernst genommen und mit besonderem Augenmerk durch die Führungskräfte begleitet werden. Kultur beruht nur manchmal auf großartigen Ideen und ist nicht selten ein Kompromiss.

389 Überlegen Sie, ob Ihnen regelmäßige Kulturworkshops dienlich sein können.

390 Besetzen Sie Teams zu Kulturthemen mit möglichst unterschiedlichen Mitarbeitertypen. Was dem einen gefällt, könnte der andere dämlich finden – und umgekehrt.

391 Starten Sie ein Work-Life-Balance-Unternehmenskonzept. Kommunikations- und Kooperationskultur werden sich mit den Umsetzungsschritten gleichermaßen heben.

7.3.11 Work-Life-Balance-Tagebücher

Persönliche, anonyme Aufzeichnungen über Work-Life-Balance fördernde Aktivitäten von Mitarbeitern und Führungskräften sollten seitens der Unternehmen unterstützt werden.

392 In Work-Life-Balance-Tagebüchern können Mitarbeiter anführen, welche Maßnahmen beigetragen haben, ihre persönliche Work-Life-Balance zu verbessern. Erkenntnisse aus diesen persönlichen Aufzeichnungen können etwa bei Innovationstagen in die Unternehmensentwicklung einfließen.

393 Work-Life-Balance-Tagebücher kann man sich in Form von kleinen Notizbüchern vorstellen. Menschen in kreativen Berufen und Künstler tragen häufig ein Büchlein mit sich, in das sie spontan kreative Ideen eintragen, um sie später zu verwerten.

394 Diese Tagebücher sollten formlos Eintragungen über gute Ideen oder Aufzeichnungen über gelungenen Work-Life-Balance-Einsatz enthalten. Beispielhaft kann etwa ein Waldspaziergang festgehalten werden, der eine besondere Idee für eine Arbeitsfragestellung hervorgebracht hat oder der genaue Eintrag von Zeiten für eigene Bedürfnisse über mehrere Wochen hinweg, aber auch Zeiten des Sports oder des besonders guten Schlafs mit der Beschreibung der beruflichen und privaten Rahmenbedingungen zu diesem Zeitpunkt.

395 Der Aufwand soll sich in Grenzen halten und pro Tag nicht mehr als 15 Minuten ausmachen. Über mehrere Wochen hinweg füllt sich das Büchlein auch mit kurzen Eintragungen.

396 Zum Verfassen der Tagebucheinträge sollte auch Arbeitszeit verwendet werden.

397 Außerdem könnten jährlich die besten Work-Life-Balance-Maßnahmen einzelner Mitarbeiter prämiert werden und so wiederum positive Sichtweisen der persönlichen Ausbalanciertheit fördern. Wer arbeitet nicht gerne in einem Unternehmen, das positive Beiträge der Work-Life-Balance-Verbesserung der Mitarbeiter und der Führungsebene öffentlich schätzt? Darüber sprechen Mitarbeiter auch in ihrem Umfeld, was wiederum zum positiven Ruf des Unternehmens beiträgt.

7.3.12 Orte des Rückzugs und der Erholung im Unternehmen

Tourismusbetriebe ermöglichen den Mitarbeitern zum Beispiel das Benutzen der Wellnesseinrichtungen. Manche von ihnen sind mit einer Bibliothek ausgestattet, in die sich Gäste und auch Mitarbeiter zurückziehen und dort abschalten können. Eine Möglichkeit, Unternehmen in die Work-Life-Balance-Aktivierung von Mitarbeitern mehr einzubinden, ist das Aufgreifen von Themen der Lebensfreude. Zu beachten ist dabei, dass man Themen der Lebensfreude natürlich auch gerne im privaten Umfeld konsumiert und Unternehmen diese Aktivitäten daher wohldosiert anbieten sollten.

398 Bibliotheken könnten auch in vielen Unternehmen Orte des Rückzugs, der Ruhe und der Inspiration sein. Man stelle sich die Behaglichkeit eines offenen Kamins oder dänischen Ofens vor, mit Ausblick auf die freie Natur. Unter solchen Bedingungen könnten neue Ideen für eine Unternehmensentwicklung heranreifen.

399 Sprachkurse, Tanz, Wein- und Schokoladeseminare, aber auch Themen wie Fair Trade oder Reiseberichte könnten vom Unternehmen angeboten werden.

400 Räume für Tischfußball, Tischtennis, Darts, gemütliche Tee- oder Kaffeeküchen sind weitere Rückzugsmöglichkeiten, die benutzt werden können, um geistig oder körperlich zu regenerieren.

401 Aktivitäten wie Tischfußball oder Tischtennis, die Lärm verursachen, müssen aber wahrscheinlich dort stattfinden, wo keine störenden Geräusche für die Kollegen entstehen.

7.3.13 Nutzung von firmeneigenen Wohnungen in Feriengebieten für die gesamte Familie

Manche Unternehmen oder ihre Inhaber haben es tatsächlich: das Ferienhaus oder die Ferienwohnung. Das, was viele gerne hätten, nämlich ein Domizil an der oberen Adria in Strandnähe, eine Ferienwohnung im Sportparadies Torbole am Gardasee, ein Häuschen in der Provence oder das Haus in der südsteirischen Wein- und Wandergegend. Die Nutzung zahlt sich für Unternehmen und Mitarbeiter in Hinblick auf die Work-Life-Balance-Kultur aus.

402 Diese Unterkünfte werden gegen entsprechend frühe Vorbuchung und geringes Entgelt an Mitarbeiter im Unternehmen vergeben, damit diese mit ihren Familien das Angebot nutzen.

7.3.14 Raum der Stille

Ähnlich der Rückzugsmöglichkeiten in eine ruhige Bibliothek haben manche Unternehmen eigene Räume der Stille eingerichtet. Ein abgedunkelter Liegeraum, der entweder mit leiser Meditationsmusik oder gänzlich ruhig belassen ist und die Möglichkeit bietet, sich für kurze, erholsame Zeit aus dem hektischen Alltag auszuklinken und Kraft zu tanken.

403 Ein solcher Raum der Stille sollte immer zur Verfügung stehen, wenn ihn jemand braucht. Er sollte nur zweckgebunden genutzt werden.

7.3.15 Work-Life-Balance-Betriebs-Check

Ein Work-Life-Balance-Betriebs-Check kann eine hervorragende Basis sein, um dauerhaft hohe Work-Life-Balance und gleichzeitig großes Vertrauen durch die Mitarbeiter zu schaffen.

Eine Iststandsbestimmung eines Unternehmens, wie es hinsichtlich der Work-Life-Balance liegt, ist eine aufwändige Sache. Sie sollte eine entsprechende Vorlaufphase haben, die mit sauberem Projektmanagement die Ziele des Projektes genau definiert und die Gründe dafür beschreibt. Vorgefertigten Betriebs-Checks zur Work-Life-Balance sollte man hingegen nicht viel Wert beimessen. Jedes Unternehmen ist anders, hat andere Rahmenbedingungen, Zielsetzungen und Ressourcen. Bereits in der Projektdefinitionsphase sollten ausreichend Zeit eingeplant und die Möglichkeiten der Beitragsleistung von Mitarbeitern geprüft werden.

Leitfragen zur Umsetzung eines Work-Life-Balance-Unternehmenskonzeptes ergeben sich aus Teil I und Teil II des vorliegenden Buches. Unter dem Stichwort „Kulturen zum Blühen bringen" können Eckpunkte einer Work-Life-Balance-Unternehmensentwicklung in den Themen Führung, Selbstwert der Mitarbeiter, Intuitionseinsatz, Zeitkultur, Gesundheitsverhalten, Glücksdefinitionen, Empathie, Kommunikation und Kooperation, Employer Branding und Change- und Innovationsprozess sein.

Aus Teil II kann für die Entwicklung eines Work-Life-Balance-Unternehmenskonzeptes auch die Dreiteilung Eigenverantwortung, Führung und Rahmenbedingungen herangezogen werden, die sich in meinen Ausführungen auf insgesamt 50 Unterkapitel belaufen und somit auch umfassende Leitthemen für die Umsetzung darstellen. Es braucht jeweils qualitative Einschätzungen in einem Mix aus Beurteilung durch Führungskräfte und ausgewählte Mitarbeiter. Ratsam ist die Begleitung des Prozesses durch einen externen Work-Life-Balance-Experten. Work-Life-Balance-Zustände im Unternehmen können dann entsprechend den ausgearbeiteten Kriterien eruiert werden. Qualitative Daten, also Informationen aus Gesprächen, sind quantitativen Daten, also Informationen aus Fragebögen, vorzuziehen.

Für die Prozessgestaltung schlage ich folgenden Musterablauf vor:

404 Gespräche der Führungsetage mit einem Work-Life-Experten zu Möglichkeiten von Work-Life-Balance-Unternehmenskonzepten.

405 Entscheidung der Chefetage zu einem Work-Life-Balance-Projekt für ein bis drei Jahre.

406 Mitarbeiterinformation über das Vorhaben, in den nächsten ein bis drei Jahren Work-Life-Balance-Organisationsentwicklung zu betreiben. Grober Ausblick auf den Prozess. Fragemöglichkeit durch Mitarbeiter und Führungskräfte.

407 Gespräche der Führung mit einem Work-Life-Balance-Experten über konkrete Themen zur Hebung der Work-Life-Balance und über Strategien der konkreten Umsetzung der Vorbereitungsarbeiten.

408 Einbindung der Mitarbeiterebene in den Planungsprozess. Über Executive Coachings werden Themen der Work-Life-Balance durch ausgewählte Mitarbeiter formuliert. Je nach Unternehmensgröße sollten 10 bis 25 Mitarbeiter eingebunden sein.

409 Zusammenführen der Ergebnisse „Führung und ausgewählte Mitarbeiter" und Festlegung der Themen und des Prozesses für die weitere Bearbeitung.

410 Präsentation der Ergebnisse für alle Mitarbeiter mit Diskussionsmöglichkeit.

411 Projektdefinition und Prozessgestaltung: Themen, Arbeitsgruppen, externe Experten, Projektleitung, Zeithorizonte... (wer, was, wie, wann, womit). Z.B. Themenbearbeitung in Innovationsgruppen mit Inhalt „Zeitkultur im Unternehmen" oder etwa des Themas: „Was hebt den Selbstwert jedes einzelnen Mitarbeiters?"

412 Mitarbeiterinformation in regelmäßigen (z.B. quartalsmäßigen) Abständen.

413 Zusammenfassen der Ergebnisse des bisherigen Projektes.

414 Ergebnispräsentation vor allen Mitarbeitern.

7.3.16 Work-Life-Balance-Leitbild

Leitbilder oder Firmenphilosophien thematisieren Grundprinzipien eines Unternehmens und zeigen das Selbstverständnis und ein realistisches Idealbild eines Unternehmens auf. Das Leitbild hat große Tragweite, da es in der Regel ein zentrales Imageinstrument nach innen und nach außen ist. In einem Leitbild findet man Ausführungen über Ziele und Visionen von Unternehmen genauso wie Beiträge, die die Organisationskultur erkennen lassen.

Ein Leitbild sagt etwas über das „Was" und das „Wie" eines Unternehmens aus: Welche Produkt- oder Dienstleistungsmarken werden zu welchen Bedingungen in welcher Kultursicht hergestellt? Leitbilder sprechen nicht nur den Verstand, sondern in erheblichem Ausmaß auch die Emotion an.

Work-Life-Balance sollte in der Darstellung aller Markenbereiche eine große Rolle spielen.

Produkt- und Dienstleistungsmarke sollten mit der Arbeitgebermarke im Unternehmen gut harmonieren. Die gesamte Identität eines Unternehmens sollte sich in der Firmenphilosophie widerspiegeln. Ein Unternehmensleitbild sollte demnach zwar ehrgeizige Unternehmensziele einbeziehen, die es immer wieder zu erreichen gilt, sollte aber gleichzeitig auch ein authentisches Bild des Unternehmens und seiner Werte darstellen. Der Umgang der Menschen miteinander, die Sichtweise auf Mitarbeiter und Führung im Unternehmen, Zukunftssicht und Handlungsphilosophie können Kernbereiche eines Leitbildes darstellen.

Ein Leitbild kann aber auch auf dem gezeigten Modell des systemischen Work-Life-Balance-Unternehmenskonzepts aufgebaut werden. Auf dem Grundverständnis von persönlicher Work-Life-Balance werden durch näher zu bezeichnende Rahmenbedingungen, Führungsverhalten und Eigenverantwortlichkeiten persönliche und Firmenziele in Einklang gebracht und erzeugen näher auszuführende Resultate wie zum Beispiel höhere Realisierungsgrade, längere Beschäftigungsdauern, mehr Zeitsouveränitäten usw. (vgl. Kapitel 7.2.10).

In einem Work-Life-Balance-Leitbild kann aber auch eine Aufzählung von Work-Life-Balance-relevanten Maßnahmen im Unternehmen Erwähnung finden, zum Beispiel:

416 Hohen Selbstwert der Mitarbeiter erzeugen

417 Innovationskulturen schaffen

418 Systemisch denken

419 Komplexität meistern

420 Optimistisch sein

421 Mut zulassen

422 Die Leute machen lassen

423 Dem Menschen begegnen

424 Entwicklung fördern

425 Verantwortungsvoll handeln

426 Projekte wirklich realisieren

427 Ziel- und Prozesstransparenz herstellen

428 Eigenständige Tätigkeiten der Einzelnen mit Blick auf das Ganze
     ermöglichen

429 Entscheidungskraft forcieren

430 Eine Kultur des Gönnens und des Unterstützens leben

431 Organisationsziele bei den Entscheidungen im Auge haben

432 Veränderungen managen

433 Kommunikationskompetenz schaffen und nutzen

434 Intuition zulassen

435 Charakterstärke einbringen können

436 Fachliche und soziale Fähigkeiten mitbringen

437 Führungskompetenz anerkennen

438 Sinn stiften

439 Lebensqualität anerkennen

440 Zeit haben

441 Persönlichkeitsentwicklungen fördern

442 Gegensätze aushalten

443 Sich selbst treu bleiben können

444 Fehler machen dürfen

445 So viele wie mögliche äußere Work-Life-Balance-Rahmenbedingungen
     zur Verfügung haben

446 Salutogenese-Prinzipien anwenden

447 Erholungszeiten gewähren

448 Urlaube forcieren

449 Orientierung geben

Danksagung

Ein Projekt dieser Dimension, eines Prozesses, der über viele Monate eine intensive Beanspruchung darstellt, wie es dieses Buch getan hat, ist kein üblicher Vorgang im Leben. Ein Buch über Work-Life-Balance zu schreiben ist praktisch die doppelte Herausforderung, das Schreiben zu erledigen und in dieser Zeit die eigene Work-Life-Balance nicht zu verlieren. Die Arbeit an einem Buch ist zwar einerseits auch nur Arbeitszeit, aber es ist auch eine ziemliche nervliche Herausforderung, je nach Phase der Arbeit. Für so ein Projekt Arbeit braucht man großen Rückhalt.

Ich möchte mich sehr herzlich bei Gerhard Seitfudem bedanken, der von Anfang an eine Begeisterung für mein Buch aufgebracht hat und bereits zu Beginn in der Ausrichtungsphase der „Unternehmenskonzepte zur Work-Life-Balance" eine vertrauensvolle Kooperation signalisiert hat. Herr Seitfudem hat mich im Lektorat äußerst wohlwollend begleitet und mir das Gefühl gegeben, gut aufgehoben zu sein und konzentriert arbeiten zu können. Er war ein scharfer Beobachter, präziser Aufdecker und kreativer Ratgeber.

Bei Martin Seibt möchte ich mich bedanken, der bereits vor mir bei Publicis das Buch „Kooperation" im Jahr 2011 herausgebracht hat und den Kontakt zu Gerhard Seitfudem hergestellt hat. Die bereits bestehenden Kooperationstätigkeiten mit Martin Seibt haben sich in Zusammenführung von Themen der Kommunikation, der Kooperation und der Karriereentwicklung nach Work-Life-Balance-Richtlinien mit meiner Arbeit am Buch intensiviert.

Danke an Elke Lauth. Sie hilft mir mit hohem Einfühlungsvermögen immer in Grafik und Layoutfragen und betreut meine Homepage www.christianholzer.at

Bedanken möchte ich mich beim Radiosender Radiofabrik in Salzburg, der mir auf der Basis eines grob abgesprochenen Sendekonzeptes völligen Freiraum für meine monatlichen Fair-Play-Live-Sendungen bietet. Eine Fülle an hochkarätigen Gästen, die jedes Mal zur Sendung eigene Musik mitbrachten, haben wertvolle Beiträge für dieses Buch in Gang gesetzt, auch ihnen gilt mein Dank.

Unter diesen Gästen war es mir eine besondere Freude, im Dezember 2011 den Firmeneigentümer von Sonnentor, Hannes Gutmann, aus dem österreichischen Waldviertel zu Gast zu haben. Sofort ist ein Funke entstanden, der uns über die Sendung hinaus Kontakt halten ließ. Hannes Gutmann war so freundlich, das Geleitwort zum Buch zu verfassen, authentisch aus Unternehmersicht die Brauchbarkeit meiner Arbeit unter die Lupe zu nehmen und eine entsprechende Empfehlung für Sie als Leser des Buches auszusprechen.

Mein besonderer Dank gilt meiner Frau Christina Holzer-Weiß, die in unerschütterlicher Weise an mein Buch und mich geglaubt hat, viel Feedback gab und mich in so liebevoller Weise unterstützt.

Mit viel Wohlwollen ist dieses Buch entstanden, das Ihnen den Gedanken des aktiven Miteinanders als Teil einer Work-Life-Balance-Philosophie auf den Weg gibt.

Christian Holzer, im Februar 2013

Verwendete Literatur

Achouri, Cyrus (2010). Modern Systemic Leadership, Erlangen: Publicis

Ackerman, Jennifer (2009). 24 Stunden. Ein Tag im Leben deines Körpers. Hamburg: Rowohlt

Antonovsky, Aaron (1997). Salutogenese. Zur Entmystifizierung der Gesundheit. Hrsg. Alexa Franke. Tübingen: Deutsche Gesellschaft für Verhaltenstherapie

Basic. Industrie und Verwaltung im gegenseitigen Austausch. 19.10.2012

Bayerischer Rundfunk, BR alpha (2010). Auf den Spuren der Intuition. 13-teilige Serie, produziert von Inter/Aktion

Branden, Nathaniel (2009). Die 6 Säulen des Selbstwertgefühls. Erfolgreich und zufrieden durch ein starkes Selbst. 8. Auflage, München: Piper

Brand:Trust. www.brand-trust.de (Zugriff am 12.9.2012)

Bundesministerium für Soziales und Konsumentenschutz. Fakten und Trend bei den Invaliditätspensionen. Studie. Autoren: Hans Stefanits, Michaela Mayer-Schulz. 6.2008 (www.bmsk.gv.at, Zugriff am 21.6.2012)

Bundesministerium für Familie, Senioren, Frauen und Jugend Deutschland (2005). Work-Life-Balance. Motor für wirtschaftliches Wachstum und gesellschaftliche Stabilität. Durchgeführt von prognos. Berlin

Campbell, Josef (1999). Der Heros in tausend Gestalten. Frankfurt/Main: Insel

Campbell, Josef (2007). Die Kraft der Mythen. Düsseldorf: Albatros

Collatz, Annelen; Gudat, Karin (2011). Work-Life-Balance. Göttingen: Hogrefe

Contino, Richard (1997). Intuitive Intelligenz. Nutzen Sie die Kraft der Eingebung für Ihren beruflichen Erfolg. Wien: Signum

Demmer, Hildegard (1992). Wirksamkeit und Nutzen betrieblicher Gesundheitsförderung. Ergomed 4, 103-117

Der Standard. Werbeeinschaltung Himmer, Buchheim & Pertner, 5.9.2011

Der Standard. Hört auf, ins Netz zu brüllen, 11./12.8.2012

Deutsche Gesellschaft für Zeitpolitik. www.zeitpolitik.de (Zugriff am 5.7.2012)

Deutsches Netzwerk für Betriebliche Gesundheitsförderung. DNBGF online-Broschüre. www.dnbgf.de (Zugriff am 25.6.2012)

Die Presse. Urlaub findet statt – unter allen Umständen, 4.5./2.2012

Die Presse. Wie man einen Konzern an die Wand fährt, 21./22.1.2012

Faschingbauer, Michael (2010). Effectuation. Wie erfolgreiche Unternehmer denken, entscheiden und handeln. Stuttgart: Schäffer-Pöschel

Fonds Gesundes Österreich. www.fgoe.at (Zugriff am 21.6.2012)

Frankfurter Allgemeine Zeitung – online. Chronomedizin. Das Herz zerriss im Morgengrauen. FAZ 11.10.2011. www.faz.net (Zugriff am 28.6.2012)

Frankfurter Allgemeine Zeitung. Drei Fragen an, 2./3.6.2012

Gabler Wirtschaftslexikon, online. Eigenschaftstheorien. www.wirtschaftslexikon.gabler.de (Zugriff am 23.7.2012)

Gabler Wirtschaftslexikon, online. Führungsstil. www.wirtschaftslexikon.gabler.de (Zugriff am 23.7.2012)

Gabler Wirtschaftslexikon, online. Theorie des Reifegrades. www.wirtschaftslexikon.gabler.de (Zugriff am 24.7.2012)

Gabler Wirtschaftslexikon, online. Balanced Scorecard. www.wirtschaftslexikon.gabler.de (Zugriff am 24.7.2012)

Gabler Wirtschaftslexikon, online. Hawthorne-Effekt. www.wirtschaftslexikon.gabler.de (Zugriff am 24.7.2012)

Gabler Wirtschaftslexikon, online. Bedürfnishierarchie. www.wirtschaftslexikon.gabler.de (Zugriff am 21.9.2012)

Gad, Thomas (2005). 4D-Branding. Die vier Dimensionen erfolgreichen Markenmanagements. Heidelberg: Mi-Fachverlag

Gasser, Lotte (1/2012). Aus Sicht der Bewerber, 37-39. In: Personalmanager. Zeitschrift für Human Resources

Gesundheitsförderung Schweiz. www.Gesundheitsförderung.ch (Zugriff am 26.6.2012)

Gigerenzer, Gerd (2008). Bauchgefühl. 2. Auflage. München: Goldmann

Goleman, Daniel (2007). Emotionale Intelligenz. 19. Auflage. München: Hanser

Gutmann, Johannes (2008). Auf der Sonnenseite. Salzburg: Residenz

Handelsblatt online. Teilzeitjobs in Deutschland boomen, 19.10.2011

Hänsel, Markus (2002). Intuition als Beratungskompetenz in Organisationen. Heidelberg: Diss. Ruprecht-Karls-Universität

Hänsel, Markus. Homepage www.professionelle-intuition.de (Zugriff am 4.7.2012)

Happyplanetindex. www.happyplanetindex.org (Zugriff am 23.5.2012)

Hardenberginstitut. www.hardenberginstitut.de (Zugriff am 13.6.2012)

Heilpraktiker. 7 Huna-Prinzipien. www.heilpraktiker.de (Zugriff am 2.8.2012)

Herr Rossi sucht das Glück. www.tv-legenden.de

Hersey, Paul; Blanchard, Kenneth (1977). Management of Organizational Behaviour: Utilizing Human Resources. 3. Aufl. New Jersey: Prentice-Hall

Hill, Napoleon (2005). Denke nach und werde reich. Die Erfolgsgesetze. München: Hugendubel

Institut für Logotherapie Salzburg. www.logotherapie-salzburg.at (Zugriff am 16.10.2012)

Kaplan, R.S.; Norton, D.P. (1992). The Balanced Scorecard – Measures that Drive Performance, 71-79. In: Harvard Business Review 1-1992, Boston/Mass.: Harvard Business School Press.

Köper, Birgit (2011). Zukünftige Anforderungen und Implikationen für die Gesundheit von Menschen, 383-408. In: Die Zukunft der Work-Life-Balance. Hrsg. Michael Kastner. 4. Auflage. Kröning: Asanger

Kastner, Michael (2011). Die Zukunft der Work-Life-Balance. Wie lassen sich Beruf und Familie, Arbeit und Freizeit miteinander vereinbaren? 4. Auflage. Kröning: Asanger

Kulturblog München. Jochen Gnauert im Gespräch mit Sissi Perlinger am 14.5.2011; www.sissi-perlinger.de (Zugriff am 29.6.2012)

Kurier. Smartes Sünden-Management (Iga Niznik über Klaus Schusters 11 Managementsünden, die Sie vermeiden sollten), 15.8.2009

Lelord, Francois (2008). Hectors Reise oder die Suche nach dem Glück. 15. Auflage. München: Piper

Lelord, Francois (2008). Hectors Reise oder die Suche nach der Zeit. München: Piper

Limak. Creative Process Leadership, www.limak.at (Zugriff am 13.7.2012)

Limak. Salzburger Nachrichten. Innovationskraft in modernen Unternehmen, 3.12. 2011

Litke, Hans-D. (1995). Projektmanagement. Methoden, Techniken, Verhaltensweisen. München/Wien: Hanser

May, Jochen (2011). Schwarmintelligenz im Unternehmen. Erlangen: Publicis

Medizin-Lexikon (2009). München: Dorling Kindersley

Nadolny, Sten (1987/2005). Die Entdeckung der Langsamkeit. München: Piper

Oberösterreichische Nachrichten. Trotz Personalreduktion von Belegschaft gute Noten erhalten, 31.12.2011

Oechsle, Mechthild. Gender Lecture, Work-Life-Balance statt Vereinbarkeit? Diskursive Verschiebungen und veränderte Problemlagen, 27. November 2006. www.genderkompetenz.info (Zugriff am 20.5.2012)

Österreichische Kontaktstelle Betriebliche Gesundheitsförderung. Luxemburger Deklaration. www.netzwerk-bgf.at (Zugriff am 25.6.2012)

Österreichischer Rundfunk, Ö1. Matrix – Der Zauber der Zirkularität, 14.11.2011

Österreichischer Rundfunk, Ö1. Gehört – Club-Magazin. Werden wir verrückt? Renata Schmidtkunz im Gespräch mit Arnold Retzer. Sendung vom 12.1.2012

Österreichischer Rundfunk, Ö1. Radiokolleg. Gudela Grote in Radiokolleg Führung Teil 1-4, 12.-15.3.2012.

Österreichischer Rundfunk, Ö1. Radiokolleg. Werner Gross in der Reihe „Arbeit ist leichter als das Leben", Teil 1 vom 12.9.2011 und Teil 2 vom 13.9.2011

Österreichischer Rundfunk, Ö1. Radiokolleg. Resilienz, Teil 1 vom 3.9.2012

Parment, Anders (2009). Die Generation Y – Mitarbeiter der Zukunft. Wiesbaden: Gabler

Peseschkian, Hamid; Voigt, Connie (2011). Psychovampire. Über den positiven Umgang mit Energieräubern. 2. Auflage. München: Goldmann

Pfaller, Robert (2011). Wofür es sich zu leben lohnt. Elemente materialistischer Philosophie. Frankfurt/Main: Fischer

Pinnow, Daniel F. (2011). Führen. Worauf es wirklich ankommt. 5. Auflage. Wiesbaden: Gabler

Prognos. Unternehmensportrait. www.prognos.com (Zugriff am 10.5.2011)

Radatz, Sonja (2003). Beratung ohne Ratschlag, mit einem Vorwort von Gunther Schmidt. Wien: Verlag Systemisches Management

Radiofabrik Salzburg, Fair Play. Zu Gast bei Christian Holzer. Dr. Manfred Stelzig. Keine Angst vor dem Glück. Sendung vom 6.10.2011.

Radiofabrik Salzburg, Fair Play. Zu Gast bei Christian Holzer. Johannes Gutmann. Ökologisch und sozial nachhaltig. Sendung vom 1.12.2011

Radiofabrik Salzburg, Fair Play. Zu Gast bei Christian Holzer. Wolfgang Burgschwaiger. Zufriedene Mitarbeiter im Tourismus. Sendung vom 3.5.2012

Red Bulletin Magazin. Die Launen des Herzens. 9/2012

Rogers, Carl (1983). Entwicklung der Persönlichkeit. Stuttgart: Klett-Cotta

Salzburger Nachrichten. Schule zerstört Kreativität, 26.4.2006

Salzburger Nachrichten. Mit den Mitarbeitern Hand in Hand, 17.1.2009

Salzburger Nachrichten. Interview von Helmut Kretzl mit Damien O'Brien, 3.8.2010

Salzburger Nachrichten. Die Kunst des Müßigganges. 11.7.2009

Salzburger Nachrichten. Körperlich fit, aber psychisch ausgelaugt, 15.1.2011

Salzburger Nachrichten. Mit Lungenentzündung rund um die Welt, 15.12.2011

Salzburger Nachrichten. So macht man Ehen, Freundschaften und Betriebe kaputt. Interview von Karin Zauner mit dm-Gründer Götz Werner, 29.12.2011

Salzburger Nachrichten. Der sichere Weg in den Untergang (Bernhard Schregelmann zum Buch von Christian Pongratz: Betriebsdesaster), 31.12.2011

Salzburger Nachrichten. Vertrauen ist schnell weg. Interview von Monika Graf mit dem Wirtschaftsinstitutsleiter der Universität Wien, Erich Kirchler, 4.1.2012

Salzburger Nachrichten. Die Freiheit, die ich meine. Interview von Josef Bruckmoser mit Uwe Böschemeyer, 13.3.2012

Salzburger Nachrichten. Ein Hotelier sucht Herz und Seele, 30.3.2012

Salzburger Nachrichten. Lernen im Klassenzimmer hat ausgedient. Interview von Karin Zauner mit Roland Deiser, 7.4.2012

Salzburger Nachrichten. Mach mal Pause, 30.6.2012

Salzburger Nachrichten. In der Fremde geht's ums Leben. Interview von Bernhard Flieher mit Hubert von Goisern, 11.7.2012

Salzburger Nachrichten. Die Mensch-Maschine im Hamsterrad. Interview von Ursula Kastler mit Arnold Retzer, 1.9.2012

Salzburger Nachrichten. Wille zur Kooperation schlägt den Eigennutz. Interview von Helmut Kretzl mit Ernst Fehr, 25.9.2012

Scharmer, Otto (2009). Theorie U – von der Zukunft her führen. Heidelberg: Auer

Schmid, Bernd (1992). Wirklichkeitsverständnisse und die Steuerung professionellen Handelns in der Organisationsberatung. In: Schmitz, Christoph; Gester, P.; Heitger, B. (Hrsg.): Managerie. Heidelberg: Carl Auer Verlag.

Schmid, Wilhelm (2007). Glück. Alles was Sie darüber wissen müssen, und warum es nicht das Wichtigste im Leben ist. Frankfurt: Insel

Schulz, Andre (2009). Strategisches Diversitätsmanagement: Unternehmensführung im Zeitalter der kulturellen Vielfalt. Wiesbaden: Gabler

Schulze, Henning S.; Lohkamp, Luise. Führungsmanagement, Arbeitspapier Nr. 4. www.sl-consult.de/files/fuehrungsmanagement.pdf (Zugriff am 1.6.2011)

Sedmak, Clemens; Schweiger, Gottfried (2012). Work 2030 and beyond. Zukunft der Arbeit – Zukunft der Bildung. Ifz, Wissenschaft für Menschen. Salzburg: Studie.

Seibt, Martin; Widmann, Stefanie (2011). Kooperation. Erlangen: Publicis

Seiwert, Lothar; Brian Tracy (2007). Life Leadership. So bekommen Sie Ihr Leben in Balance. 2. Auflage. Offenbach: Gabal

Seligman, Martin (2002). Positive Psychology, Positive Prevention and Positive Therapy, 3-8. In: Handbook of Positive Psychology. Snyder, Charles; Lopez, Shane (Hrsg). Oxford: Oxford Press

Servus TV (2010). Interview mit Christian Holzer am 13.9.2010. www.christianholzer.at (Zugriff am 3.8.2012)

Shirley, Debbie; Langan-Fox, J. (1996): Intuition: A review of the literature. In: Psychological Reports, H. 79

Sonnentor. www.sonnentor.at (Zugriff am 15.3.2012)

Spiegel-online. Blackberry-Pause. 23.12.2011. www.spiegel.de (Zugriff am 5.7.2012)

Statistik Austria. Teilzeitarbeitslosigkeit. www.statistik.at (Zugriff am 6.7.2012)

Stelzig, Manfred (2008). Keine Angst vor dem Glück. 5. Auflage. Salzburg: Ecowin

Stiftung für Salutogenese. www.salutogenese-zentrum.de (Zugriff am 10.9.2012)

Symposium „Fachkräfte vor dem großen Mangel. Strategien angesichts der demographischen Talfahrt und Anforderungen an die Bildungslandschaft. 17. November 2011, Messezentrum Salzburg und Salzburger Wirtschaft Nr. 44 vom 4. November 2011

Thiehoff, Rainer (2011). Work-Life-Balance mit Balanced Scorecard: Die wirtschaftliche Sicht der Prävention 409-436. In: Die Zukunft der Work-Life-Balance. Hrsg. Michael Kastner. 4. Auflage Asanger: Kröning

Watzlawick, Paul (1985). Menschliche Kommunikation. Formen, Störungen, Paradoxien. 7. Aufl. Bern: Huber

Westcott, Malcolm, et.al (1968). Toward a Contemporary Psychology of Intuition. New York, Chicago, San Francisco: Holt, Rinehart and Winston

World Health Organisation. Europe www.euro.who.int (Zugriff am 21.6.2012)

Zeitverein. Verein zur Verzögerung der Zeit. www.zeitverein.com (Zugriff am 4.7.2012)

Zeuch, Andreas. Intuition und Nichtwissen 2. www a-zeuch.de (Zugriff am 2.7.2012)

Zitate

1 vgl. Antonovsky 1997, 10ff
2 Kastner 2011, 3
3 Oechsle 2006
4 Oechsle 2006
5 Deutsches Bundesministerium für Familien, Senioren, Frauen und Jugend, 2005, 4
6 vgl. www.prognos.com
7 vgl. Symposium „Fachkräfte vor dem großen Mangel" 2011
8 Deutsches Bundesministerium für Familien, Senioren, Frauen und Jugend 2005, 29
9 Collatz/Gudat 2011, 7
10 vgl. Collatz/Gudat 2011, 7
11 vgl. Pfaller 2011, 43f
12 Collatz/Gudat 2011, 37
13 Collatz/Gudat 2011, 14
14 Kastner 2011, 45
15 Kastner 2011, 34
16 vgl. Kastner 2011, 36
17 nach Kastner 2011, 41ff
18 Seiwert/Tracy 2007, 15
19 Seiwert/Tracy 2007, 29
20 Seiwert/Tracy 2007 28f
21 Seiwert/Tracy 2007 29f
22 vgl. Seiwert/Tracy 2007, 31
23 vgl. SN, 1.9.2012, 20
24 vgl. Österreichischer Rundfunk, Ö1, Radiokolleg, 12.9.2011
25 Bayerischer Rundfunk, Auf den Spuren der Intuition, 2010
26 Bayerischer Rundfunk, Auf den Spuren der Intuition, 2010
27 Pinnow 2011, 23
28 vgl. Oberösterreichische Nachrichten, 31.12.2011, K1
29 Salzburger Nachrichten, 30.3.2012, 17
30 vgl. Parment 2009, 13ff
31 Pinnow 2011, 37
32 Pinnow 2011, 37

33 Pinnow 2011, 15
34 vgl. Goleman 2007, 9ff
35 vgl. Goleman 2007, 65f und 363 ff
36 Goleman 2007, 190
37 vgl. Goleman 2007, 190f
38 Goleman 2007, 192
39 vgl. Goleman 2007, 197f
40 vgl. Schulze/Lohkamp, Führungsmanagement, 5
41 Gabler Wirtschaftslexikon online
42 Hill 2005, 8f
43 Hill 2005, 8
44 vgl. Gabler Wirtschaftslexikon online
45 vgl. Schulze/Lohkamp, Führungsmanagement, 7f
46 Achouri 2010, 86
47 Grote, Ö1 2012
48 vgl. Grote, Ö1 2012
49 vgl. Gabler Wirtschaftslexikon online
50 vgl. Schulze/Lohkamp, Führungsmanagement, 9f
51 Hersey/Blanchard 1977, 163ff
52 Gabler Wirtschaftslexikon online
53 vgl. Schulze/Lohkamp, Führungsmanagement, 10
54 Schulze, Lohkamp, Führungsmanagement, 6
55 Pinnow 2011, 159
56 vgl. Pinnow 2011, 162
57 vgl. Seibt/Widmann 2011, 103 ff
58 Pinnow 2011, 162
59 vgl. Schulze/Lohkamp, Führungsmanagement, 15
60 Schulze/Lohkamp, Führungsmanagement, 16
61 Pinnow 2011, 160ff
62 Pinnow 2011, 160
63 Schulze/Lohkamp, Führungsmanagement, 12
64 vgl. Pinnow 2011, 20ff

65 Pinnow 2011, 28
66 Pinnow 2011, 30
67 Gunther Schmidt in Radatz 2003, 14f
68 vgl. Radatz 2003, 39
69 Radatz 2003, 39
70 Radatz 2003, 42
71 Gabler Wirtschaftslexikon, online
72 Gabler Wirtschaftslexikon, online
73 Pinnow 2011, 301
74 vgl. Schulze/Lohkamp, Führungsmanagement, 17
75 Salzburger Nachrichten, 4.1.2012, 13
76 vgl. Radiokolleg Ö1, Führung 2012
77 www.hardenberginstitut.de
78 vgl. www.hardenberginstitut.de
79 www.hardenberginstitut.de
80 www.hardenberginstitut.de
81 www.hardenberginstitut.de
82 www.hardenberginstitut.de
83 www.sonnentor.at
84 Radiofabrik, Fair Play mit Johannes Gutmann 2011
85 vgl. Ö1 Radiokolleg, Führung, 2012
86 Salzburger Nachrichten, 29.12.2011, 14
87 vgl. Radiofabrik, Fair Play mit Wolfgang Burgschwaiger 2012
88 Kastner 2011, Vorwort
89 Kastner 2011, Vorwort
90 Servus TV 2010
91 vgl. Kastner 2011, 4
92 Kastner 2011, 5
93 vgl. www.statistik.at
94 Handelsblatt online 2011
95 vgl. Parment 2009, 15ff
96 vgl. SN, 15. Dezember 2011, 15
97 vgl. Salzburger Nachrichten, 15.12.2011, 15
98 vgl. Red Bulletin Magazin, 42ff
99 Branden 2009, 7
100 vgl. Branden 2009, 7ff
101 Branden 2009, 9ff
102 Branden 2009, 17f
103 May 2011, 10ff
104 vgl. Salzburger Nachrichten, 25.9.2012, 24
105 Branden 2009, 19
106 vgl. Antonovsky 1997, 33ff
107 Branden 2009, 19
108 Branden 2009, 41
109 Branden 2009, 58
110 vgl. Branden 2009, 58f, und Campbell 1999, 13ff
111 Campbell 1999, 13
112 Branden 2009, 126
113 Campbell 2007, 15
114 vgl. Branden 2009, 60ff
115 vgl. Radiokolleg Ö1, Arbeit ist leichter als leben, 2011
116 vgl. Radiokolleg Ö1, Arbeit ist leichter als leben, 2011
117 vgl. Branden 2009, 83f
118 vgl. Radiokolleg Ö1, Resilienz, 2012
119 nach Branden 2009, 85ff
120 vgl. Pinnow 2011, 15
121 vgl. Kastner 2011, 18ff
122 vgl. Österreichischer Rundfunk, Ö1, Schmidtkunz/Retzer 2012
123 vgl. Seligman 2002, 3ff
124 www.logotherapie-salzburg.at
125 Salzburger Nachrichten, 13.3.1012, 9
126 Salzburger Nachrichten, 11.7.2012, 7
127 Contino 1997, 11
128 Obermayr-Breitfuß 2005, 253
129 vgl. Gigerenzer 2008, 25 ff, 162ff, und Contino 1997, 58 ff und 72ff
130 vgl. Scharmer 2009, 151ff
131 vgl. Zeuch 2012
132 Schmid 1992, 123
133 vgl. Hänsel 2002, 52f
134 Gigerenzer 2008, 60
135 Hänsel 2002, 40, vgl. auch Westcott 1968, 140
136 Hänsel 2002, 42
137 Hill 2005, 63
138 vgl. Die Presse, 4./5.2.2012, K1
139 vgl. www.heilpraktiker.de
140 BR alpha 2010. Dieter Leipold, Braumeister
141 BR alpha 2010. Dr. Otto Greiner, Projektleiter, Bauwirtschaft
142 BR alpha 2010. Prof. Gerd Binnig, Physiknobelpreisträger
143 BR alpha 2010. Gerhard Krebs, Führungskräftetrainer
144 Nadolny 2005, 2

145 Nadolny 2005, 2
146 vgl. Salzburger Nachrichten, 30.6.2012, 15
147 Die Presse, 4./5.2.2012, S K1
148 Salzburger Nachrichten, Die Kunst des Müßigganges, 11.7.2009
149 vgl. www.zeitverein.com
150 vgl. www.zeitverein.com
151 vgl. www.zeitverein.com
152 DGfZP, Zeitpolitisches Glossar. www.zeitpolitik.de
153 vgl. Seiwert/Tracy 2007, 28ff
154 vgl. DGfZP, Zeitpolitisches Glossar. www.zeitpolitik.de
155 vgl. Kastner 2011, 17
156 DGfZP, Zeitpolitisches Glossar. www.zeitpolitik.de
157 vgl. Medizin-Lexikon 2009, 242ff
158 vgl. Seiwert/Tracy 2007, 28f
159 vgl. Köper 2011, 388
160 vgl. Studie BMSK 2008
161 vgl. Thiehoff 2011, 424f
162 Thiehoff 2011, 425
163 Gesundheitscharta Ottawa 1986, www.euro.who.int
164 www.fgoe.at
165 vgl. Köper 2011, 388ff
166 vgl. Köper 2011, 388f
167 vgl. Antonovsky 1997, 33ff
168 vgl. Köper 2011, 390
169 aus: Luxemburger Deklaration, www.netzwerk-bgf.at
170 vgl. www.fgoe.at
171 DNBGF online-Broschüre, www.dnbgf.de
172 DNBGF online-Broschüre, www.dnbgf.de
173 DNBGA. www.dnbgf.de
174 vgl. www.gesundheitsförderung.ch
175 vgl. Köper 2011, 396ff, und Thiehoff 2011, 414ff
176 Thiehoff 2011, 414
177 Thiehoff 2011, 416
178 Thiehoff 2011, 416
179 Österreichischer Rundfunk, Ö1, Im Gespräch, 2012
180 www.dnbgf.de
181 Thiehoff 2011, 417
182 vgl. Köper 2011, 396f
183 Thiehoff 2011, 417
184 Demmer 1992, aus Köper 2011, 398
185 Thiehoff 2011, 418
186 Thiehoff 2011, 421
187 Thiehoff 2011, 422ff
188 Thiehoff 2011, 426
189 vgl. Thiehoff 2011, 426ff
190 Thiehoff 2011, 417
191 Ackerman 2009, 16
192 Michael Feld, Chronomedizin, FAZ 11.10.2011, www.faz.net
193 Michael Feld, Chronomedizin, FAZ 11.10.2011, www.faz.net
194 Michael Feld, Chronomedizin, FAZ 11.10.2011, www.faz.net
195 Michael Feld, Chronomedizin, FAZ 11.10.2011, www.faz.net
196 Ackerman, 2009, 16
197 Radiofabrik, Fair Play mit Manfred Stelzig, 2011
198 Kulturblog München, 14.5.2011
199 Stelzig 2008, 145
200 vgl. Stelzig 2008, 145 und 145f
201 Schmid 2007, 10
202 vgl. Schmid 2007, 16f
203 Schmid 2007, 27
204 Schmid 2007, 31
205 Stelzig 2008, 13
206 Radiofabrik, Fair Play mit Manfred Stelzig, 2011
207 Stelzig, ebenda
208 Schmid 2007, 77
209 Radiofabrik. Fair Play mit Manfred Stelzig, 2011
210 Lelord 2008, 142ff
211 www.tv-legende.de
212 Radiofabrik. Fair Play mit Manfred Stelzig, 2011
213 vgl. Schmid, 2007, 48ff
214 Radiofabrik. Fair Play mit Manfred Stelzig, 2011
215 Gad 2005, 21
216 Gad 2005, 9
217 Gad 2005, 9
218 Gad 2005, 9
219 Gad 2005, 9
220 BR alpha. Arno Grün, 2010
221 BR alpha. Joachim Bauer, 2010
222 Watzlawick 1985, 51ff
223 vgl. Watzlawick 1985, 51ff
224 vgl. Rogers 1983, 315ff

225 vgl. Seibt/Widmann 2011, 103ff
226 Seibt/Widmann 2011, 104
227 Der Standard, 11./12.8.2012, K1
228 www.brand-trust.de
229 Parment 2009, S 128
230 www.brand-trust.de
231 FAZ, 2./3.6.2012, C 13
232 vgl. Personalmanager 1/2012, 37ff
233 vgl. Parment 2009, 125
234 Litke 1995, 18
235 Litke 1995, 69
236 vgl. Litke 1995, 27
237 Radatz 2003, 59
238 Litke 1995, 208f
239 vgl. Salzburger Nachrichten, 26.4.2006, 15
240 vgl. Salzburger Nachrichten, 3.12.2011, 40
241 www.limak.at
242 www.limak.at
243 vgl. Österreichischer Rundfunk, Ö1, Matrix, 2011
244 Ö1, Matrix, Heinz von Förster, 2011
245 vgl. Radatz 2003, 39
246 Gunther Schmidt in Radatz 2003, 14f
247 Radatz 2003, 43
248 Radatz 2003, 43
249 Radatz 2003, 66
250 Radatz 2003, 66

251 vgl. Radatz 2003, 62ff
252 vgl. Radatz 2003, 71
253 vgl. Parment 2009, 13f
254 Parment 2009, 20f
255 vgl. Parment 2009, 5ff
256 Parment 2009, 28
257 Parment 2009, 99
258 vgl. Gabler Wirtschaftslexikon, online
259 Parment 2009, 56
260 Sedmak 2012, 5
261 vgl. Salzburger Nachrichten, Interview mit Damien O'Brien, 3.8.2010, 13
262 Der Standard, 5.9.2011, 6
263 Salzburger Nachrichten, Interview mit Roland Deiser, 7.4.2012, 20
264 vgl. Seiwert/Tracy 2007, 28ff
265 vgl. Branden 2009, 85ff
266 vgl. Peseschkian/Voigt 2011, 11
267 Peseschkian/Voigt 2011, 14
268 vgl. Pinnow 2011, 16
269 vgl. BR alpha, Auf den Spuren der Intuition, 2010
270 vgl. BR alpha, Anton Zeilinger, Auf den Spuren der Intuition, Teil 13, 2010
271 vlg. Basic, 19.10.2012, 3
272 vgl. Faschingbauer 2010, 97ff
273 Faschingbauer 2010, 37ff

Index

Weitere Bücher von Publicis Publishing

Stefanie Widmann,
Martin Seibt

Kooperation

**Wegweiser für Führungs-
personen, Trainer und
Berater**

2011, 221 Seiten,
42 Abbildungen, gebunden
ISBN 978-3-89578-353-1, € 24,90

Jochen May

Schwarm-
intelligenz im
Unternehmen

**Wie sich vernetzte Intelli-
genz für Innovation und
permanente Erneuerung
nutzen lässt**

2011, 257 Seiten, 62 Abb., gebunden
ISBN 978-3-89578-391-3, € 34,90

Cyrus Achouri

Modern Systemic
Leadership

**A Holistic Approach for
Managers, Coaches,
and HR Professionals**

2010, 211 pages,
45 illustrations, hardcover
ISBN 978-3-89578-362-3, € 34.90

Nicolai Andler

Tools für Projekt-
management,
Workshops und
Consulting

**Kompendium der wich-
tigsten Techniken und Methoden**

5. überarb. und erw. Auflage, Juni 2013,
ca. 440 Seiten, ca. 200 Abb./Tab., geb.
ISBN 978-3-89578-430-9, ca. € 44,90

Mark Reuter

Psychologie im Projektmanagement

Eine Einführung für Projektmanager und Teams

2011, 293 Seiten,
12 Abbildungen, gebunden
ISBN 978-3-89578-361-6, € 34,90

Manfred Burghardt

Einführung in Projektmanagement

Definition, Planung,
Kontrolle, Abschluss

6., überarb. u. erw. Aufl., August 2013,
ca. 384 Seiten, ca. 160 Abb./Tab., geb.
ISBN 978-3-89578-400-2, ca. € 39,90

Michael Müller

Ideenfindung, Problemlösen, Innovation

Das Entwickeln und
Optimieren von Produkten,
Systemen und Strategien

2011, 282 Seiten, 82 Abb., gebunden
ISBN 978-3-89578-363-0, € 34,90

Ulf Pillkahn

Die Weisheit der Roulettekugel

Innovation
durch Irritation

Juni 2013, ca. 224 Seiten,
ca. 30 Abbildungen, gebunden
ISBN 978-3-89578-393-7, € 29,90

Peter Körner

Bachelor 40plus

Plädoyer für ein neues
Bildungskonzept

2012, 197 Seiten, gebunden
ISBN 978-3-89578-419-4, € 29,90

Elke Meyer,
Stefanie Widmann

FlipchartArt

Ideen für Trainer, Berater
und Moderatoren

3., wes. überarb. und
erweiterte Auflage, 2011,
204 Seiten, viele farbige Abbildungen
ISBN 978-3-89578-396-8, € 34,90

Dirk Börnecke

Die Gehälterlüge

Verdienen die Anderen
wirklich mehr als ich?

2011, 212 Seiten, kartoniert
ISBN 978-3-89578-343-2, € 19,90

Stefanie Widmann,
Andreas Wenzlau (Hrsg.)

Moderne Parabeln

Eine Fundgrube für Trainer,
Coachs und Manager

2008, 189 Seiten, gebunden
ISBN 978-3-89578-306-7, € 19,90

Antonio Schnieder,
Tom Sommerlatte (Hrsg.)

Die Zukunft der deutschen Wirtschaft

Visionen für 2030

2010, 332 Seiten, gebunden
ISBN 978-3-89578-350-0, € 24,90

Marco Esser,
Bernhard Schelenz

Zukunftssicherung durch HR Trend Management

Personalarbeit auf den
richtigen Kurs bringen

Mai 2013, ca. 192 Seiten, gebunden
ISBN 978-3-89578-426-2, ca. € 29,90